KB158623

퍼스널 브랜딩에도
공식이 있다

주목받는 사람들의 자기표현법

퍼스널 브랜딩에도 공식이 있다

조연심(지식소통가, 당신브랜드연구소장) 지음

특징을 정의하고   강점을 어필하고   혜택을 약속하라

HCbooks

차례

PART 3　자기소개 문장을 만드는 다섯 번의 워크숍

PART 4   원샷 마케팅 성공을 위한 일곱 가지

강력한 자기소개,
한 문장이면 족하다

> "인터넷 종합쇼핑몰 ○○○은
> 고객이 원하는 제품을 가장 빠르게 연결되도록 정보를 제공함으로써
> 고객의 개인화된 쇼핑경험을 서비스한다. "

과연 어떤 기업을 설명하는 문장일까?

이 기업은 도서 판매업으로 시작해 지금은 컴퓨터, 가구, 의류, 뷰티, 장난감에 이르기까지 세상에 존재하는 모든 물건을 판매한다고 해도 과언이 아니다. 수많은 기업을 인수 합병하며 거대기업으로 성장한 이곳은 2013년 워싱턴포스트를 인수했고, 이제 우주 사업에까지 투자하고 있다. 매출 규모는 '이베이'의 4배가 넘고, 직원 수는 '페이스북'의 15배에 이른다고 한다. '구글'보다 매출이 16%가 더 높고, 가입 고객 수는 약 3억 명에 이른다.

이제 조금 짐작이 가는가?

맞다. 바로 아마존이다. 아마존은 제프 베조스가 1994년 시애틀에 설립한 전자상거래 기반 IT 기업이었다. 작은 도서 쇼핑몰이었던 아마존이 거대기업으로 성장할 수 있었던 비결은 소비자의 취향을 정확히 파악하고, 그에 맞는 재화를 제공했기 때문이다. 아마존의 개인화 분석 툴은 고객의 과거 구매 이력과 검색 기록을 분석해 개인에게 적합한 제품을 추천해주는 것으로 유명하다.[*]

이처럼 아마존이 칠저한 고객 중심 전략을 슬로건 하나에 담을 수 있었던 것은 아마존이 자신의 정체성이 담긴 원샷 메시지를 가졌기 때문이다.

그렇다면 원샷 메시지란 무엇일까? 다음을 살펴보자.

Feature 특징을 정의하고   인터넷 종합쇼핑몰로
Advantage 강점을 어필하고   고객이 원하는 제품을 가장 **빠르게**
                                    연결되도록 정보를 제공함으로써
Benefit 혜택을 약속하라   고객의 개인화된 쇼핑경험을 서비스한다

이처럼 한 문장 안에 기업 또는 개인의 특징을 정의하고, 강점을 어필하고, 고객이 누리게 될 혜택을 약속하는 것이 한 줄 메시지의 정의다.

아마존은 원샷 메시지에서 말한 대로, 고객이 어떤 상품을 구매했는지 빅 데이터로 분석해 소비자의 성향과 취향을 파악하는 데 주력했다. 그리고 그렇게 찾은 빅 데이터에 맞게 개인별 맞춤 쇼핑 정보를 제공함으로써 신속하고 편리한 쇼핑 환경을 가진 쇼핑몰로 성장할 수 있

------

[*] 아마존Amazon / 네이버 세계 브랜드 백과 / 인터브랜드

었다. 한 마디로 자기를 소개하는 원샷 메시지는 곧 강력한 원샷 마케팅이 된 셈이다.

여기까지 읽다 보면 원샷 메시지라는 게 별거 아니라는 생각이 든다. 그냥 자기소개를 한 줄로 만든 거잖아?

과연 그럴까?

나: "무슨 일 하세요."

상대 A: "가르치는 일 합니다."

나: "누구를 가르치나요?"

상대: "학생이요."

유치원, 초등학교, 중학교, 고등학교, 대학교, 대학원, 일반인 모두가 학생일 수 있다. 그렇다면 이 대화만으로 상대 A의 직업을 유추할 수 있을까?

나: "무슨 일 하세요?"

상대 B: "회사 다녀요. 부장입니다."

상대 C: "전에는 HR 분야에서 일했는데 지금은 다른 일 하려고 준비합니다."

상대 D: "앱 개발해요. 블록체인 기반으로 서비스를 하려고요."

상대 E: "창업 준비합니다."

벌써 답답함과 막막함이 밀물처럼 올라온다. 이런 자기소개를 들으면 나는 더는 아무것도 묻지 않는다. 상대방에 대해 알기 위해서 구구절절 질문을 던져도 제대로 된 정보를 얻기 힘들기 때문이다.

나는 이런 사람들을 "자신을 소개할 수 있는 원샷 메시지가 없는 사람"이라고 정의한다. 그런데 생각보다 많은 사람이 "원샷 메시지"를 만들지 못한다. 그 사람의 능력이 부족하기 때문이 아니다. 단지 어떤 식으로 자신을 표현해야 하는지 알지 못하기 때문이다.

지난 10년간 다양한 분야의 사람들을 대상으로 퍼스널 브랜드 컨설팅을 하면서 알게 된 사실이 있다. 자신을 설명하는 원샷 메시지를 정의하고 나면 오래 지나지 않아 해당 분야에서 영향력 있는 사람으로 사리매김한나는 것이다. 내가 컨설팅 첫 관문으로 진행하는 브랜드 아이덴티티 FAB 워크숍을 통해 정의된 FAB 한 줄 자기소개 문장에 그들 스스로도 놀란다. 자신도 몰랐던 자신을 이렇게 잘 표현할 수 있다는 점 때문이다.

여기서 잠깐, FAB라는 낯선 단어에 궁금증을 가진 독자들이 있을 것이다. FAB란 쉽게 말해 원샷 메시지를 작성하기 위한 3단계 문장 공식을 말한다. 특징Feature, 장점Advantage, 이익Benefit의 앞 단어를 줄여서 만든 용어로 마케팅에서 셀링 포인트를 한 문장으로 정리할 때 사용된다. Feature는 상품의 특징을 정의하고, Advantage는 차별화되는 강점을 통해 어떤 서비스를 해줄 수 있는지 어필하고, Benefit은 소비자가 얻게 될 혜택에 대해 약속하는 내용을 담는다. 한편 FAB(파브)는 그 자체로 '아주 멋진, 기막히게 좋은'이라는 의미를 지녔다.
즉 한 기업이나 개인의 'FAB'를 정의한다는 것은 기업 혹은 개인이 그 자체로 아주 멋지고 기막히게 좋은 상품이라 잘 팔릴 수 있다는 것을 어필하는 것이다.

단 한 문장으로 완성된 한 줄 자기소개에는 자신의 비전, 열망, 강점,

재능, 지식, 약속 등과 같은 정체성이 담긴다. 그 때문에 원샷 메시지를 작성하다 보면 자신의 현재 위치에서 무엇을, 어떻게, 왜 해야 하는지를 스스로 알게 되기 때문에 목적지로 가는 명료한 경로 설정이 가능해진다. 자신의 장점이 아무리 많아도, 그걸 표현할 방법을 모른다면 비즈니스 시장에서 살아남을 수 없다. 그렇기에 아무 격식 없이, 아무 준비 없이, 아무 때고 자기를 소개할 수 있는 강력한 한 문장이 필요하다.

물론 한 문장이라고 해서 앞뒤 맥락 없이 짧기만 하다면 상대방은 무슨 말인지 알아듣지 못한다. 한 번 들으면 뇌리에 꽂히는 원샷 메시지는 '짧지만 완전한' 문장의 힘에서 나온다.

그렇다고 좋은 말만 가져다 자기 문장으로 만들면 안 된다. 말의 무게를 감당할 수 있어야 그 말을 온전히 소유할 수 있기 때문이다. 경력과 업력을 비롯해 다양한 성취 경험이 더해져야 고유한 자신만의 아우라를 뿜어낼 수 있다.

정보 과잉 시대, 무엇을 버리고 무엇을 남길 것인가?
원샷 메시지를 완성하는 단 하나의 브랜드 언어는 3단계 문장 공식을 거친다.

"무엇을 하는 사람"인지 정의하고,
"무엇을 할 것인지" 어필하고,
"무엇을 줄 것인지" 약속하라!

브랜드 영향력은 강력한 한 마디에서 시작된다!
그러나 한 번 들으면 귀에 꽂히는 강력한 자기 문장은 단번에 완성되지 않는다.

처음 문장을 만들고 필요한 과정을 거치면서 문장대로 실천해야 그 힘이 생긴다.

결국, 무엇을 말하느냐보다 어떻게 해내느냐가 브랜딩을 가른다.

이 책에는 왜 원샷 메시지가 필요한지, 원샷 메시지에는 무엇을 담아야 하는지, 어떻게 하면 특별한 원샷 메시지를 만들 수 있는지, 성공한 브랜드가 되려면 어떻게 원샷 마케팅을 하면 되는지를 담았다.

지금 당장 자신을 소개할 한 줄 메시지가 없다고 좌설할 필요는 없다.

이 글을 쓰고 있는 나조차 처음에는 나를 소개하기 위한 단어 하나 없이 시작했다.

그리고 퍼스널 브랜드 분야에서 인지도와 영향력을 갖춘 지금 내가 수많은 경험을 통해 깨닫고 만들어낸 한 문장은 다음과 같다.

"지식소통가 조연심은 당신의 브랜드가 세상과 소통할 수 있도록 코칭하여 세상을 움직이는 영향력, 그 중심에 가도록 돕는다."

이제부터 이 책이 당신의 브랜드가 세상과 소통할 수 있도록 도울 것이다.

걱정하지 마라. 누구나 빈 페이지에서 시작한다.

PART.1

왜
한 문장이어야
하나요?

1

원샷이면
충분하다

"왜 꼭 유니콘이어야만 하는지 궁금하네요."

"메인 화면 디자인이 이쁩니다."

"그게 답니까?"

"네. 인터넷은 직관의 세계라고 생각해요. 한 번 봤을 때 예쁜 거, 한 번 봤을 때 새로운 거, 한 번 써 봤는데 편리한 거! 인터넷 세대들은 복잡하게 생각하지 않아요. 자신을 매료시킬 수 있는 단 한 번만 있으면 되고, 그다음은 끓어오르죠. 전 유니콘의 디자인이 그 단 한 번을 위한 디자인이라고 생각해요. 결국, 이 간단한 한 번 때문에 유니콘은 바로를 이기게 될 겁니다. 유니콘은 저와 생각이 같습니다. 같은 생각을 가진 곳에서 일하고 싶습니다." - tvN드라마 〈검색어를 입력하세요 WWW〉 2화 중에서

트렌드를 이끄는 포털사이트를 배경으로 한 〈검색어를 입력하세요

WWW〉에서 주인공 배타미 역을 맡은 임수정이 포털사이트 유니콘 입사 면접에서 면접관에게 했던 말이다. 그렇다. 90년대생으로 지칭되는 디지털 세대는 무언가를 선택할 때 구구절절한 이유를 필요로 하지 않는다. 그들에게 필요한 것은 단 하나의 매력이다.

2009년 11월 13일, 네덜란드 레바르덴에서 도미노데이 행사가 개최됐다. 11회를 맞이한 행사에 총 4,800,000개의 도미노 패가 설치됐으며, 그중 4,491,863개의 패가 쓰러져 신기록을 세웠다. 이날 행사에서 사용된 도미노 하나에서 시작된 연쇄반응은 총 94,000줄(J)의 에너지를 방출했는데 이는 평균적인 성인 남성이 팔굽혀펴기 545개를 하는데 필요한 에너지와 맞먹는다고 한다.

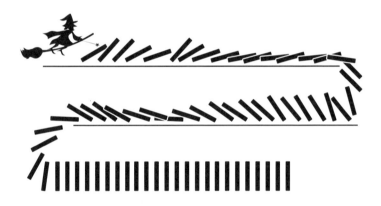

▶ 첫 번째 조각을 찾아 넘어뜨리면 아무리 많은 패라도 모두 한 번에 쓰러뜨릴 수 있는 도미노의 원리

첫 번째 도미노 패가 쓰러지면 두 번째 패도 반드시 쓰러지고, 다시 세 번째 패도 쓰러진다. 이렇게 계속하면 얼마나 많은 도미노가 있든

모두 쓰러뜨릴 수 있다. 이것이 바로 도미노의 원리다. 이처럼 남다른 성과를 얻기 위해서는 삶에서 도미노 효과를 만들어내야 한다. 우리는 해야 할 일들을 줄을 맞춰 세운 다음 첫 번째 것을 건드려 넘어뜨리기만 하면 된다. 중요한 우선순위를 정하고 첫 번째 도미노 조각을 찾은 다음, 그것을 제대로 한 번에 넘어뜨리는 것이다. 그리고 그것이 바로 원샷 마케팅의 원리이다. 성공은 동시다발적으로 일어나는 것이 아니라 순차적으로 일어나기 때문이다.

원샷one-shot을 인터넷 사전에서 검색하면 이렇게 나온다.
- 명사: 1회 한의 간행물[소설, 기사]
- 형용사: 한 번으로 완전[유효]한

어렴풋이 감이 오지 않는가? 마치 단 한 번으로 완전한 시도를 해야 성공할 수 있는 도미노처럼 비즈니스를 하는 사람들에게도 필요한 단 하나가 있다. 비슷비슷한 상품 속에 '그 사람, 그 회사, 그 제품'이라고 하면 아하! 하고 기억하게 할 원샷 메시지다.

무언가를 팔아야 하는 사람들에게 가장 핵심은 사람들의 머릿속에 해당 브랜드와 상품을 기억시키는 일이다. 한 번 보면 잊을 수 없고, 세월이 지나도 머릿속에 남아 있는 상품이 되게 하려면 우리는 고객의 감각 속을 파고들 '단 하나'를 찾아야 한다. 기억되지 않으면 팔릴 기회조차 사라진다.

OO답다는 정체성을 담은 원샷 메시지, 그 메시지 대로 행동하는 기업이나 개인은 마치 도미노 게임의 첫 번째 도미노를 넘어뜨린 것처럼 시간이 갈수록 강한 힘을 얻는다. 자기 문장을 가진 사람은 자신이 어디에 있는지, 앞으로 어디를 향해 가야 하는지를 알고 있다. 목적지를 알고 출발하면 중간에 경로를 이탈하더라도 결국에는 가고자 했던 곳에 도착하는 법이다.

『무기가 되는 스토리』의 저자 도널드 밀러는 한 워크숍에 참석한 페인트 업체 사장을 만났다. 그는 사업상의 어려움을 토로하며 이렇게 말했다.

"나는 산업용 도장 회사를 운영하고 있습니다. 자동차 파우더 코팅 사업부도 있고, 콘크리트 실란트 사업부도 있고, 병원에서만 사용하는 살균 페인팅 사업부도 가지고 있어요. 이렇게 다양한 부서가 있어서 우리 일을 한 줄로 설명할 수 없는데 어떡하죠?"

그러자 도널드 밀러가 말했다.

"새하얀 실험복을 입고 무언가를 칠하고 있는 사진 옆에 '우리는 못 칠하는 게 없습니다.'라고 써놓고, 견적 받아보기 버튼을 달아보면 어떨까요?"

페인트 업체 사장은 아주 만족했다.[*]

---

[*] 무기가 되는 스토리 / 도널드 밀러 / 윌북 / 2018 / 25쪽

2
뇌는 언제나
피곤하다구요

니콜라스 카 는 저서 『생각하지 않는 사람들』에서 인간의 뇌가 기능하는 방식을 설명한다.[*] 우리의 뇌는 인터넷이 제공하는 방식으로 끊임없이 정보가 제공되기를 바라고, 더 많은 정보를 줄수록 더 허기를 느끼게 된다는 것이다. 그러나 점점 더 많은 정보를 원하는 것과 반대로 인간은 조금만 복잡하거나 어려운 내용이 나와도 저절로 뇌의 생각 버튼 차단기를 내린다. 선택을 단순화하고, 깊은 생각을 하지 않도록 뇌가 변하는 것이다. 그렇게 우리는 스스로 생각하지 않는 사람들이 되어가고 있다.

인간이 인간일 수 있는 이유는 생각하는 능력 때문이고, 그것을 좌우하는 것이 뇌다. 뇌의 무게는 대략 1.4kg, 겨우 주먹 두 개의 크기이고 전체 몸무게에서 차지하는 비율은 고작 2%다. 그러나 우리 몸 전체 에너지 중 약 20%를 뇌가 사용한다. 무게에 비해 10배나 많은 에너지를

---

[*] 생각하지 않는 사람들 / 니콜라스 카 / 청림출판 / 2015

사용하는 것이다. 어쩌면 뇌는 가장 비효율적인 신체 기관일지도 모른다. 그래서인지 인간의 뇌는 언제나 효율을 중시한다. 복잡하거나 어려운 것을 보면 뇌에 에너지가 몰리고, 그 즉시 피로감을 느낀다. 그래서 인간은 살아남기 위해 되도록 뇌의 에너지를 절약하는 메커니즘으로 의사결정을 하거나 선택을 한다. 우리가 습관, 고정관념, 신념, 편향된 선택 등에 얽매이는 이유다.

단 1초도 집중하지 않는 소비자들이 생기는 것은 정보 과잉 시대에 쉽게 피곤해지는 뇌 때문이다. 차를 타고 지나가거나 길을 걷다 보게 되는 광고 포스터를 기억하는 사람이 얼마나 될까? 인터넷에 접속하면 끝도 없이 쏟아지는 디스플레이 광고에 집중하는 사람은 얼마나 될까? 한 조사 대행사가 수집한 데이터에 따르면 사람들은 평균 0.9초 동안만 온라인 광고를 본다고 한다. 메시지를 단순화시켜야 하는 이유는 바로 여기에 있다.

쟈코 발피스는 본인의 저서 『브랜드 인셉션』*에서 이렇게 말한다. "뇌가 브랜드를 선택하는 방식은 구글이 웹 사이트를 선정하는 원리와 유사하다." 나이키, 라이카, 맥킨지, 스타벅스 등의 브랜드가 탄탄한 이미지를 구축할 수 있었던 이유는 뇌의 비밀을 알고 있었기 때문이다. 뇌는 무의식적인 알고리즘에 따라 구매 결정을 하는데, 이 알고리즘은 '관련성, 일관성, 참여'라는 3가지 브랜딩 법칙에 충실한 브랜드를 가장 선호한다.

따라서 인기 있는 브랜드를 만들기 위해서는 다음과 같은 과정이 필요하다.

---

* 브랜드 인셉션 / 쟈코 발피스 / 비즈니스맵 / 2011

첫째, 나와의 관련성을 알려야 한다. 사람들은 자신의 현재 목적에 가장 부합되는 것에 주의를 기울인다. 자신과 관련 있다는 것을 인지하게 되면 선택이 쉬워진다. 자신과 관련성이 높은 브랜드일수록 두뇌의 보상 기제를 자극하며 도파민 분비를 촉진하여 행동에 큰 영향을 미친다.

둘째, 일관되게 말해야 한다. 브랜딩 작업을 시간 및 공간적 요소에 어울리게 할수록 소비자가 그 브랜드를 선택할 확률이 높아진다. 일관성 있는 브랜딩이란 다양한 방법을 통해 여러 해 동안 비슷한 메시지를 반복적으로 소비자에게 전달하는 것이다. 뇌세포는 끊임없이 서로 자극을 주고받으므로, 일관성 있는 브랜딩 효과는 두뇌에 큰 영향을 미친다. 그 결과 일관성이 형성되면 해당 브랜드를 쉽게 기억할 수 있으며 인지도 경쟁에서 이길 확률이 높아진다. 개인도 마찬가지다. 브랜드 메시지는 약속의 형태로 나타나게 되는데 그 약속을 일관되게 지키는 사람을 신뢰하게 된다. 시간, 돈, 마감일, 품질, 성실 또한 약속한 대로 실천하는 사람이 신뢰를 얻는다. 내가 어떤 사람이라는 평판은 내가 지킨 약속의 누적으로 생긴다.

셋째, 고객이 직접 참여할 기회를 주어야 한다. 사람들은 자신이 함께 한 브랜드에 우호적인 감정을 갖는다. 직접 만난 작가에게 끌리고, 직접 수강한 강좌에 공감하며 직접 참여한 커뮤니티에 호감을 보인다. 이처럼 고객이 참여한 경험이 많으면 많을수록 두뇌의 알고리즘은 그 브랜드를 선택할 확률이 높아진다. 따라서 고객이 참여할 수 있는 다양한 이벤트를 만들게 되면 내 브랜드에 대해 좋은 인상을 남길 수 있다.

"사람들은 합리적으로 의사결정을 하지 않는다." 행동경제학자 케이웃 첸의 말이다. 브랜드 경쟁의 성공과 실패는 무의식에서 결정된다. 일반적으로 사람들은 다수의 사람이 선택하는 것이 진실이라고 믿는다. 주변의 다수가 하는 행동을 누구나 쉽게 따라 하듯이 금주에 가장 잘 팔린 상품이 더 많이 팔리고, 베스트 상품 딱지가 붙으면 더 잘 팔린다. 나를 기억시키려면 다른 사람에게 사랑받는 사람이 되면 된다. 사람들은 다른 사람들이 선택한 사람을, 상품을, 서비스를 선택한다. 인간의 뇌가 그렇게 작동되도록 조작되어 있으니까. 고객은 단순하다. 뇌도 단순한 걸 기억한다.

3
상품 과잉 시대, 품질은 거기서 거기

얼마 전 우리 회사는 특성화고등학교인 인천 하이텍 고등학교 학생들을 대상으로 진로캠프를 열었다. 테마는 '잘 팔리는 스마트 창업캠프'였다. 캠프의 목적은 실제 자신들이 만든 젤캔들, 디퓨저, 손목 쿠션, 천연비누, 열쇠고리 등을 네이버 스마트 스토어에 입점시켜 팔아보는 거였다. 학생들은 직접 제품을 만들고, 광고 카피를 짜고, 셀링 포인트에 맞춰 콘셉트를 잡아 사진 촬영을 하고 그 내용을 스마트 스토어에 업로드하는 과정을 거쳤다. 이들이 고등학생이라는 걸 잊을 만큼 결과는 훌륭했다.

"이게 잘 팔릴 수 있을까?"
"너무 비싼 거 아닌가?"
"이 문구를 쓰면 사람들에게 어필할 수 있을까?"

기대 반 두려움 반으로 오픈한 네이버 스마트 스토어는 오픈 즉시

▶ 인천하이텍고등학교 '잘 팔리는 스마트 창업캠프' 네이버 스마트 스토어
에 업로드된 제품들

주문이 들어왔다. 물론 페이스북으로 쇼핑몰 오픈 소식을 알리자 학생
들을 응원하는 차원에서 지인들이 구매해 준 덕분이었다. 상품 자체보
다 학생들이 직접 만들어 판다고 하는 스토리가 통한 것이다. 그리고
상품을 받은 사람들의 반응이 올라왔다.

"이거 진짜 학생들이 만든 거 맞아요?"

"비누 향이 좋고, 진짜 거품도 잘나요."

"저도 차에 젤 캔들을 놓아두었는데 천연향이라 은은하고 좋네요."

이제 맘만 먹으면 누구라도 얼마든지 상품을 만들어 팔 수 있는 시대다. 어떤 제품이냐에 따라 달라지겠지만 학생들이 만든 것이나 전문가가 만든 것이나 제품 자체는 크게 차이가 없다. 관건은 어떻게 마케팅하고 세일즈하느냐에 달렸다.

이번 캠프에서 가장 성공적인 제품은 "흔들리는 연인의 마음을 잡아준다."라는 콘셉트를 가진 박현기 학생의 캔들 상품이었다. 고등학생 CEO 박현기가 직접 디자인하고, 제조하고, 판매하는 수제 캔들은 박현기 대표가 좋아하는 그녀의 일상에서 늘 함께하고 싶은 마음을 담았다.

"썸타고 싶은 그녀의 마음을 굳히고 싶다면…
오래된 연인에게 다시 설렘을 전하고 싶다면…"

왠지 박현기 캔들만 사도 사랑이 이루어질 거 같은 기대감이 생긴다. 그래서일까? 박현기 캔들은 인천 하이텍 고등학교 학생들이 만든 제품 중 가장 잘 팔렸다. 만약 다른 제품들처럼 젤 캔들 레시피나 만드는 과정만을 강조했어도 그처럼 잘 팔릴 수 있었을까? 소비자들이 산 것은 단순히 캔들만이 아니다. 흔들리는 여심을 잡아주겠다는 박현기 대표의 약속을 구매한 것이다.

무언가를 팔아야 하는 우리 모두가 집중해야 할 것은 상품 자체보다 상품에 부여된 약속 메시지다. 사람들은 제품보다 제품이 제시하는 약

▶ 인천하이텍고등학교 스마트 스토어에서 가장 많이 판매된 '박현기 캔들'

속을 구매한다. 박현기 캔들이 사랑이 이루어질 것 같은 기대감, 설렘을 떠올리게 한 것처럼 그 제품을 사용했을 때 고객이 어떤 기분을 느끼게 될지를 명확하게 그려볼 수 있어야 한다. 그리고 그렇게 해주겠다고 약속하면 된다.

4
정보 과잉 시대,
광고는 안 믿어요

일본의 NHK 방송문화연구소는 2018년 12월 일본 젊은이들이 정보 과잉 시대에 오히려 정보를 습득하는 범위를 좁히는 경향을 보인다는 흥미로운 조사 결과를 발표했다. 유감스럽게도 고객은 당신이 생각하는 만큼 호락호락하지 않다. 그들은 당신과 당신 회사가 원하는 것을 원하지 않는다. 그들이 원하는 방식, 필요로 하는 방식으로 그들이 듣고 싶어 하는 이야기를 하지 못하면, 그 어떤 마케팅도 소용이 없다.

모든 광고의 목적은 '입소문'을 만드는 것이다. 효과적인 입소문을 만들기 위해 지금까지 기업들이 사용한 방법은 밀어붙이면 팔린다는 '푸쉬PUSH 마케팅'이었다. 하지만 시대가 변했다. 요즘 세대는 아무도 일방적으로 쏟아내는 광고에 관심을 두지 않는다. 그렇다면 도대체 어떻게 해야 원하는 입소문을 만들 수 있는 것일까? 코카콜라의 최고정보 책임자 〈롭 케인의 플랫폼 레볼루션〉* 에 따르면 광고 방식은 4가지 시대를 거쳐 발달했으며, 오늘날 과거의 방식은 더는 통하지 않는다. 롭 케인이 말하는 메시지 전달 시스템은 브로드캐스트broadcast에서 세그멘테이션segmentation으로 바뀐 다음, 바이럴리티virality와 소셜 인플루언스social influence로 바뀌었다. 메시지의 방향 또한 일방적으로 밀어내는 푸쉬push에서 소비자를 끌어당기는 풀pull로 옮겨졌다.

좀 더 자세히 알아보자.

첫 번째 시대는 '양의 시대'였다. 우리나라에서는 "미제라면 양잿물도 마신다."라는 우스갯소리가 돌던 결핍의 시대이기도 하다. 이 시대의 홍보는 방송 및 광고 매체를 통해 대량으로 전달되던 'Broadcast' 방식으로 진행됐다. 정보 전달 채널은 TV와 신문 정도로 한정되었고, 물건을 만든 후 광고만 뿌리면 무조건 판매가 일어났다. 돈을 뿌린 만큼 브랜드는 유명해지고 매출이 오르던 시절이었다. 이른바 양으로 양을 만들 수 있는 시대였달까?

두 번째 시대는 '질의 시대'였다. 시장을 세분화하여 공략하는 세그멘테이션 방식이 통하던 시대였다. 공장생산 기술의 상향 평준화로 이제 누가 만들어도 질은 거기서 거기였다. 이제 더 이상 우리 것이 제일 좋다는 식의 홍보는 통하지 않았다. 신문, 잡지의 종류가 셀 수 없을 만큼 많아졌고, 방송은 3~4개의 과점 시대에서 100개 이상 채널이 난무하는 케이블 시대로 넘어갔다. 까다로운 소비자들의 입맛을 맞추기 위해서는 다품종 소량생산을 해야 했고, 그에 맞는 광고 홍보도 세분화할 필요가 있었다. 하지만 이때까지만 해도 홍보에 대한 주도권은 여전히 기업에 있었다. 고객은 그저 듣고 제품을 선택할 뿐이었다.

---

* 광고가 더 이상 안 먹히는 이유 _코카콜라 CIO 롭 케인의 관점| 작성자 sadarifilm

세 번째 시대는 인터넷 '망의 시대'로 소비자들이 인터넷으로 연결되기 시작했다. 이제 '알리는 것'의 주도권이 기업에서 소비자로 넘어가기 시작했다. 누구나 발신권(블로그, 유튜브, 페이스북, 인스타그램에서의 개인의 활동)을 가지고 있고, 이들이 가진 발신량의 총합은 매스미디어와 자본이 따라잡을 수 있는 한계를 초월했다. 이제 기업은 이런 바이럴Virality의 시대에 맞춰 입소문이 될 만한 것을 던지는 데 주목한다. 조작된 진실은 연결된 시장에서 설 자리를 잃는다. 더 이상 스팸을 뿌리거나 평범한 물건을 값비싼 브랜드로 둔갑시키려는 시도가 통하지 않는 시대다.

넷째, '격의 시대'는 신뢰를 기반으로 메시지가 전달된다. 사람들은 처음엔 '말Virality'을 듣지만, 그것도 잠시 그다음엔 '말한 사람'이 누구인가를 본다. 매번 발신의 내용의 진위를 파악하기 어려우니 발신인의 신용을 본다는 말이다. 격의 시대가 요구하는 브랜드는 그냥 '광고로 자주 본' 브랜드가 아니다. 내세운 약속을 기억하고, 그 약속을 지켜가는 신뢰할 수 있는 브랜드에 주목한다. 이제 더 이상 '돈으로 고객의 관심을 살 수 있는 시대'가 아니다. 사람들은 자신의 문제에 귀 기울여주고, 도와주기 위해 약속을 지키는 사람들을 존경하고 그 사람들에게 귀를 기울인다.

'격'의 시대에 우리가 갖춰야 할 것은 영향력이다. 영향력은 존경심에서 나온다. 성과가 좋거나 베풀거나 '그것을 가능케 할' 당신의 존재 자체에서 나오는 것이 영향력이다. 퍼스널 브랜드의 목적은 고객이 가진 문제, 고객이 해결하고자 하는 난관, 고객이 얻고 싶은 꿈, 열망, 그 무엇을 '가능케 하는 사람'이 되는 것이다.

인터브랜드 글로벌 CEO 제즈 프램턴은 온·오프라인 통합 브랜딩이 중요하다고 강조한다. 끊김이 없으면서 맥락상 연결되어 있고, 오프라인이나 디지털 세계에서나 통합된 제품 및 서비스 생태계를 기반으로 하는 경험을 창조해낸 애플과 구글의 가치가 1,000억 달러를 넘어섰다는 것만 봐도 통합 브랜드의 힘을 확인할 수 있다.

이제 우리가 해야 할 것은 명료하다. '격의 시대'에 걸맞은 격을 갖추는 일과 내가 바로 그 사람이라는 것을 단순하고 강력한 원샷 메시지에 담아 온·오프라인으로 알리는 것이나.

거기에 하나 더!

전설적인 판매왕 조 지라드의 영업에 대한 흥미로운 제안을 소개한다. 보통 영업자들은 고객이 한두 번 거절하면 다시 도전한다. 그러나 여섯 번 이상 거절당하면 대부분 판매를 포기한다. 그러나 고객은 여섯 번째 영업 후에야 비로소 그 영업자를 기억한다는 것이다. 그러니 당신의 문제를 해결해 줄 바로 그 사람이 나라는 것을 온·오프라인 상에서 최소 여섯 번 이상 반복해서 노출해야 한다는 것을 잊지 않아야 한다.

5

기술복제 시대,
원본이 가진
아우라가 있나요?

얼마 전 어떤 블로그에서 강의 후기를 보게 되었다. 퍼스널 브랜드 관련 특강을 듣고 강의 피피티를 그대로 옮겨 놓았는데 개인 브랜드 방정식 5T를 소개한 것으로 분명 내가 쓴 책 <나는 브랜드다>에 있는 내용 그대로였다.

(재능 + 훈련 + 소통) × 시간 × 타이밍

▶ 개인 브랜드 방정식 5T 공식

개인 브랜드 방정식 5T의 공식은 다음과 같다.

{재능(Talent) + 훈련(training) + 소통(Talk)} x 시간(Time) x 타이밍(Timing) = 개인 브랜드

자신만의 재능을 찾아 자타공인 결과물을 만들 때까지 훈련하고, 온오프라인으로 소통하며 최고의 때가 올 때까지 시간을 견디라는 의미를 담아 내가 직접 만든 방정식이었다. 나는 책 〈나는 브랜드다〉에서 소개한 대로 개인 브랜드 워크숍도 진행했고, 이 내용을 기반으로 '조언심의 브랜드쇼'는 물론 여성가족부가 주최한 토크쇼 '내한민국 최고에게 3T를 묻다'를 진행하기도 했다. 그런데 그 블로그 글만 보면 마치 내가 강의한 내용을 듣고 누군가가 포스팅한 것으로 착각할 정도였다. 물론 강의자는 아무런 출처 표시 없이 5T 방정식을 자신이 만든 것처럼 강의했다. 심지어 그 강연을 진행한 강사는 자신의 이름으로 퍼스널 브랜드 도서를 발간한 저자였다. 같은 저자로서 어떻게 남의 글을 그대로 베껴가면서 아무렇지 않을 수 있었을까? 나는 즉각 블로그 주인에게 공식적으로 이의를 제기했다. 해당 내용에 대한 원저작권자로서 강의 때 강사가 출처를 밝혔는지 아닌지를 블로그에 표시해 달라는 내용이었다. 이처럼 원본이 복제되는 것은 얼마든지 있는 일이다.

그러나 원본과 복제품에는 분명한 차이가 있다. 마치 365일 검은색 터틀넥과 청바지를 입는다고 해서 모두 스티브 잡스가 아니고, 아무리 똑같이 노래를 따라 부른다고 해서 수십 년 노래를 불러온 원조 가수가 아닌 것처럼 말이다. 그럼에도 여전히 자신을 증명하기 위해 많은 사람들이 사용하는 방법은 기술복제다. 자신에 대해 가장 쉽고 빠르게 표현할 수 있기 때문이다.

발터 벤야민은 〈기술복제시대의 예술작품〉이라는 저서에서 '아우라Aura'의 개념을 발표했다. '아우라'는 분위기라는 뜻에서 유래한 것으로 예술작품이 유일하게 지니고 있는 아주 미묘하고 고유한 본질을 의미한다. 아우라는 곧 작품에 의미를 부여하는 복합적인 것들, 역사, 소유자, 예술가와 같은 것들에 의해서 형성되는 것이다. 이 말은 다른 사람들의 작품이나 생각을 무작정 복붙(복사해서 붙여넣기)하기만 해서는 원본이 가지는 아우라는 가질 수 없다는 말이 된다. 예술작품에 있어서 원본은 일종의 엄청난 규모의 원금과도 같아서 계속해서 이자를 양산하지만, 복제품은 그 원금을 은행에서 찾아와서 더 이상 이자가 불어나지 않게 만든다. 결국 자신이 원본이 아니고 복제품일 경우에는 진품에서의 아우라를 만들어내기 위해 오래가면서도 영원한 그러면서도 다른 것과는 차별화되는 무언가를 만들어낼 수 있어야 한다. 복제는 원본을 만드는 것보다 쉬울 수 있다. 하지만 그게 그거 같아 보이는 동질성을 가진 복제품에 사람들은 관심을 두지 않는다. 그렇다면 기술복제 시대, 어떻게 해야 자신이 원본이라는 것을 증명할 수 있을까?

첫째, 원본이 가진 아우라를 만들어야 한다.

정체성 → 자신의 분야 → 업력 → 축적된 시간의 힘 → 일관된 메시지 → 일관된 모습 → 탁월한 성과 → 차별화된 강점 → 증명 가능한 그 무엇

아우라는 자신의 분야에서 긴 시간을 거쳐 살아남았을 때 표출되는 그 무엇이다. 유일무이하고 영원성을 지닌 원본이라야 아우라가 나온다. 업력은 성공만으로 채워지는 게 아니다. 끝도 없는 시행착오를 발판삼아야 비로소 밀도가 생긴다. 왜 그 일을 하는지, 그 일을 통해 무엇을 이루려 하는지, 그 일을 하면서 맞닥뜨리는 좌절과 공포를 어떻

게 극복해냈는지, 그 일로 무엇을 할 수 있었는지, 얼마나 오랫동안 그 일을 해 왔는지, 앞으로는 또 어떤 일을 할 것인지까지가 모두 아우라에 담긴다. 그렇게 과정의 무게와 시간의 축적이 더해져야 원본으로서의 아우라가 나온다. 어디서 본 듯한 것을 단순히 복제하는 식이라면 결국 아무리 많은 돈과 시간을 써도 기억될 리 만무다. 자신만의 분야에서 고유한 무언가를 만들어낼 수 있을 때 아우라는 덤으로 생긴다.

둘째, 디지털 기록을 남겨야 한다.

아무리 원본이라 해도 검색되지 않으면 그 가치를 지키기 어려운 시대다. 내가 만약 개인 브랜드 방정식 5T가 담긴 책『나는 브랜드다』를 쓰지 않았더라면, 관련 내용을 디지털 기록으로 남기지 않았더라면 내가 원본이라는 것을 어떻게 증명할 수 있단 말인가? 그래서 자신이 가진 기술, 재능, 성과, 경험, 지식 등을 기록으로 남겨야 한다. 디지털 기록이 중요한 이유는 현대인 대다수가 검색으로 필요한 내용을 확인하기 때문이다.

적자생존. 온라인에 적는 자만이 살아남을 수 있다는 진리는 내가 원본이라는 것을 증명하는 데도 유효하다.

나의 제품과 비슷한 복제품이 나왔다는 것은 내가 하는 사업이 성공했다는 증거라고『메이커스』의 저자 크리스 앤더슨은 말한다. 재능과 동기가 있는 사람은 웹을 통해서 얼마든지 자신의 재능을 팔 수 있는 시대다. 이런 때 비슷비슷한 생각과 아이디어는 얼마든지 가능하다. 나 또한 시작은 복제품 수준이었을 거다. 아이디어와 원본은 언제든 복제가 가능하다. 단순 복붙(복사해서 붙여넣기)만 아니라면 얼마든지 새로운 창조가 가능해진다. 최고의 모방은 최고의 창조로 연결된다는 것을 수많은 예술가가 증명하지 않던가! 설사 내가 지금은 누군

가의 아이디어와 지식을 모방해서 복제품 비슷한 수준에서 시작했을
지라도 자신이 원본이 될 때까지 필요한 시간과 과정을 거쳐 아우라를
갖게 된다면 그 또한 원본이 되는 세상에 우리는 살고 있다.

6

자기증명 시대, 당신의 직업적 본질은 무엇인가요

외식사업가 백종원은 『백종원의 요리비책』이라는 제목으로 유튜브 영상을 공개한 지 3시간 만에 구독자 10만 명을 넘겼고, 개설3일 만에 구독자 100만 명을 돌파했다. 이 책을 쓰고 있는 지금은 이미 250만 명을 넘었고 지금도 계속 증가 되는 중이다. 유튜버가 직업이 아닌데도 이렇게 급속도로 구독자 수가 늘어난 이유는 무엇일까?

백종원의 직업적 본질은 외식사업가이고, 그가 가진 기술은 요리와 장사다. [백종원의 골목식당], [백종원의 푸드트럭] 등의 방송을 통해 그가 가진 본질을 여실히 증명해온 그가 유튜브를 시작한 이유는 그의 장모님 때문이다. '어느 날 장모님께서 "백종원 갈비찜 레시피를 보고 그대로 했는데 맛이 잘 안 나온다."라고 전화를 하셨다. 레시피를 살펴본 백종원은 인터넷에 떠도는 가짜(복제) 레시피가 아닌, 진짜 백종원 레시피를 전해야겠다는 생각으로 유튜브를 시작하게 되었다.'고 한다.

백종원이 사람들에게 사랑받는 이유는 그가 자신의 직업적 본질대로 자신을 증명했기 때문이다. 그는 외식사업가로 성공한 프랜차이즈 대표이고, 각종 TV 프로그램을 통해 그가 가진 경험과 지식으로 해당 분야 사람들이 겪는 다양한 문제를 해결해 주었고, 그만의 독특한 요리법을 공개해 전문가가 아닌 수많은 사람이 쉽게 요리에 입문할 수 있도록 도왔다. 우리가 백종원을 즐기는 방법은 그가 만들어내는 요리 콘텐츠이고, 그 콘텐츠가 담기는 그릇에 따라 TV, 유튜브, 블로그, 책, 프랜차이즈 등으로 확인할 수 있다. 다양한 아이템으로 어떤 콘텐츠에 담기더라도 변하지 않는 것 하나는 백종원의 직업적 본질, 외식사업가 그 자체다.

그렇다면 당신에게 있어 제일 중요한 본질은 무엇인가? 돈, 유능한 직원, 성공, 인지도, 좋은 제품, 업계 평판, 새로운 기회, 나눔, 봉사 외에도 얼마든지 많을 수 있다. 보통 정체성을 표현하는 본질은 두 가지가 있다.

하나는 개인의 취향이나 이상, 꿈을 묻는 개인적 본질이다. 이런 질문에 대한 답은 주로 돈, 성공, 나눔, 봉사나 새로운 기회 등과 같은 지극히 개인적인 목적을 드러내는 것들이다. 대부분이 주목하고 있는 것 또한 이 부분이다. 하지만 이런 개인적 본질은 목적지가 명료하지 않고, 지켜졌는지 아닌지 또한 선명치 않다. 그래서 브랜드로 이어지지 않는다. 포부가 크다고, 성격이 좋다고 퍼스널 브랜드 가치가 올라가는 게 아니기 때문이다.

그렇다면 다른 하나의 본질은 무엇일까? 바로 내가 타인에게 판매하는 물건, 제공하는 서비스, 업계 평판 등 사회적 목적을 가진 직업적 본

▶ 직업적 본질을 담은 브랜드 바구니와 그 안에 담긴 다양한 콘텐츠

질이다. 사람들이 당신에게 궁금해하고 기대하고 바라는 것 또한 구체적인 무언가를 해줄 수 있는 직업적 본질이다.

고객이 중요하다고 여기는 것과 당신에게 중요한 것이 반드시 일치하는 건 아니다. 자기증명 시대에 의미가 있는 본질은 직업적 본질이다. 자신이 어떤 사람인지를 '자신의 일'로 증명할 수 있어야 브랜드가된다. 만일 백종원이 요즘 핫하다는 게임을 들고나와 유튜브를 했다면어땠을까? 어느 정도 인기는 있었겠지만, 아마 지금 같은 어마어마한구독자 수를 달성하기는 어려웠을 것이다. 그럼에도 여전히 사람들은유튜버가 되겠다고 꿈꾼다. 뭐든 시작만 하면 될 것처럼 기대하면서말이다.

OO답게, OO스럽게 산다는 것은 두 가지 영역에서 모두 인정받을 때 얻을 수 있다. 직업적 본질에서는 전문성을 인정받아야 하고, 개인적 본질에서는 사랑받을 수 있는 인정을 갖춰야 한다. 배우는 자세가 중요한 아마추어의 세계에서는 당연히 인성의 가치가 중요하게 여겨지지만, 비즈니스 세상에서는 전문성으로 승부를 봐야 하는 직업적 본질이 먼저다.

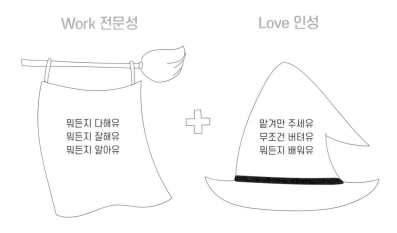

▶ MU의 직업적 본질과 개인적 본질

따라서 자신의 이름으로 살아야 하는 사람은 직업적 본질로 자신을 증명해야 하는 숙제가 있다. 그 말은 자신이 가진 경험과 지식, 숙련된 기술로 대결해야 한다는 의미다. 고객은 당신의 구구절절한 개인적 본질이 아니라 브랜드로서의 직업적 본질에 관심을 둔다. 그들이 원하는 것은 당신이 어떤 분야에서 어떤 수준으로 어떤 문제를 해결해 줄 수 있는지와 그로 인해 그들이 얻게 될 혜택뿐이다.

7
당신은
자기소개 문장을
가지고 있나요?

"내가 무엇을 좋아하는지 모르겠어요. 어떤 책을 읽어야 하는
지도 모르겠고. 그래서 아무것도 안 하고 있어요."

미래에 대해 불안해하면서도 움직이지 않는 사람들이 공통적으로
하는 변명이다. 기업 로고가 박힌 명함 한 장으로 자기를 설명하던 시
대에서 개인 명함으로 자기를 증명해야 하는 시대가 오면서 사람들이
가장 어려워하는 게 무엇일까? 놀랍게도 자신을 소개하는 일이다. 분
명 지금의 일을 시작하기 전 몇 장에 걸쳐 쓴 자기소개서로 서류전형
을 통과했을 것이고, 면접에서도 자기가 누구이고 무엇을 해 왔고 무
엇을 잘하고 앞으로 무엇을 하고 싶다는 자기소개를 당당하게 했을 것
인데 말이다. 그 결과 당신이 얻은 것은 구구절절 설명하지 않아도 당
신이 누구이고 어떤 수준인지를 한 번에 보여줄 수 있는 손바닥 크기
의 명함 한 장이다.

하지만 회사를 벗어나 어디에도 속하지 않는 상태가 되면 자기를 소개하는 명함의 내용이 바뀌게 된다. 즉 대부분이 가진 정체성은 둘 중 하나다. 아무도 모르는 회사의 대표이거나 누구나 아는 평범한 제품이나 서비스를 취급하는 사람이거나.

높은 비전과 이상을 가지고 회사를 차렸다고 가정해 보자. 그 회사 대표라고 나를 소개한들 사람들이 아하! 하고 내가 하는 일을 이해한 것이 아니다. 그러니 명함을 주고받았다 해도 일이 성사될 리 만무다. 직업이나 제품으로 자신을 소개하면 어떨까? '강사입니다', '타일 취급해요', '글 쓰는 일 해요', '블록체인 관련 사업합니다', '코인 판매합니다.' 사람들은 즉시 아하! 하고 당신이 하는 일을 이해한다. 하지만 딱 거기까지다. 이해는 했지만 인정한다는 의미는 아니다. 그 분야에서 유명한 다른 사람을 알고 있거나 관심이 없는 경우가 일반적이다. 역시 아무 일도 일어나지 않는다. 이쯤 되면 이런 생각이 들 것이다. '도대체 어쩌란 말이야. 에라, 나도 모르겠다. 그냥 나는 나다.'

여기서 잠깐, 자기소개의 이유를 생각해보자. 처음 만나는 사람에게 명함을 건네고 짧은 자기소개를 하면서 당신이 바라는 것은 무엇일까? 당신이 인간적이고, 사람들에게 사랑받고 있고, 지금 하는 일을 잘하고 있으니 믿고 일을 의뢰하면 된다고 하는 무언의 메시지 아닐까?

다음의 명함 샘플을 보자.
이런 명함을 받으면 어떤 기분이 드는가? 나 이렇게 대단한 사람이니 알아서 잘하라는 무언의 권위가 보인다. 어떤 분야에서 무슨 일을 하는지 도대체 알 수가 없다. 나에게만 그렇게 보이는가? 하지만 이렇게 한자 일색인 명함은 명함 앱으로도 스캔이 안 된다. 일일이 다 입력

▶ 스캔이 되지 않는 한자 명함

해야 하는데 문제는 대부분의 디지털 세대들은 한자를 모른다. 그러니 이분이 아무리 중요한 사람이라 한들 뇌를 복잡하게 민들었으니 내가 살아남기 위해서라도 배제하는 게 맞다.

▶ 무슨 일을 하는지 알 수 없는 명함

이 명함은 어떤가? 대한민국 국기가 있으니 국가 기관인가, 아니면 대한민국을 대표하는 어떤 모임의 디렉터라는 말인가? 보고 또 봐도 이 사람이 무슨 일을 하는지 알 수가 없다. 이제 명함 앱에게 이 명함을 스캔해서 저장하도록 의뢰해 본다. 예상했던 대로 완벽하게 저장되지 않는다. 수고스럽지만 다시 타이핑을 해서 수정해 넣어야 한다. 그리고도 의문이 남는다. 이분이 누구시더라? 아마도 같은 일을 하는 사람들끼리는 알아볼지도 모른다. 하지만 서로 아는 사이라면 굳이 명함까지 주고받으며 소개를 할 필요가 있을까? 결국, 이 명함도 나의 인맥사전에서는 아웃이다.

그렇다면 당신의 명함 속 자기소개는 어떤가?

보통의 경우라면 명함에 회사명과 취급상품 그리고 연락 가능한 전화번호와 이메일주소가 다다. 아쉽게도 명함 속 당신이 하는 자기소개에는 그 어떤 메시지도 담겨 있지 않다. 사람들에게 호기심을 유발하는 자기소개가 없다면 고객은 더 이상 당신에 대해 생각할 이유와 여유가 없다. 이유 없는 것과 복잡한 것을 회피하도록 설계된 우리의 뇌 때문이다.

이제 아래 명함을 보자. 명함 앞면에는 이름, 직급, 회사명과 취급상품 그리고 연락 가능한 전화번호와 이메일주소가 담긴다. 솔직히 이 명함만으로는 아무런 호기심도 자극되지 않는다. 우리가 흔히 알고 있는 내용이기 때문이다. 내가 공사를 하게 되어 타일이 필요한 경우가 아니라면 이 명함은 내게 필요하지 않다. 문제는 정작 공사를 하게 된다고 한들 이 명함을 기억하고 있다가 일을 연결할 수 없는 경우가 대부분일 것이다.

▶ 우리가 흔히
알고 있는 내용의 명함

이제 명함 뒷면을 보자. 보통은 앞면의 내용을 영어로 표기하거나 주력 분야를 어필하는 수준에서 끝난다. 하지만 도경어플라이의 명함에는 명확한 자기소개 문장이 담겨 있다. 엠유가 브랜드 컨설팅을 의뢰받아 만들어준 자기소개 명함이다. 도경어플라이는 타일, 조명, 캔들을 취급하는 소매상이다. 일반 인테리어 업체들이 하는 일과 크게 다르지 않다. 하지만 김도경 대표가 원하는 것은 단순히 인테리어 업체로 분류되는 것이 아니고, 타일만 취급하는 곳으로 보이는 것도 아니다.

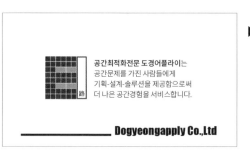

▶ 명확한 자기소개 문장이 담긴 명함

공간최적화전문 도경어플라이는 공간문제를 가진 사람들에게 기획-설계- 솔루션을 제공함으로써 더 나은 공간 경험을 서비스한다고 하는 자기소개 문장이 담겨 있다.

이 문장에는 내가 누구인지, 고객이 누구인지, 문제를 가진 고객에게 무엇을 어떻게 해줄 것인지, 그 결과 고객이 누리게 될 혜택이 무엇인지가 보인다. 도경어플라이는 한 평 카페, 일명 '스페이스 3.3 프로젝트'를 진행하는데, 이 프로젝트를 통해 작은 공간을 가장 효율적으로 만드는 법을 알려준다. 즉, 도경어플라이만이 할 수 있는 전문적인 과정과 결과를 보여줌으로써 공간최적화전문으로서의 가치를 어필하는 것이다. 공간문제는 일반 주택뿐만 아니라 상업공간, 업무 공간 모두에서 다양하게 나타날 수 있다. 어떤 공간이라도 고객이 문제라고 생각하면 그 문제에 대해 함께 고민하고 답을 찾아주는 공간 최적화 전문가가 바로 도경어플라이 김도경 대표이고, 공간문제를 해결해 주기 위한 솔루션의 일환으로 타일, 조명, 캔들이 활용되는 것이다.

도경어플라이의 한 문장 자기소개는 단순히 '타일을 취급하겠다'라는 생각을 넘어 '어떤 방식으로 운영하는 회사를 만들겠다'라고 하는 대표의 의지와 각오를 표현한다. 앞으로 도경어플라이는 '공간 최적화'라는 콘셉트에 맞게 기획하고, 연출하고, 디자인하는 회사로 성장할 것이다.

자기만의 문장을 갖는다는 것은 결국 나와 우리 회사의 위상과 권위가 상대방에게 그대로 전달될 수 있는 브랜드 언어가 생긴다는 것이다. 그리고 이 브랜드 언어는 앞으로 내가 어디를 향해 갈 것인지를 보여준다. 자신의 포트폴리오가 축적되고 있는 블로그에도 자기소개 문장은 그대로 쓰인다. 홈페이지에도, 브로셔에도, 광고에도 쓰인다. 일관된 자기소개 문장은 하나의 명확한 콘셉트로 다양한 곳에 쓰이더라도 흔들리지 않는 직업 정체성을 증명한다.

이렇게 자기소개 문장을 완성하게 되면 자신이 누구인지, 어떤 일을 하는지, 어떤 문제를 가진 사람이 고객인지, 그 고객의 문제를 해결해 주기 위해서 무엇을 해야 하는지가 명료해진다. 그러면 이제 자신의 주력 분야를 특정하고, 그 분야와 관련된 책을 읽고, 필요한 지식을 축적하고, 자신의 전문성이 무엇인지 어필하고, 고객의 문제가 무엇인지 제대로 보려 하고, 숨은 문제도 찾기 위해 노력하고, 자신을 만난 고객이 어떤 삶을 살 수 있는지를 자신 있게 보여줄 수 있게 된다.

그렇게 되면 결국 자신이 해줄 수 있다고 하는 명확한 '무언가'를 공

▶ '공간최적화' 콘셉트의 포트폴리오가 축적되고 있는 도경어플라이 블로그

개적으로 약속하게 된다. 마치 정치인들이 공약으로 내세우는 것처럼 말이다. '격의 시대'에 자신의 이름으로 살아야 할 우리들이 약속을 지켜나가면서 자타공인 신뢰를 쌓아야 하는 것, 그것이 바로 자기소개 문장을 가져야 하는 이유고, 퍼스널 브랜드의 영향력을 갖추기 위해 필요한 과정이다.

이제 당신만의 자기소개 문장을 가져야 하는 이유는 명확하다. 문제는 어떻게 해야 시장에서 거래 가능한 자기소개를 만들 수 있을 것인가다.

당신에 대해 궁금해하는 수많은 질문을 하나의 문장에 담아 소개하는 것이 바로 파브FAB 자기소개법이다. FAB란 쉽게 말해 원샷 메시지를 작성하기 위한 3단계 문장 공식을 말한다.

파브FAB는 특징Feature, 장점Advantage, 이익Benefit의 앞 단어를 줄여서 만든 용어로 마케팅에서 셀링 포인트를 한 문장으로 정리할 때 사용된다. Feature는 상품의 특징을 정의하고, Advantage는 차별화되는 강점을 통해 어떤 서비스를 해줄 수 있는지 어필하고, Benefit은 소비자가 얻게 될 혜택에 대해 약속하는 내용을 담는다. 한편 FAB(파브)는 그 자체로 '아주 멋진, 기막히게 좋은'이라는 의미를 지녔다. 즉 한 기업이나 개인의 'FAB'를 정의한다는 것은 기업 혹은 개인이 그 자체로 아주 멋지고 기막히게 좋은 상품이라 잘 팔릴 수 있다는 것을 어필하는 것이다.

Feature	정의하고/일반적인 요소 3~4가지로 특징을 나타내라
Advantage	어필하고/그리고 특출난 장점 한 가지를 강조하라
Benefit	약속하라/다음으로 고객이 원하는 것을 약속하라

다음은 퍼스널 브랜드 전문가 조연심의 원샷 메시지다.

Feature	지식소통가로
Advantage	당신의 브랜드가 세상과 소통할 수 있도록 코칭하여
Benefit	세상을 움직이는 영향력 그 중심에 가도록 돕는다

이렇게 만든 문장을 통해 나는 고객들의 퍼스널 브랜드가 온·오프라인 연결을 통해 세상과 소통할 수 있는 다양한 방법을 찾아 코칭하면서 고객들을 성공시켜 그들이 세상을 움직이는 영향력의 중심에 가도록 돕겠다고 약속하는 것이다. 고객이 나에게 바라는 것 또한 자신이 중요한 위치에 존재할 수 있고 영향력을 발휘할 수 있도록 도와 달라는 것이다.

퍼스널 브랜딩 그룹 엠유의 원샷 메시지도 살펴보자.

Feature	퍼스널 브랜딩 그룹 엠유는
Advantage	검색, 거래, 신뢰 가능한 비즈니스 평판을 매니지먼트하여
Benefit	지속적인 성장 경험을 서비스한다

엠유는 고객이 온라인에서 검색될 수 있고, 거래될 수 있으며, 지속 가능한 비즈니스를 위해 온·오프라인에서 좋은 비즈니스 평판을 유지하도록 서비스하는 일을 한다. 고객이 원하는 것은 지속적인 성장이고, 지금보다 나은 수준의 자기 자신이다. 그것을 도와주겠다는 것이 바로 엠유가 고객에게 하는 약속이다. 이 약속이 지켜졌기에 지난 몇 년간 고객들로부터 사랑받을 수 있었다.

이처럼 명확한 자기소개 문장은 내가 누구이고, 무엇을 하면 되는지와 앞으로 어디로 가야 하는지를 알려준다. 현재의 가치보다 미래의 비전을 바라보게 하고, 끊임없이 변화하는 상황에도 흔들림 없이 나아갈 수 있도록 하고, 사람이 아니라 가치와 원칙에 따라 움직이도록 해서 정체성을 잃지 않도록 하는 가이드가 되는 것이다. 물론 현재의 모습과는 현저한 갭이 존재할 수 있다. 그 공백을 채워나가는 것 또한 자기소개 문장을 완성하려는 사람들에게 던져진 숙제다. 원샷 자기소개에는 기업이 원하는 것, 다른 사람들이 원하는 것과 당신의 역량이 연결되어야 한다. 미래에는 일자리, 네트워크를 쌓을 사람은 충분하다. 중요한 것은 격의 시대에 걸맞은 'Your Personal Brand' 바로 당신 자신이다.

PART.2

자기소개
문장에 필요한
여섯 가지 질문

세상의 모든 비즈니스는 사람과 사람이 만나 이루어진다. 그리고 사람과의 관계에서 과거나 현재나 변하지 않는 것은 나 자신을 소개해야 한다는 것이다. 변한 게 있다면 과거에는 내가 원하는 일을 할 수 있는 '특정 기업'에 맞춰 자신이 가장 최적화된 인재라는 것을 어필하는 자기소개가 일반적이었다면 요즘 사람들은 '불특정 다수'를 향해 자신이 누구인지를 어필한다. 어떤 사람이 고객이 될지 모르니까 넓게 그물망을 펴는 전략을 쓴 것이다. 마치 바다 한복판에서 '나 여기 있어요' 소리치는 식이다.

그런데 이런 방법이 통할까?

대부분 비즈니스가 실패하는 이유 중 하나는 지금 당장 돈 버는 것 이외에 아무 계획이 없기 때문이다. 그저 매달 돌아오는 은행이자, 카드 대금과 직원들 급여, 세금 걱정뿐이다. 하지만 무언가를 시작하는 당신에게 앞으로 헤쳐나갈 미래에 대한 큰 그림이 없다면 크고 작은 걸림돌 앞에서 언제고 좌절하게 된다. 이럴 때 자기만의 문장은 명확한 경로를 알려주는 북극성 역할을 하게 된다.

사람들은 당신의 직업이 무엇이던, 브랜드 네이밍이 무엇이든 관심이 없다. 그저 그들이 원하는 것을 이뤄주는 데 도움이 되는가 아닌가로 선택의 칼날을 겨눈다. 당신이 자랑스럽게 떠들고 있는 와중에 그들이 궁금해하는 것은 다음의 여섯 가지 질문에 대한 답이다.

1. 당신은 어떤 사람인가요? (당신의 정체를 밝혀주세요)
2. 당신의 고객은 어떤 문제를 가진 사람인가요? (제 문제가 뭘까요)
3. 당신은 무엇을 해줄 수 있나요? (서비스의 강점은 무엇인가요)
4. 그럼 이제 무엇을 어떻게 하면 되나요? (문제 해결법을 알려주세요)
5. 고객의 문제가 해결되면 고객의 삶은 무엇이 달라지나요? (제가 누리게 될 혜택이 무엇인가요)
6. 당신의 약속은 무엇인가요? (당신을 믿을 수 있나요)

당신을 소개하는 한 문장 파브FAB에는 이런 여섯 가지 질문에 대한 답이 담겨야 한다. 여섯 가지 질문은 파브FAB를 완성하는 3단계 문장 공식으로 정리될 수 있다.

"무엇을 하는 사람"인지 정의하고,
"무엇을 할 것인지" 어필하고,
"무엇을 줄 것인지" 약속하라!

당신은 누구인가?

무슨 일을 하는가?

당신의 상품과 서비스는 왜 특별한가?

'그리고' '도대체' '왜' 내가 당신의 상품을 사야만 하는가?

그럼 이제부터 하나씩 그 답을 찾아보자.

당신은
어떤 사람인가요?

"그 사람 어때?"

당신이 알고 있는 사람에 대해 이런 질문을 받으면 당신은 어떻게 답을 하게 될까?

"그 사람 별로야."

"성격은 까칠한 데 일은 끝내줘."

"성격은 원만한데 일은 무난해."

'어떤'이라는 것에 대해 '이렇다'라고 답하는 것은 답하는 사람의 주관적 판단과 결정이 절대적이다. 하지만 묻는 사람이 진짜 궁금해하는 것은 그 사람을 '당신'은 믿을 수 있는지 아닌지의 여부다.

그렇다면 성격이 좋으면 믿을 수 있고, 성격이 급하거나 까다로우면 믿을 수 없는 사람일까? 비즈니스가 시작될 때 누군가의 추천은 결정에 절대적인 영향을 미친다. 거기에 하나 더 추가한다면 검색으로 확인한 그 사람에 대한 디지털 평판이다. 온라인에서 보이는 콘텐츠를 보며 그 사람이 '어떤' 사람인지를 판단하게 되는 것이다.

여기서 '어떤'의 사전적 의미는 사람이나 사물의 특성, 내용, 상태, 성격이 무엇인지 물을 때 쓰이는 '어떤'이다. 그 사람이 어떤 사람이라고 말하는 것은 어떻게 보면 가장 사실적으로 그 사람을 설명하는 말일지도 모른다. 그리고 어떤 분야에서 어떤 수준으로 어떤 고객을 대상으로 어떤 결과를 만들어왔는지를 한 마디로 설명할 수 있다면 그 사람은 이미 한 분야를 대표하는 누군가일 경우가 많다. 그러니 당신이 누구인지 궁금해하는 사람들에게 당신이 어떤 사람인지를 보여줄 수 있는 가장 명료한 방법은 당신의 '어떤'을 특정하여 보여주는 것이다. 그 결과 당신이 찾는 어떤 사람이 바로 나라는 것을 알려주는 것이다.

당신의 '어떤'을 특정할 수 있어야 한다

당신이 보여주어야 하는 것은 '나는 어떤 사람이고 무엇을 하는지'를 알려주는 직업 정체성과 당신의 존재 이유다. 당신을 알고 싶어 하는 사람들에게 당신이 엄한 부모 밑에서 엄격한 기준으로 자랐다는 것과 그저 그런 학창시절을 보냈다는 것과 평범하게 직장생활을 했다는 사실은 군더더기 정보일 뿐이다. 나와 내 제품이 잘 팔리려면 제품만이 아닌 브랜드 정체성을 팔아야 한다.

나를 완성하는 브랜드 정체성은 두 가지로 구분된다. 하나는 나의 인격과 성격을 대변하는 개인적 본질이고, 다른 하나는 능력과 역량을 대변하는 직업적 본질이다. 비즈니스가 목적인 사람들에게 요구되는 것은 직업적 본질이다. 그렇다고 두 개의 본질이 완전히 분리되어 존재하는 것은 아니다. 실력이 아무리 좋다 한들 성격이 이상하다면 사람들에게 사랑받을 리 만무하기 때문이다. 즉 내가 '어떤' 사람이라고 정의되는 것은 개인적 본질과 직업적 본질이 뒤섞여 일관되게 나타나는 '어떤' 이미지로 완성된다.

그렇다면 어떻게 해야 내가 '어떤' 사람이라는 것을 보여줄 수 있을까? 사실 브랜딩은 자기 이해로부터 시작된다. 우선 나를 '어떤' 사람이라고 스스로 득정하는 게 먼저다. 내가 누구인지 나도 모르는데 어떻게 다른 사람들이 나를 제대로 알아볼 수 있겠는가? 따라서 우선 나의 개인적 본질을 정의할 필요가 있다. 사람은 태어나면서 누구나 달란트Talent재능를 가지고 태어난다. 그리고 무엇을 좋아하는지, 무엇을 잘하는지, 성격이 어떤지, 어떤 기준으로 의사결정을 하는지에 따라 나라는 사람을 정의할 수 있다. 때문에 나 스스로 어떤 사람인지 알기 위해서는 자신과 대화해야 한다.

▶ 나의 개인적 본질 정의하기

우선 흥미는 무엇을 좋아하는가에 대한 답이다. 좋아하는 것을 목록으로 작성해 보는 것으로도 쉽게 찾을 수 있다.

적성은 무엇을 잘하는가를 보면 알 수 있다. 어떤 문제를 해결할 능력이 있는가? 지금까지 인정이나 칭찬을 받았을 때를 기억해 보라. 잘하는 분야가 적성에 맞는 일이다. 문제해결력의 수준에 따라 가치가 달라진다.

성격은 다양한 자극에 어떻게 반응하는가를 보면 알 수 있다. 문제에 대응하는 모습이나 사람들과의 관계에서 어떻게 반응하는지가 바로 나의 성격이다. MBTI, DISC, 에니어그램 등을 활용하면 좋다.

가치관은 의사결정을 할 때 무엇을 중시하는가에 따라 결정된다. 어떤 경우에 만족하고 타인으로부터 인정받는가? 어떤 결정을 하던 그 결정을 가능하게 하는 것은 자기만의 가치 기준이다.

객관적인 시각으로 자기 자신을 바라보면 무엇을 잘하고 있고 무엇이 부족한지 극명하게 알 수 있다. 내가 보여주고 싶은 '어떤' 사람에 부합되는 생각과 행동이 당신을 그런 사람으로 완성하는 것이다. 지금의 내가 어떤 모습이든 앞으로 보여주고 싶은 미래 모습에 대해 생각하고 '어떤' 사람이 될 거라고 특정하고 그에 맞는 과정을 만들어가는 것이 퍼스널 브랜딩의 핵심이다.

개인적 본질에 대해 이해하고 나면 다음은 직업적 본질을 정의하는 게 필요하다. 직업적 본질을 통해 우리는 비즈니스의 기본인 신뢰를 증명할 수 있어야 한다. 자신의 직업 정체성을 보여주기 위해서는 자기 분야가 있어야 한다. 주력 분야를 정하는 것은 자신이 속한 분야가 어떤 곳인지 자타가 알아볼 수 있도록 선을 긋는 것이다. 주력 분야가 확실하게 어필되면 그와 관련된 아이템은 자유롭게 변경할 수 있다. 어떤 분야에서 일하는 사람인지를 먼저 말해야 상대 입장에서 자신에게 필요한지 아닌지를 즉각적으로 판단할 수 있게 된다. 이 일 저 일 기웃대는 사람이라는 인상을 준다면 상대방은 나를 어떤 사람이라고 기억하게 될까? 아마 십중팔구는 별 볼 일 없는 사람으로 기억하고, 더 심한 경우 아예 기억조차 하지 못할 수도 있다.

주력 분야는 드러난 명사로 보여줘야 한다

'이 분야'하면 그 사람이라는 명확한 자기 자리에 대한 선 긋기가 없다면 사람들은 필요할 때 그 사람을 기억해내지 못한다. 사람들은 생각보다 단순하다. 보이는 대로 믿는다는 것을 인정한다면 내가 어떤 분야에서 머물고 있는지 물어보는 것만큼 쉬운 방법은 없다.

"내가 어떤 분야에서 일하는 사람으로 보이나요?"
이 질문은 의외로 쉬운 답을 줄 수 있다. 만일 당신이 주력하고 있는 분야로 인식하고 있다면 그대로 가면 된다. 하지만 그렇지 않다면 심각하게 고민해볼 필요가 있다. 비즈니스가 성사되지 않는 이유는 내가 어떤 분야에 있는지를 보여주지 못하기 때문이다.

주력 분야는 촘촘하게 좁힐 때 명료해진다. 너무 큰 범위를 설정하면 더 많은 경쟁자와 비교우위를 논해야 한다. 마케팅이라고 분야를 설정하면 온라인마케팅, 콘텐츠마케팅, 바이럴마케팅, PR 마케팅 등 다양한 세부 분야로 쪼개질 수 있다. 당연히 각 분야의 고수와 경쟁해야 하는 부담이 있다. 거기다 그 분야 하면 '당신'을 떠올릴 수 있으려면 지금 하는 일도 마케팅과 연관되어 있어야 하고, 성과도 거기서 나타나야 한다. 핵심은 주력 분야를 결정할 때 대체 불가능한 결과물과 연결되어야 한다는 사실이다.

어떤 분야에서 최고가 되고 싶은가? 그렇다면 인텔의 최고경영자 앤드류 그로브의 말을 기억하라. "바구니 하나에 달걀을 모두 담고 바구니 하나만 바라보아라Put all your eggs in one basket, and then watch that basket."

"달걀을 한 바구니에 담지 말라Don't put all your eggs in one basket"라는 투자 격언을 기억하는 사람들에게는 다소 의아한 말일 수 있다. 그러나 달걀과 바구니를 내 주력 분야와 세부 항목이라고 생각하면 그로브의 말에도 일리가 있다.

하나의 바구니는 자신의 분야이고, 달걀은 세분화된 상품군이다. 고객과 내가 집중해야 하는 것은 바로 브랜드 바구니 그 자체다. 바구니를 향해야 명중률이 높아진다. 여기저기 산탄총 쏘듯이 지나가는 새를 보고 시간과 자금이라는 총알을 날려서는 안 된다.

모든 분야에서 탁월한 사람은 없다. 그래서 '그 분야'하면 '그 사람'이라고 기억되기 위한 나만의 주력 분야가 있어야 한다. 특히 검색으로 모든 것을 확인하는 요즘, 검색되는 나를 위해서도 자신이 어떤 분야에서 탁월할 것인지를 스스로 결정하는 게 먼저다. 이는 고객의 머릿속에 해당 분야의 전문가로 포지셔닝 하겠다는 의지고, 선전포고다. 이럴 때 활용할 수 있는 방법은 대한항공 광고처럼 자신의 주력 분야를 설정하는 것이다.

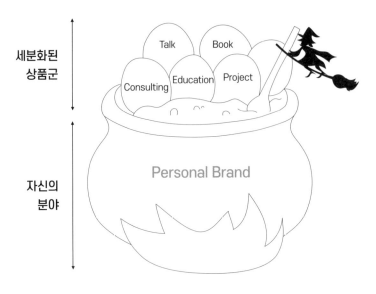

세분화된
상품군

자신의
분야

Talk　　Book

Consulting　Education　Project

Personal Brand

▶ 탁월한 자기 분야 Basket 찾기

Excellence in Flight.

대한항공은 비행 분야에서 탁월하겠다고 결정했다.

Excellence in Personal Brand.

조연심은 퍼스널 브랜드 분야에서 탁월하겠다고 결정했다.

이제 당신 차례다.

Excellence in _____.

당신은 어떤 분야에서 탁월할 것인가?

주력 분야를 결정하고 나면 자신이 누구인지를 설명할 수 있게 된
다. 이때 주력 분야가 드러나는 명사로 자신을 정의하면 된다. 이는 흔

히 브랜드 네이밍이 되기도 한다. 쉽게 말해 주력 분야는 '내가 노는 물'이 어디인지를 대번에 알게 해준다.

나는 박사다, 나는 교수다, 나는 변호사다, 나는 의사다. 처럼 자신의 직업과 연관된 명사는 그 자체로 직업 정체성을 보여주게 된다. 이들 직업의 공통점은 자격증을 통해 검증된 직위를 획득한 경우라서 어느 정도 브랜드 영향력을 인정받을 수 있다. 물론 해당 직을 수행하고 있는 동안은 상관없다. 문제는 그 직업을 그만두었을 경우다. 30년 이상 유지해온 전문직에서 더 이상 그 일을 할 수 없게 되었을 때 당신을 누구라고 소개해야 하는가?

한편 나는 부장이다, 나는 사장이다, 나는 대리다, 나는 아르바이트생이다. 처럼 직위는 존재하지만 정확하게 주력 분야가 드러나지 않는 경우에는 구구절절한 자기소개가 이어져야 한다. 게다가 이런 소개의 유효기간은 재직 중일 때까지만이다. 회사를 벗어나게 될 경우에는 도대체 자신을 누구라고 소개할 것인가?

물론 가장 효과적인 자기소개는 자신의 이름만으로도 설명이 필요 없는 사람이 되는 경우다. 어떤 분야에서건 명확한 자기 자리를 확보한 사람들이라면 이름 석 자가 가장 강력한 자기소개가 된다. 톰 피터스, 오프라 윈프리, 인순이, 유재석 등이다. 이들은 자신의 강점과 매력으로 그들의 직업적 정체성에 맞는 약속을 지켜왔기에 신뢰 가능한 사람이라는 비즈니스 평판을 얻을 수 있었다. 외식사업가 백종원의 경우는 주력 분야는 외식사업이고 관련 아이템은 요리와 사업 노하우 관련된 프로젝트로 자신을 소개하고 있다. 다양한 방법으로 자신을 소개하지만, 콘셉트는 요리와 외식사업을 벗어난 적이 없다. 그 결과 백종원이 '어떤' 사람인지 누구나 알 수 있게 되었다. TV 프로그램, 외식 컨설팅, 유튜브 등을 통해 자신의 직업 정체성을 일관된 콘셉트로 보여준 결과 명확한 자기 위치를 찾은 것이다. 누구나 외식사업 하면 '백종원'을 떠올릴 수 있기 때문이다.

그렇다면 그다지 유명하지 않은 회사나 이제 막 창업한 회사 대표나 소속이 없는 프리랜서인 경우에는 자신을 무엇이라고 소개해야 할까? 나는 '조연심'이라는 이름과 함께 지식소통가라는 직업명을 추가한다. 살아있는 사람을 지식이라 칭하고 그 지식을 필요로 하는 곳에 연결하는 것이 바로 내가 하는 일이다. 그때 원활한 소통을 위해 필요한 것이 퍼스널 브랜드이고 나의 주력 분야는 퍼스널 브랜드와 관련된 일이다. 한 마디로 나는 연결의 시대에 당신의 가치를 온·오프라인으로 연결하고, 필요한 사람들과 연결하는 것을 목표로 일한다.

검색 가능하고, 거래 가능하고, 신뢰 가능한 퍼스널 브랜드를 가진 사람이 바로 당신이고, 당신이 시대가 원하는 진짜 지식이라는 것을 증명하는 것이 내가 하고 싶은 일이다. 나는 퍼스널 브랜드 하면 '조연심'을 떠올릴 수 있도록 일관된 콘셉트로 직업 정체성을 보여주고 있다. 그 결과 누구나 내가 '어떤' 사람인지 알아볼 수 있게 되면 그 분야 최고가 될 것이다.

시스코[*]는 2025년의 삶에선 만물 인터넷IOT으로 현실과 가상의 경계가 희미해질 거라고 전망했다. 컴퓨터 프로그램을 짜는 코딩coding이 읽기와 쓰기 능력보다 더 중요하게 여겨지고, 디지털 세계에 비친 모습persona이 실제의 '나'보다 가치 있게 받아들여진다는 관측도 내놨

***

[*] 시스코, 2025년 현실과 가상 경계 희미해져 … '프리랜서' 시대 열린다, 〈중앙일보〉

다. 시스코는 "모든 것이 연결된 세상에선 디지털에서 보여준 행동이 인적사항보다 중요하게 될 것"이라며 "데이터가 당신이 어떤 사람인지를 알려주고, 당신의 신용정보를 대신하게 될 것"이라고 덧붙였다. 고객의 퍼스널 브랜드를 만들어주고, 디지털 평판을 관리해주는 일은 구체적으로 당신 브랜드를 증명해줄 수 있는 데이터를 만들어주는 일이다. 이처럼 당신의 비즈니스도 공신력 있는 곳의 방향과 맞으면 적극적으로 활용할 필요가 있다.

'어떤'에 해당하는 일관된 콘셉트가 있어야 한다

요즘 가장 흔하게 창업할 수 있는 것 중 하나가 커피숍이다. 우리 동네만 해도 주변으로 건물마다 커피숍이 있다. 손쉽게 딸 수 있는 자격증 중 하나가 바리스타 자격증이고, 자격증 없이도 완벽한 조제 배율에 맞게 훌륭한 커피를 얼마든지 뽑아낼 수 있는 전동 커피머신만 있으면 시작할 수 있는 사업이기 때문이다. 하지만 '어떤' 커피숍을 하겠다는 자기만의 콘셉트가 없는 곳은 얼마 지나지 않아 사람들의 기억에서 잊힌다. 커피숍을 하고 싶다는 생각만으로 커피숍에 필요한 모든 것을 담아 오픈한 커피숍은 굳이 그곳에 가야 할 이유를 어필하지 못하므로 수많은 커피숍 중에 하나로 전락한다.

하지만 '어떤' 커피숍을 운영하겠다는 확실한 콘셉트가 있는 곳은 분명 다른 성과를 만든다. 커피 맛으로 승부를 내겠다고 한다면 탁월한 커피 맛에 주력해야 하고, 편하게 이야기할 수 있는 공간을 제공하겠다고 한다면 의자와 테이블이 그런 가치를 증명할 수 있어야 하고, 수려한 커피잔이나 접시로 어필하려면 그럴 만한 집기를 구비 해야 하고, 메인 메뉴로 기억되게 하려면 그에 걸맞은 음식을 제공해야 한다. 이처럼 같은 커피를 팔지만, 각각이 가진 특성과 강점은 다르게 어필된다. 당신이 커피숍을 오픈한다면 '어떤' 커피숍으로 기억되길 바라는지 생각해보아야 한다. 그 '어떤'에 해당하는 일관된 콘셉트가 절묘하게 보여야 당신이 '어떤' 사람인지가 드러난다.

- 나의 변하지 않는 철학은 무엇인가?
- 내가 하는 일은 어떤 의미가 있는가?
- 나는 어떤 사람으로 기억되고자 하는가?
- 궁극적으로 나는 왜 존재하는가?

내가 신뢰할 수 있는 사람이라고 보이기 위해서는 수많은 약속과 이행이 반복되어야 한다. 언제까지 하겠다고 하면 반드시 그때까지 그 일을 해내고, 언제까지 돈을 주겠다고 약속하면 무슨 수를 쓰더라도 돈을 갚아야 신뢰가 쌓인다. 하지만 대부분의 불신은 약속한 것을 그대로 지키지 않을 때 생긴다. 만약 정해진 기일을 지키지 못한다면 사전에 그 사실에 대해 말하고 다시 시간을 잡으면 된다. 그리고 그 과정에서 노력하고 있다는 것을 보여주어야 한다. 이런 단순한 일들을 지키지 않음으로 비즈니스 관계뿐 아니라 인간관계의 대부분이 무너지고 있다.

당신이 '어떤' 콘셉트로 일하고 있는지를 보여주기 위해서는 당신이 하는 일을 움직이는 동사로 표현해야 한다. 그리고 그 동사는 무엇보다 자신의 강점을 매력적으로 어필할 수 있어야 한다. 모든 가수가 '노래한다'고 하는 동사 하나로 어필하는데 왜 누구는 스타가 되고 누구는 잊히는가? 같은 노래를 한다고 해도 '어떤' 가수가 되겠다고 결정하고 나면 그에 맞춰 부르는 노래가 달라져야 한다. 아무리 노래를 잘해도 트로트가 주는 감동과 발라드가 주는 감동이 다르기 때문이다. 즉, 고객의 문제 해결에 어떤 도움을 줄 수 있는지 구체적으로 당신의 계획과 솔루션을 밝히고 당신만의 특출한 장점을 담아 동사로 자신이 하는 일을 어필해야 한다.

지금 당신은 '어떤' 사람으로 보이는가?

중3 아들 친구 엄마에게 자신이 하는 일을 소개해 보라

2007년 MBC 예능프로그램 '개그夜' 최고 인기 코너는 '뭔 말인지 알지?'였다. 오정태, 오정일 두 형제가 나오는데 형이 열심히 설명해도 동생은 끝까지 알아듣지 못하는 데서 관객들의 웃음을 자아내는 프로그램이었다.

형: 너 뱀 좀 해줘 뱀, 뭔말인지 알지?

형: 그러니깐 내가 말하는 거는, 몰라?

형: 너 뱀 몰라?

형: 너 머리 이케 뻥글뻥글, 땡글땡글 안 돼?

형: 니 머리 벚꽃 구경 갔냐?

형: 벚꽃 다 떨어졌시야.

형: 이제 좀 돌아올 때도 됐다.

형: 그러니깐 뱀 몰라?

형: 와 계속 성질나.

형: 진짜 몰라?

형: 너 뭐 될래?

형: 커서 뭐 돼?

동생: 아~ 뭔 말인지 알겠다.

형이 동생에게 뺨을 해 달라고 요청하는데 무슨 말인지 한 번에 알아듣지 못하는 동생에게 머리는 꽃구경 갔냐며 구박하고 마지막에는 커서 뭐가 될 거냐고 비아냥대자 동생이 그제서야 무슨 말인지 알겠다고 하는 내용이다.

자기소개를 할 때 과거 경력과 이력을 읊어주고, 자신이 얼마나 대단한 사람들을 알고 있는지를 설명하며 자신도 그런 사람 중 하나임을 어필하는 사람들이 많다. 그러니까 내가 누구인지 척하면 알아보라고 하는 개그 '뭔 말인지 알지'처럼 말이다. 그러한 구구절절한 그리고 맥락조차 없는 자기소개의 결말은 아무런 기억도 남기지 못한다. 자기소개의 끝은 자신이 지금 무슨 일을 하는지와 연결되어야 한다. 그래야 상대방이 듣고 이 사람과 무슨 일을 하면 되는지를 알 수 있게 된다.

전라도 구수한 사투리로 답답함을 호소하는 정태와 뭔 말인지 이해도 못 하면서 뭔 말인지 알겠다고 표준어로 답하는 동수이야기는 그 시절 유행했던 개그 프로그램이었지만 어찌 보면 비즈니스를 하는 우리 대부분도 웃음기 뺀 개그를 남발하고 있는 건 아닐까?

1990년 스탠포드 대학의 심리학자인 엘리자베스 뉴튼이 흥미로운 실험을 시도했다. 뉴튼은 실험 그룹을 두 개로 나눈 후 한 그룹에는 제목을 밝히지 않은 노래 한 곡을 들려주면서 곡의 박자에 맞춰 손으로 테이블을 두드리게 했다. 그리고 다른 그룹은 앞선 그룹이 두드리는 박자만 듣고 원곡의 제목을 맞게 하는 것이다. 박자를 두드린 그룹은 상대 그룹이 그들이 연주하고 있는 노래를 50% 정도 맞출 거라고 예상했다. 그러나 120개 곡으로 실험한 결과 청취자 집단이 정확하게 제목을 맞춘 경우는 고작 2.5%에 불과했다. 뉴튼은 이 실험 결과를 가리켜 '지식의 저주'라고 불렀다.

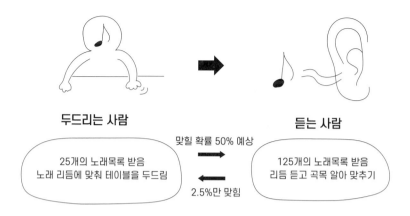

두드리는 사람

맞힐 확률 50% 예상

25개의 노래목록 받음
노래 리듬에 맞춰 테이블을 두드림

2.5%만 맞힘

듣는 사람

125개의 노래목록 받음
리듬 듣고 곡목 알아 맞추기

▶ **지식의 저주 - 엘리자베스 뉴턴 실험**

　이 실험을 통해 우리는 생산자와 소비자 간의 소통이 왜 어려운지 깨달을 수 있다. 정보 생산자는 자신이 알고 있는 것을 상대방도 당연히 알 것이라고 넘겨짚는다. 자기소개할 때 나만 아는 전문분야의 언어를 아무렇지도 않게 이야기하거나 전후 맥락 없이 압축하여 짧게 말하는 것이 여기에 해당한다. 이런 식으로 말하면 상대방과 소통이 될 리 없다.

　지금 자신이 하는 일을 모임에서 만난 중3 아들(혹은 딸)의 친구 엄마에게 소개한다고 가정해 보자. 아들 친구 엄마는 내가 누구나 아는 유명한 회사에 다닌다고 하거나, 의사, 검사, 변호사처럼 일반적인 직업으로 소개하거나 OO회사 대표라고 해야 "아~ OO이 엄마(혹은 아빠)는 그런 일을 하는군요."라고 알아듣는다. 그게 아니면 누구나 알고 있는 TV 프로그램에 출연한 적 있다고 해야 성공했다고 인정한다. 그렇다고 아들 친구 엄마가 알아들을 수 있는 직업들이 무조건 좋은 직업이라고 말하려는 게 아니다. 다만 자신의 직업을 다른 사람에게 소개하는 것이 그만큼 어렵다는 것을 말하는 것이다. 그것도 기존에 없던 새로운 방식으로 하는 일이라면 더하다.

그렇다면 어떻게 해야 자신이 하는 일을 쉽게 소개할 수 있을까? 자신이 '어떤' 사람인지 정의하고 자신이 하는 일들을 직접 보여주는 것만큼 확실한 자기소개는 없다. 그리고 자신의 일을 온라인 검색 결과로 보여줄 수 있다면 금상첨화다. 아들 친구 엄마도 네이버 검색창에 당신 이름을 검색하고 보이는 결과로 당신이 누구인지 알아보는 것쯤은 대수롭지 않게 해낼 테니까. 의외로 많은 사람이 구체적으로 말해주지 않으면 모른다. 사람들은 대개 그들이 보는 것, 믿는 것, 원하는 것을 토대로 합리적인 결정을 내린다.

당신의 고객은 어떤 문제를 가진 사람인가요?

A : "나도 어서 과정을 열어야 하는데……"

나 : "누구를 대상으로 어떤 과정을 열고 싶으신가요?"

A : "우선 마케팅 전문가 대상으로 열고 싶어요."

나 : "그럼 커리큘럼은 있으신가요? 일정은요? 금액은 얼마로 하실 건가요? 한 번에 몇 명이 적당할까요?"

A : "그래서 지금부터 고민하려고요."

나를 만나는 고객들의 상당수는 돈 되는 일을 하고 싶다고 말한다. 하지만 그에 필요한 것들을 제대로 준비했는지 점검해보면 의외로 허술한 부분이 많다. 이는 비즈니스 외에도 투자를 받거나 책을 쓰거나 방송 콘텐츠를 구성하거나 프로젝트를 기획할 때도 마찬가지다. 다른 사람들의 반응을 얻거나 지갑을 여는 일이 얼마나 어려운지 알면서도 내가 하면 다를 거라고 생각한다. 그리고 상품을 만들면 바로 돈이 될 거라고 기대한다. 하지만 시장은 냉정하다. 비슷비슷한 과정이 있거나 굳이 오프라인에서 비싼 비용을 들여 배워야 할 이유를 설득하지 못하기 때문이다. 비즈니스는 얼마나 디테일하게 준비했느냐에 따라 결과의 성패가 좌우된다.

고객 정의와 고객의 문제 정의가 필요하다

위의 대화로 다시 돌아가 보자. A가 자신의 고객 대상으로 설정한 마케팅 전문가는 누구이고, 그들은 어떤 일을 하고 있으며 그들이 가진 문제가 무엇일까? 이런 질문에 답을 하면서 자신이 바꿀 고객이 누구인지 정의하지 않으면 잘 팔리는 강좌를 설계할 수 없다. 마케팅 전문가라 칭하면 이제 막 시작하려는 사람인지, 5년 차 전문가를 의미하는지, 10년 차 이상의 중견 전문가를 의미하는지가 보이지 않는다. 이처럼 정확한 고객을 특정하지 못하면 불특정 다수의 마케팅 전문가를 대상으로 한 평범한 과정의 커리큘럼을 준비할 수밖에 없다. 이것도 필요할 것 같고, 저것도 필요할 것 같아서 이것저것 과정을 추가하다 보면 이 과정을 통해 얻을 수 있는 결과가 평이해진다. 그리고 평범한 것은 당연히 주목받지 못한다.

마케팅의 구루 세스 고딘은 저서 『마케팅』에서 이 시대에 필요한 고객 정의가 무엇인지에 대해 소개하고 있다. 지금은 누구에게 팔 건가? 보다 누구를 도울 것인가를 고민해야 할 때다. 모두를 바꿀 수는 없다. '누구를 위한 것인가?'는 당신이 해야 할 행동의 기준이 된다. 가능한 많은 고객을 대상으로 마케팅을 하면 수시로 거절당하기 일쑤다. 세상누구도 모든 사람의 파트너이자 모든 문제를 해결해 줄 만능가이드가 될 수는 없다. 무언가를 팔아야 하는 사람들이 급한 마음에 범하는 실

수 중 가장 흔한 것은 모든 사람을 대상으로 마케팅하는 것이다.

그렇다면 어떻게 해야 나의 고객을 정확하게 정의하고 찾아낼 수 있을까? 세스 고딘의 말을 한 번 더 빌려오자면 나의 고객은 '최소 유효 청중'이다. 쉽게 말해서 당신의 생각과 열정에 공감하는 소수의 사람이 당신의 고객이 된다는 뜻이다. 모든 사람을 만족시키겠다는 것은 오만이다. 이 오만에서 벗어난다면 당신이 무엇을 어떻게 해야 하는지가 보이기 시작할 것이다.

당신의 고객은 누구인가?
그들이 어려워하고 관심을 보이는 부분은 무엇인가?

지난 10년간 퍼스널 브랜드 분야에 머물면서 내가 범했던 오류는 모든 사람에게 퍼스널 브랜드 서비스를 하겠다고 가정했던 거였다. 누구에게나 자신의 이름으로 살아야 할 때가 올 것이고, 그때 필요한 것이 퍼스널 브랜드이고, 그것을 위해 무엇을 해야 하는지를 알리는 게 내가 하는 일이라고 정의했었다. 그러다 보니 내가 내린 고객 정의는 '퍼스널 브랜드를 원하는 누구나'였다. 그리고 만나는 사람마다 퍼스널 브랜드의 필요성을 어필하는 것은 물론 원하는 사람이면 누구나 고객이라 가정하고 서비스를 제공하기 시작했다.

하지만 그리 오래 지나지 않아 문제가 드러나기 시작했다. 오프라인에서 탄탄한 자기 실력이나 비즈니스 규모를 갖추지 못한 사람들에게 제공한 브랜드 매니지먼트 서비스는 마치 이가 맞지 않는 수레바퀴처럼 삐걱거렸다. 그들이 바라는 서비스는 즉시 매출로 이어지는 마케팅이나 세일즈에 가까웠고, 그것은 내가 해줄 수 있는 범주의 서비스가 아니었다. 거기다 오프라인과 온라인이 연결되어 있지 않은 고객의 경우 우리가 해주는 서비스를 직접 확인하는 데 제약이 있다는 것도 알게 되었다. 심지어 자금은 없으면서 현재 자신의 모습을 극대화하여 뉴스나 광고처럼 강력한 이미지를 가진 브랜드로 만들어달라는 요구도 있었다. 잘 되면 나중에 더 많이 챙겨주겠다는 경우도 있었다. 더욱 황당했던 경우는 자신이 알아본 결과 블로그 마케팅은 그렇게 하는 게 아니라며 다른 업체에서 건당 얼마에 하고 있는데 그렇게 해주면 안 되냐는 고객도 있었다. 긴 시간 부침을 겪으며 나는 명확한 고객 정의를 내려야 한다는 것을 알게 되었고 당장 고객이 떨어져 나간다 해도 고객이라고 정의한 사람에게만 서비스를 제공하기로 했다. 지금까지 브랜드 컨설팅하며 내가 만난 거의 모든 사람은 3부류 중 하나였다.

1. 할지 말지 고민만 하는 사람
2. 오프라인에서만 열심히 하는 사람
3. 아무 생각 없이 사는 사람

나는 내가 운영하는 기업 엠유의 고객은 이런 사람이라고 정의했다.

퍼스널 브랜딩 그룹 엠유의 고객 정의:
1. 브랜드 매니지먼트를 받겠다고 결정한 사람
2. 시간과 비용을 투입할 의사와 여유가 확실한 사람

한 마디로 나에게 유효한 고객은 나에게 돈을 지불하고 자신의 브랜드와 디지털 평판을 의뢰한 사람이다. 이렇게 정의하고 나면 만나는 사람 모두를 향해 헛발질하지 않을 지혜가 생긴다. 특히 사회생활을 막 시작한 사람이거나 자신의 분야에서 전문가로 자리매김하는 것을 목표로 한 개인은 내 고객이 아니다. 그렇다고 관계 자체를 중단한다는 의미가 아니다. 오히려 고객이 아니라고 가정하면 관계를 유지하는 게 용이해진다. 최소한 우호적인 친분이라도 남거나 언젠가는 그들 중 누군가와 파트너가 되거나 협업을 할 기회가 생기기 때문이다.

내가 도움을 주어야 하는 사람들은 오프라인 기반으로 사업을 시작한 CEO이고, 단체이고, 조직이다. 그들이 가진 가치와 철학을 누구나 알아볼 수 있는 문장으로 정의하고 그 가치대로 온라인에서 보여주는 것이 내가 그들을 위해 해야 할 일이다. 한 마디로 고객을 정의한다는 것은 "누구를 도울까?"를 정의하는 것이다. 기업은 모든 사람을 고객으로 삼고 싶어 하지만, 오히려 그럴수록 고객은 떠난다. 모든 사람은 너무 다양하고, 너무 방대하고, 당신이 일으키려는 변화에 대해 너무 무관심하다. 볼록 렌즈로 빛을 모아 가장 작은 원으로 만들면 불이 붙는다. 좁힐수록 힘이 강해지는 법이다. 고객의 범위를 특정하는 것은 내가 가진 시간과 자원을 필요한 곳에 투입할 수 있게 만들어준다.

그렇다고 현재의 고객에만 집중하라는 말이 아니다. 내가 하는 프로젝트의 상당 부분은 앞으로 나의 고객이 될 가능성이 있는 잠재고객과 관련된 일들이다. 그들이 궁금해하고 답답해하는 것에 답을 주기 위해 하는 인터뷰, 방송, 각종 워크숍, 특강 등은 현재보다 미래의 잠재고객을 위한 일종의 투자다. 그들이 실제 비즈니스를 하면서 어려움에 당면했을 때 그 해결책을 찾아주고 직접 브랜드 관리까지 해주는 게 나라는 것을 안다면 그보다 좋은 광고가 어디 있을까? 다만 지금 당장 고객 관계가 아닐 뿐이다.

『클래식으로 마음을 읽다』의 저자이자 가수인 이지혜는 자신의 SNS 프로필에 이렇게 소개를 달았다.

삶이 아름답게 빛나도록 음악으로 코칭하는 '뮤직라이프코치'

물론 좋은 문장이다. 하지만 그녀 이전에 어떤 음악가도 해내지 못한 일이고 앞으로도 그럴 것이다. 지금까지 존재했던 어떤 음악가도 모두의 삶을 아름답게 빛나게 하지 못했다. 그녀가 내세운 문장을 보면 세상의 모든 '당신'에게 음악으로 '코칭'하겠다는 것인지, 악기를 다루는 방법을 코칭하겠다는 것인지, 음악감상을 하는 방법을 알려주겠다는 것인지, 음악이 개인의 삶에 어떤 영향을 미치는지를 알려주겠다는 것인지가 모호하다.

그렇다면 구체적으로 어떤 사람을 대상으로 무엇을 해줄 것인지를 어필하는 그녀의 강점이 드러나는 문장은 어떻게 바뀌어야 할까?

삶이 무미건조하다고 느끼는 당신에게 세상이 아름답다는 것을 음악을 통해 경험하도록 돕는다.

어떤가? 이처럼 '당신'이라는 모호한 대상을 '삶이 무미건조하다고 느끼는 당신'이라고 정의하게 되면 분명한 타겟이 생긴다. 삶이 무미건조하다고 느낄 만한 사람들을 그룹핑 해보면 보다 명확한 해법을 제시할 수 있게 된다. 10대가 느끼는 삶, 29세가 느끼는 삶, 30대 중반이 느끼는 삶, 40대 중반이 느끼는 삶, 49세가 느끼는 삶, 50대가 느끼는 삶에서도 무미건조함은 얼마든지 존재할 수 있다. 단순한 음악 이야기에서 음악을 소비할 소비자들이 보일 것이다. 이들 각자가 느끼는 무미건조함을 극복할 음악을 찾는 것은 불특정 다수를 향해 쏟아내는 음악 이야기와는 차원이 다를 것이다. 명확하게 자신을 지정하고 이야기를 하게 되면 같은 이야기라도 결코 같은 이야기가 아니게 된다. 어차피 사람들은 자기가 듣고 싶은 대로 듣기 때문이다.

이지혜가 해야 하는 마케팅은 삶이 무미건조하다고 느끼는 사람들에게 세상이 아름답다는 것을 느낄 수 있도록 음악을 접할 다양한 기회를 제공함으로써 삶이 결코 지루함만으로 일관하지 않는다는 것을 보여주는 것이다. 이제 해낼 수 있는 것부터 시작하면 된다. 방법은 얼마든지 많다. 지금처럼 공연으로, 책으로, 라디오로, 강연으로, 토크쇼로 음악 이야기를 들려주면 된다. 음악을 통해 삶이 달라진 사람들의 이야기를 전하면 된다. 그녀가 지금까지 해 왔던 것들에서 변한 건 없다. 다만 고객 정의와 고객의 문제 정의가 달라졌을 뿐이다.

세상 누구도 무미건조한 삶을 바라는 이는 없다. 활기 넘치고 생생하고 행복한 삶을 바란다. 우리는 이런 고객의 바람에 도움이 될 방법을 알려주면 된다. 당신은 시장에 변화를 일으키는 '도구'를 파는 것이 아니라 고객의 꿈과 욕망에 한 걸음 더 가까이 다가가는 수단을 제공하면 된다. 그러기 위해 선행되어야 할 것은 당신의 고객이 누구인지를 특정하는 고객 정의와 그들에게 필요한 것이 무엇인지를 알려주는 문제 정의다.

핵심문제인 킹핀 문제를 찾아야 한다

대학 시절 교양으로 볼링을 한 적이 있었다. 스트라이크를 치기 위해서는 내 몸무게에 맞는 공을 선택하는 게 중요했고, 공이 사이드로 빠지지 않도록 집중하는 것은 물론 10개의 핀을 모두 쓰러뜨릴 수 있는 위치로 공을 굴려야 했다. 무조건 세게 힘을 준다고 되는 것도 아니었고, 맨 앞에 있는 1번 핀을 맞춘다고 스트라이크가 되는 것도 아니었다. 심지어 너무 잘 해보겠다는 마음에 조금이라도 힘을 빼면 어김없이 사이드로 빠지거나 마지막 순간에 10개의 핀 중 1~2개만 넘어뜨리고 끝나버렸다. 재미

있어 보여서 시작했던 볼링이 나중에는 마음을 무겁게 하는 불편한 과목이 되어 있었다. 그리고 결국엔 B 학점을 받아 전체 평균을 깎아 먹는 주범이 되었다.

그렇다면 볼링 경기에서 10개의 핀을 모두 쓰러뜨리는 스트라이크는 어떤 번호의 핀이 쓰러져야 가능한지 아는가? 그렇다. 볼링을 해본 사람이라면 알겠지만, 맨 앞에 있는 1번 핀이 아니라 가장 가운데 있는 5번 핀이 스트라이크를 위한 킹핀이다.

킹핀은 볼링에서 세 번째 줄 가운데 있는 5번을 가리키는 말로, 10개의 핀을 모두 넘어뜨리는 스트라이크를 치기 위해서는 헤드핀headpin, 즉 1번 핀이 아닌 1번 핀과 3번 핀 사이에 있는 킹핀(5번 핀)을 맞혀 다른 핀들이 연쇄적으로 넘어지도록 해야 한다. 킹핀을 쓰러뜨려야 주변 공에 가장 큰 연쇄 효과를 낼 수 있기 때문이다. 경제 분야에서는 어떤 문제가 발생하였을 때 이를 해결하기 위한 핵심목표, 또는 문제의 핵심을 일컫는다.

브랜드 컨설팅을 할 때도 제일 먼저 고려해야 하는 것 중 하나가 바로 고객의 핵심문제인 킹핀을 찾는 것이다. 그렇지 않으면 무언가 실행할 때 발목을 잡히거나 눈에 보이는 표면적인 문제만 다루다가 실패할 확률이 높기 때문이다. 실제 업무를 하다 보면 다양한 문제로 진퇴양난에 빠질 때가 있다. 이러지도 못하고 저러지도 못하다가 결국 포기하는 경우도 많다. 고객이 하소연하는 크고 작은 문제에 시달리다가 진짜 해야할 일을 제때 하지 못하게 되어 프로젝트 자체에 실패하는 경우도 있다.

고객이 말하는 문제는 가짜 문제일 때가 많다. 시간이 없다, 능력이 없다, 디자이너가 없다, 돈이 없다, 피곤하다, 뭘 해야 할지 모르겠다, 관리가 안 된다, 영업을 못 한다, 온라인이 어렵다, 마케팅이 힘들다, 고객이 까다롭다, 홈페이지가 없다, 하고 싶지 않다 등등 이런 구구절절한 문제들이 쏟아진다면 무엇부터 해결하겠는가? 그럴 때 어떤 문제를 우선 해결하면 다른 문제들이 연쇄적으로 해결될지 찾아야 한다. 그 문제가 바로 핵심문제이고, 킹핀 문제다.

킹핀 문제를 찾는 방법은 간단하다. 실제로 나는 내 고객들에게도 지금 당장 해결해야 할 문제들을 목록으로 적어보게 한다. 그중 가장 큰 문제가 무엇인지 찾고 그 문제 때문에 다른 문제가 생긴다는 가설을 세운다. 그러고 나면 내가 문제라고 제시한 것들이 진짜 문제가 아니고, 핵심문제 또한 찾지 못했다는 것을 스스로 알게 된다. 사실 핵심문제는 숨겨져 있을 때가 많다. 자신의 불편한 현재와 불안한 미래가 연결되어 있기 때문이다. 킹핀 문제 중 상당수는 '이루고자 하는 확실한 비전이나 목표가 없는' 경우다.

자신이 확실하게 무엇을 하겠다고 결정하면 그 일을 언제까지 할 것인지 데드라인을 정하고, 그때까지 필요한 일을 하면 된다. 목적지를 명료하게 정하면 어쨌거나 지금과는 다른 행동을 해야 한다. 가고자 하는 방향으로 움직여야 한다. 돈과 시간, 노력을 들여 무언가를 해야 하는 것 자체가 스트레스이고 그 변화될 내 모습에 대한 두려움과 싸워야 한다. 지금 있는 자기 자리를 지키고자 하는 것이 인간의 본능이기 때문이다.

핵심 문제인 킹핀 문제를 찾기 위해서는 영향력의 원과 관심의 원을 구별해야 한다. 문제를 해결하기 위해서는 관심의 원에 속한 일들 말고 영향력의 원에 속한 일들에 집중해야 한다. 사람들이 문제라고 생각하는 것 대부분은 내가 어찌할 수 없는 관심의 원에 속하는 일이다. '남편이 문제다, 아이들이 문제다, 날씨가 흐리다, 경제가 나쁘다, 시국이 어수선하다, OO 때문이다'와 같은 일들은 내가 어찌할 도리가 없는 관심의 영역이다. 하지만 내가 이루어야 할 목표를 정하고, 어디로 갈 것인지 목적지를 정하고, 어떤 사람이 될 것인지 결정하고, 언제까지 필요한 자격증을 따겠다거나 하는 일들은 나의 의지와 노력으로 얼마든지 해낼 수 있는 영향력의 영역에 속해 있다.

지금 당신이 말하는 문제가 진짜 문제인지 아닌지를 구별할 수 있어야 하고, 숨어있는 킹핀 문제에 대해 제대로 합의를 할 수 있어야 문제 해결을 위한 다음 단계로 나아갈 수 있다. 어쩌면 고객이 숨기고 싶은 문세를 드러내는 것에 자존심이 상해 비즈니스 자체를 포기힐 수도 있다. 설사 그렇다 하더라도 상관없었다. 당신이 해당 분야의 고수라는 것은 인지했을 테니까.

문제의 크기가 돈의 크기다

자신이 파는 상품이나 서비스로 돈을 많이 벌 수 있는지를 알고 싶다면 현재 고민하는 문제의 크기를 가늠해보면 된다. 생명이나 직업, 비즈니스나 생존 자체와 관련된 문제는 크기 때문에 돈의 크기도 크다. 당신이 누구든 만나는 고객의 문제의 크기에 따라 돈의 크기도 달라진다. 즉 돈의 크기를 키우려면 많은 고객을 만나거나 큰 문제를 가진 고객을 만나면 된다. 그 말은 당신 스스로가 큰 문제를 감당할 준비가 되는 게 먼저라는 거다. 내가 영향력을 키우면 그에 맞는 문제의 크기를 가진 고객을 만날 수 있게 된다.

가고자 하는 길을 택하는 자만이 그 길이 이르는 곳을 택하게 된다. 수단이야말로 목적을 결정한다.　　　　　- 헨리 에머슨 파즈딕

엠제이 드마코의『부의 추월차선』에는 영향력을 키우기 위해 무엇을 어떻게 하면 되는지가 명확하게 나온다. 우리가 지금까지 알고 있던 직업 대부분은 오프라인에서 영향력을 발휘하던 일이고, 그 일의 영향력은 시간이 지나면 점점 줄어들거나 사라지는 거라고 엠제이 드마코는 말한다. 우리가 맹신했던 자격증으로 보장받던 일들 흔히 의사, 변호사, 엔지니어, 영업직, 미용사, 기장 등과 같은 직업은 평범한 사람들이 걷는 길이고 그 길을 걷는 사람은 아주 천천히 가난해진다.

더구나 그런 일의 상당수를 눈부신 기술로 무장한 AI가 대체하는 시대를 살아가야 하지 않는가! 로봇보다 더 낫다는 것을 증명하지 못하면 그마저도 일자리를 잃을 수 있다. 반면 인터넷기업, 부동산 투자, 글쓰기, 발명과 같은 비즈니스는 부자가 되는 추월차선의 길이다. 당신의 길은 추월차선이 지나가는 영향력의 법칙 근처에 있거나 이 법칙을 통과해야만 한다. 부자가 되는 길은 수학 공식과 같다. 영향력의 법칙에 의하면 수백만 달러를 벌기 위해서는 수백만 명에게 영향을 끼쳐야 한다. 지금 하고 있는 일이 부자가 될 수 있을지 아닐지는 브랜드 영향력 계수를 체크 해보면 알 수 있다. 5가지 항목 중 어떤 부분이 부족하다면 분명 브랜드 영향력이 부족하다는 의미고, 그 말은 곧 경제적 가치도 높지 않음을 뜻한다.

다음은 엠제이 드마코의『부의 추월차선』에 나오는 내용을 토대로 내가 만든 브랜드 영향력 계수를 체크 하는 워크시트다. 직접 각각의 항목에 해당하는 질문에 답을 하면서 점수를 매겨보면 내가 왜 돈을 못 버는지, 왜 지금 헤매고 있는지를 알게 된다. 그러고 나면 앞으로 무엇을 해야 할지도 보일 것이다.

[브랜드 영향력 계수 체크 하는 법]

1. 5개 항목마다 10점 만점에 몇 점인지 스스로 점수를 매긴다.

2. 항목별 점수를 표시하고 연결한다.

3. 수학 공식과 같아서 브랜드 영향력(부의 창출)을 키우기 위해 부족한 항목을 채워야 한다.

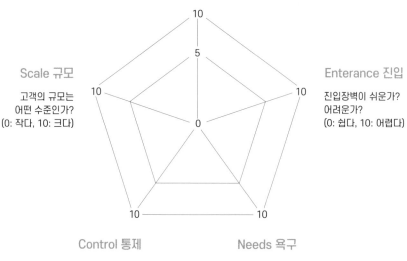

Time 시간

시간과 수입이 분리되어 있는가? 자동화, 인적자원 고용,
내 시간을 쏟아 붓지 않아도 사업이 돌아가는가?
(0: 일치, 10: 분리)

Scale 규모

고객의 규모는
어떤 수준인가?
(0: 작다, 10: 크다)

Enterance 진입

진입장벽이 쉬운가?
어려운가?
(0: 쉽다, 10: 어렵다)

Control 통제

제품, 서비스, 가격, 마케팅
모든 과정에 통제권을 가졌는가?
(0: 없음, 10: 있음)

Needs 욕구

나의 욕구에 충족하는가?
타인의 욕구에 헌신하는가?
(0: 나의 욕구, 10: 타인의 욕구)

▶ 브랜드 영향력 계수 체크하기

1. 욕구Needs의 계명:

내가 이 세상에 내놓을 수 있는 것은 무엇인가? 나의 욕구가 아니라 타인의 욕구를 충족시키는가? 가치를 제공하고 있는가? 사람들의 문제를 해소해 주는가? 사람들은 당신의 사업이 그들을 위해 무엇을 할 수 있는지에 관심을 가진다. 소비자들은 '대체 내가 무엇을 취할 수 있는데?'에 대한 답을 요구한다. 즉, 자신의 이기심이 아니라 타인의 이기심에 초점을 맞추었을 때 브랜드 영향력이 커진다. 당신의 사업 존속 여부는 당신이 아니라 시장과 소비자가 결정한다. 흥미를 넘어 헌신하는 사람이 부자가 된다.

2. 진입Entry의 계명:

진입 장벽이 낮을수록 그 길의 유효성은 감소하는 반면 경쟁은 치열해진다. 다단계 마케팅은 당신이 직접 다단계 회사를 차리지 않는 이상 언제나 진입의 계명을 위반한다. 창립자는 피라미드를 스스로 만들었기 때문에 피라미드를 기어 올라갈 필요가 없다. 낮은 진입 장벽을 넘어서려면 '탁월함'이 필요하다. 진입은 일회성 행사가 아니라 과정이다. 진입이란 매우 세부적인 과정인 것이다. 모두 다 하는 일이라면 진입의 계명을 어긴 것이다. 다른 모든 사람과 다르게 살고 싶다면 모두와 같으면 안 된다.

3. 통제Control의 계명:

사업을 통제한다는 것은 사업에 있어 모든 것- 회사, 상품, 가격, 수익 구조, 경영 방식 등을 통제함을 뜻한다. 회사의 모든 면을 통제하지 못한다면 갑작스럽고, 예기치 못한 사고에 노출될 확률이 높다. 다른 사람이 운전하는 차에 편승하는 것도 운전자가 어떤 사람인지 알 수 없기에 위험하기는 마찬가지다. 사업의 핵심은 창조와 혁신이다. 스스로 자신의 브랜드에 투자하고 자산과 금융 계획을 직접 통제할 수 있어야 한다. 즉 직원보다 사장이 가지는 통제력이 크기에 사장이 더 큰 돈을 버는 것이다.

4. 규모Scale의 계명:

사업의 힘은 규모에서 나온다. 규모는 곧 영향력이며 영향력이야말로 부의 방정식에 힘을 주는 것이다. 규모가 충족되려면 중요도나 범위가 커져야 한다. 중요도는 가격이나 비용이 올라갈수록 커진다. 큰물에서 놀수록 잠재적인 부도 커진다. 규모와 중요도를 생각해보라. 고객의 규모가 시장을 결정한다. 시장이 클수록 잠재적인 부도 커진다. 규모를 실현하기 위해서는 인적자원 시스템과 반복적인 성공을 통한 의도적인 되풀이가 필요하다. 구독자 수를 늘리거나 회사의 직원을 성장시키는 일 모두 사업의 크기를 키우는 일과 연결된다.

5. 시간Time의 계명:

시간을 쏟아붓지 않아도 돈이 되는 사업이어야 한다. 당신의 사업을 시간으로부터 분리해야 한다. 내가 없어도 사업이 돌아갈 만큼 자동화되고 체계가 잡혀 있는가? 인적자원을 고용해도 될 만큼 이문이 많이 남는가? 내 시간을 쏟아붓지 않아도 사업이 돌아갈 수 있으려면 어떻게 해야 하겠는가? 부자가 되려면 비즈니스를 자동화할 방안을 생각해야 한다. 21세기 지식창조시대에는 콘텐츠, 컴퓨터, 소프트웨어, 유통, 인적자원 시스템 등이 돈 나무 묘목이다. 제대로 된 것에 시간을 쏟은 후라야 경제적으로 여유를 만들 수 있고 나의 시간적 여유도 생긴다.

모든 사업이 옳은 길은 아니다. 소수의 길만이 영향력의 법칙 위에, 법칙이 통하는 곳이나 법칙 근처에 위치한다. 당신이 제공하는 상품과 서비스는 고객의 영향력을 극대화하는 것과 연결되어야 한다. 고객이 영웅이 될 수 있도록 돕고, 그 영웅을 만든 가이드가 당신이어야 당신의 사업이 번창할 수 있다.

Why it? 왜 영향력을 키워야 하는가?

Why me? 어떻게 영향력을 키울 수 있는가?

그리고 왜 나를 선택해야 하는가?

이제부터 당신이 해야 할 일은 고객의 문제 해결을 위해 막연하게 큰 아이디어에 집착하지 말고, 더 나은 아이디어에 집중해서 고객의 영향력 계수를 올려주는 일이다.

고객의 근본적인 문제는 변신을 두려워하는 데 있다

고객의 딜레마에 주의를 기울이라는 조언은 마케팅이나 브랜딩에서 흔히 듣는 명제다. 하지만 고객의 문제를 정의하는 데 있어 당면하게 될 가장 큰 문제는 고객도 고객의 문제를 정확히 모른다는 데 있다.

자신도 모르는 그들의 문제를 어떻게 풀어줄 수 있을까? 사실 자신의 문제를 정확히 모르기 때문에 지금과 같은 난관에 빠졌다는 것을 기억하면 쉽다. 그럴 때는 직접 알려주면 된다. 그들의 가려운 부분을 긁어주기 위해서는 어디가 가려운지 눈으로 보여주는 게 제일 확실하다. 의사처럼 상처 난 부위를 직접 보여주고, 그 부위에 필요한 치료를 하고 처방을 해주면 된다.

자신을 해당 분야의 의사라고 가정해 보자.

- 어떤 고객이 나를 찾아올까?
- 그들의 아픔과 고통은 무엇일까?
- 그 난관을 해결하려면 무엇을 어떻게 하면 될까?
- 얼마의 기간과 비용으로 어떤 효과를 낼 수 있을까?
- 성공적으로 문제 해결을 하면 고객의 모습은 어떻게 달라질까?

만약 당신이 원하는 모습으로 살 수 있다고 약속할 수 있는 의사라면 환자가 줄을 이을 것이다. 이제 필요해서 사는 상품은 없다. 생각보다 많은 이들이 욕구와 필요를 혼동한다.

흔히 생존과 관련된 것은 필요Needs한 것이고, 나머지 것들은 모두 욕구Wants에 해당한다. 공기나 물, 식량, 집, 생명과 관련된 것은 반드시 필요한 것이고 그 외에는 모두 '지금보다 나은 무엇인가'를 위한 욕구에 의해 소비되는 것들이다. 한 마디로 대부분의 소비는 인간의 성공적인 변신과 관련되어 있다. 사실 인간의 가장 고차원적인 욕구는 다른 사람에게 인정받고, 존경받는 사람으로 변신하는 것이다. 내가 파는 물건이 상대방의 변신에 어떤 도움을 주는지 표현하지 못하면 고객은 나를 선택하지 않을 것이다.

그렇다면 우리는 고객의 정체성을 확인하는 방법을 알아야 한다. 고객이 열망하는 정체성을 확인하는 **최상의 방법**은 고객이 친구들에게 **어떤 이야기를 듣고 싶을지 상상하는 것이다.** 제품을 파는 것보다 삶을 바꿔주는 것에 더 관심을 가지고, 그 사람이 열망하는 정체성에 도움이 되는 사람이라는 것을 끊임없이 어필해 보자.

질문을 달리하면 보이는 게 다르다. 사람들은 자기 자신의 변화된 모습이 인정받을 수 있을까를 두려워한다. 새로운 것을 배우고 나면 달라지는 내 모습이 마음에 들까? 이것만 해결하면 다른 사람들에게 사랑받을 수 있을까? 이 긴장을 해소해야 고객이 움직이게 된다. 이럴 때 고객의 두려움을 구체화하는 게 필요하다. 그것은 그대로 고객의 문제 정의로 연결된다.

나를 만나는 사람들이 공통되게 하는 이야기가 있다.

"대표님과 만나면 무언가를 시작하고 싶은 욕구가 생겨요."

"포기하지 않고 지속하고 싶은 열망이 솟구쳐요."

"등짝 스매싱을 당하는 기분인데 진정 저를 위해 하는 말이라는 생각이 들어 정신이 번쩍 들어요."

"혼나는 기분인데 기분이 좋아요."

"이제 뭘 해야 할지 알 것 같아요."

고객들이 나에게 필요로 하는 것은 따뜻한 감성이나 어쭙잖은 위로가 아니라 그들의 퍼스널 브랜드를 위한 명확한 해법이고, 그것을 해냈을 때 세상으로부터 인정받고 싶다는 고차원적인 감정이다.

고객은 표면적으로 무엇을 원하는가?

고객은 내면적으로 무엇을 원하는가?

사람들이 표면적으로 원하는 것은 눈에 보이는 문제나 고통의 해소다. 블로그를 잘 운영하고 싶다, 유튜브 채널을 운영하고 싶다, 브랜드를 만들고 싶다, 오디오 클립을 하고 싶다, 홈페이지를 만들고 싶다, 스토리 영상을 만들고 싶다, 온라인마케팅을 하고 싶다 등은 모두 고객이 표면적으로 원하는 것들이다. 하지만 표면적 문제 해결을 통해 그들이 얻고자 하는 것은 두려움을 극복하고 '소속감'을 얻는 것이다. 나도 당신과 같은 멋진 사람이라는 것을 증명하고 싶어 한다.

존중, 존경, 성공, 독립, 적절하게 바쁘기, 약간 유명하기, 자랑스러운 일 하기, 사랑받기, 인정받기, 안정감, 자기효능감 등은 소속감 목록 리스트에 해당한다. 당신이 얻고 싶은 소속감 목록리스트를 적어보자.

사람들이 필요로 하고 원하는 것은 '당신'을 동한 '감정'이나. 당신을 만나면서 그들이 느끼는 감정은 무엇인가? 이를 위해서는 고객이 진정으로 원하는 것이 무엇인지 알아야 한다. 고객이 원하는 것은 자신이 주인공이길 원하고 더 나은 사람으로의 변신과 변화를 원한다. 이는 표면적 욕구보다 내면적 욕구와 더 연결되어 있다. 그러므로 고객이 변화하고자 하는 욕구를 충족할 무언가를 제시하지 못하면 그들의 지갑은 쉽게 열리지 않는다.

이때 스스로 안 살 물건을 팔고 있다면 그 어떤 마케팅도 소용이 없다. 내가 가지고 있는 것이 무엇인지, 내가 그 일을 왜 하려고 하는지, 내가 가진 구체적인 경험과 재능의 축적치는 무엇인지, 이것을 구매하면 고객의 삶이 어떻게 달라지는지, 진정으로 확신하고 지속적으로 그 제품을 밀 수 있는지를 자신에게 질문해 보자. 나의 부족한 점과 자신의 위치를 파악하는 좋은 기회가 될 것이다.

상대방에게 내가 똑똑하고 잘난 영웅임을 어필하는 데 집중하지 말고 나의 브랜드를 당신이 선택한다면 '당신의 삶이 이렇게 바뀔 수 있다'에 포커스를 맞춰보라. 당신을 만난 고객이 당신과 당신의 서비스에 대해 칭송하고 공유하게 하려면 목표 고객을 정확하고 좁게 잡아야 한다. 내 고객은 누구이고, 어떤 성향인지, 그들이 왜 내 서비스를 이용하고자 하는지, 왜 우리 제품을 좋아하는지, 어떤 열망이 있는지, 어떤 두려움을 느끼고 있는지를 구체적으로 정의해야 한다.

당신은
무엇을 해줄 수 있나요?

인지심리학자들이 좋아하는 말 중에 이런 내용이 있다.

"세상에는 두 가지 종류의 지식이 있다. 첫 번째는 내가 알고 있다는 느낌은 있는데 제대로 설명할 수 없는 지식이고 두 번째는 내가 알고 있다는 느낌뿐만 아니라 남들에게 설명할 수도 있는 지식이다. 두 번째 지식만 진짜 지식이며 내가 쓸 수 있는 지식이다."

그렇다면 이 두 지식의 종류를 어떻게 구분할 수 있을까? 제대로 알고 있는 지식과 제대로 알지 못하면서 안다고 착각하는 지식을 구분하는 능력을 '메타인지' 능력이라고 부르는데, 아주대학교 심리학과 김경일 교수는 〈생활 속의 심리학〉이라는 네이버 케스트를 통해 메타인지에 대해 자세히 설명하고 있다.

실제 자주 경험해서 친숙하기에 내가 알고 있다고 착각하는 경우에는 문제점을 발견해도 해결책을 제시하거나 직접 해결할 수 있는 능력이 없다. 진짜 알고 있는 게 아니기 때문이다. 예를 들어 자동차, 냉장고, 양변기, 세탁기, 스마트폰 등은 매일 봐왔기 때문에 무척 '친숙'한 물건들이다. 그리고 무수한 친숙한 물건들이나 장치들에 대해 잘 아느냐고 물어보면 대부분 '그렇다'라고 답한다. 하지만 그 작동원리를 설명해보라고 하면 누구도 쉽게 답변하지 못한다. 학창 시절에 충분히 공부했다고 생각하고 시험지를 봤을 때 눈앞이 막막해지거나 머리가 텅 빈 것 같은 경험을 한 사람들 대부분은 첫 번째 종류의 지식만을 가졌기 때문이다.

제대로 '설명'하려면 내가 설명하고자 하는 것에 대한 본질적 이해가 수반되어야 한다. 설명하다 보면 저절로 내가 무엇을 알고 무엇을 모르는지 알게 된다. 설명은 눈이 아니라 입을 열어서 해야 한다. 머릿속으로는 알 것 같지만 막상 입을 열어서 말하다 보면 스스로 깨닫게 된다. 내가 실제로 모르고 있는 것들이 일목요연하게 발견되며 무엇을 해야 할지도 자연스럽게 정리가 된다. 이런 과정을 통해야 메타인지 능력이 키워진다.

지식창조시대를 대변하는 미래의 일 대부분은 두 가지 기준으로 나뉜다.

가르치거나 생산하거나.

내가 할 수 있는 일을 설명하면서 구구절절해지는 이유는 메타인지 능력이 없기 때문이다.

가르칠 수 있어야 돈을 받을 수 있다

메타인지는 무언가를 배우거나 실행할 때 내가 아는 것과 모르는 것을 정확히 파악할 수 있는 능력이고, 내가 모르는 것을 채우기 위해 또 다른 계획을 구상하고 실행하는 일련의 과정이다. 뭘 할 수 있는지를 스스로 이해하고 이를 서비스하기 위해서는 두 가지 요소를 컨트롤할 수 있어야 한다.

첫째, 메타인지석 지식이 있어야 한다. 이는 부언가를 배우거나 실행할 때 내가 아는 것과 모르는 것을 정확히 파악할 수 있는 능력이다.

둘째, 메타인지적 기술이 있어야 한다. 이는 내가 모르는 것을 채울 때 필요한 전략을 사용하는 능력이다. 해야 할 것 중 우선순위를 정하고 어떻게 시간 배분을 해야 하는지 등을 조절할 수 있어야 한다.

호기심이 생긴다고 그 일을 할 수 있다는 의미는 아니다. 취미와 직업은 엄연히 다르다. 기대치가 다르고 대상이 다르다. 취미의 대상은 나 자신이고 기대치 또한 높지 않다. 하지만 직업의 대상은 사장, 상사, 고객과 같은 상대방이고 기대치 또한 명확하다. 일정 수준 이상을 해낼 수 있는가 아닌가로 갈린다. 열심히 했다거나, 최선을 다하고 있다는 변명이 통한다면 내가 여전히 아마추어 세계에 머물고 있다는 증거다. 결과에 책임을 진다는 것은 단순히 혼이 난다거나 급여 삭감이 된다거나 프로젝트에서 배제되는 것 이상을 뜻한다. 어쩌면 해당 분야에서 영원히 소생할 수 없는 치명적인 타격을 입었을 수도 있다.

그렇다면 어떻게 해야 메타인지 능력을 키울 수 있는가? 바로 선생님 놀이다. 직접 '설명'하거나 '가르쳐보게' 하면 된다. 그리고 좀 더 구체적으로 내가 무엇을 할 수 있는지 찾으려면 첫째, 지금까지 배운 것을 적어보거나 둘째, 어떤 기술로 무엇을 해왔는지 적어보라.

결국, 누군가에게 자신의 지식과 경험을 제공함으로써 비즈니스를 만들어가려는 사람들은 자신이 배운 것이나 해온 것을 토대로 상품을 기획하고 구성하면 된다. 우리 주변에서 일어나는 상당수 지식기반 비즈니스는 먼저 배운 사람들이 자신만의 콘셉트를 적용하여 상품을 만들어 파는 식으로 이루어진다. 어찌 보면 새롭게 일을 시작하는 게 과거보다 훨씬 수월해졌다. 무언가를 배울 때 값비싼 비용을 지불하고 대학이나 대학원, 유학 가서 훌륭한 선생님을 만나야 배울 수 있는 시대가 아니기 때문이다. 인터넷 검색 몇 번이면 미국의 유명 대학 교수들의 강의조차 공짜로 보고 들을 수 있으니까.

진짜 문제는 사람들이 책을 너무 안 읽는 것이 아니라, 도움이 하나도 안 되는 지식을 머리 안에 채우는 것이다.   - 마크 트웨인

다른 사람들의 지식에 좋아요를 누르고, 공유하고, 댓글을 다는 수준으로는 절대 다른 사람을 가르칠 수 없다. 자신이 무엇을 어떤 수준으로 할 수 있는지를 증명할 메타인지 능력이 필요한 이유다.

움직이는 동사가 경쟁력

"놀고, 먹고, 글쓰기"
움직이는 동사로 표현된 나의 꿈이다. 흔히 OO가 되겠다는 명사형

꿈을 꾸는 사람들과는 달리 10년 전부터 나의 동사형 꿈은 변하지 않았다. 아니 점점 더 명료하게 나를 그 꿈으로 데려다주고 있다. 나는 사람들을 만나서 그들이 하는 이야기를 통해 군더더기를 다 걷어내고 마지막 하나만을 듣기 위해 애쓴다. 움직임을 드러내는 '동사'다.

> 나 : "무슨 일 하세요?"
> B : "회사 다녀요."
> 나 : "그 회사에서 무슨 일 하세요?"
> B : "과장입니다."
> 나 : "과장으로 하는 일이 무엇입니까?"
> B : "프로젝트를 합니다."
> 나 : "어떤 프로젝트를 하는 건가요?"
> B : "회사의 마케팅 전략을 기획하고 수행하는 일입니다."

아하! 마케팅 전략 기획과 수행하는 일을 하시는구나! 서너 차례 물어야 비로소 그 사람이 하는 일이 '기획하고 수행하다'라는 동사임을 찾아낼 수 있다. 그리고 나면 그 일을 얼마나 오랫동안 해 왔는지, 그 일의 성과를 예측할 수 있는 대표적인 포트폴리오가 있는지를 묻는다. 물론 그 사람이 이야기하고 있는 중간에 인터넷 검색을 통해 그 사람 이름과 함께 자신이 해 왔다고 하는 그 일을 확인해 본다. 대부분의 경우엔 '검색 결과가 없습니다'가 일반적이다.

내가 무엇을 해주겠다고 하는 것은 움직임이 동반된 동사로 드러난다. 동사는 사물이나 인간의 동작이나 작용을 나타내는 품사다. 동사는 뜻과 쓰임에 따라 본동사와 보조동사로 나뉘며 성질에 따라 자동사와 타동사, 어미의 변화 여부에 따라 규칙 동사와 불규칙동사로 분류

된다. 물론 이 설명은 동사의 사전적 의미다. 내가 말하려는 건 이런 문법적 의미의 동사가 아니다.

파브FAB 한 줄 문장에는 반드시 당신의 재능과 역량이 담긴 동사를 통해 당신의 글을 읽는 사람이 그 글을 읽고 무언가를 하도록 만들어야 한다. '오늘', '당장', '지금'이라는 시간을 함께 나타내는 단어를 쓰면 행동을 유도하는 데 도움이 된다. 당신의 전문분야를 증명할 동사를 찾고, 내가 반복적으로 하는 동사가 다른 사람에게 보이는 상품이나 서비스의 형태로 드러나야 비즈니스가 생긴다.

예술가들에게 있다는 전성기 그래프는 21년 주기로 움직인다. 7년을 서서히 올라가고 7년을 유지한 후 7년을 서서히 내려간다. 하나의 재능은 21년 동안 생성- 유지- 퇴화의 3단계 과정을 거치면서 한 번의 전성기를 가진다. 즉 누구나 한 가지 재능으로 7년 이상을 하면 전성기에 이른다는 말이다. 온전히 자신의 이름으로 사는 포트폴리오 인생이라면 경제적으로 여유가 생기기까지 7년이 걸릴 수도 있다고 영국의 매니지먼트 사상가 찰스 핸디는 말했다. 성공, 꿈, 직업에서 전성기를 누리려면 자신의 재능을 찾아 최소한 7년을 반복하면서 그 분야에 머물러야 한다는 의미다.

나는 이전에 썼던 『과정에 발견』에서 조연심의 직업별 NCL 분석표를 소개한 바 있다. 가로축에는 내가 지금까지 해 온 직업이나 거래 가능한 기술Marketable Skill을 나열하고, 세로축에는 시간을 기입한다. 가로축에 나열된 각각의 항목은 그대로 직업으로 연결되고 그 일에 필요한 기술이 최소한 7년 이상 축적돼야 그 일로 먹고사는 게 가능하다는 것을 나 스스로 증명해 보였다.

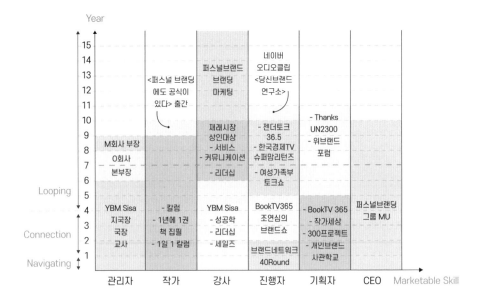

▶ 직업별 NCL 분석표

예를 들어 관리자에게 필요한 기술은 '관리하다', '콘트롤하다', '리드하다'와 같은 동사이고, 작가에게 필요한 기술은 '쓰다'라는 동사다. 그 외에도 강의하다, 발표하다, 진행하다, 기획하다, 운영하다, 팔다 등도 모두 움직이는 동사에 해당한다. 이 표를 자세히 보면 각각의 동사를 반복하면서 최소한 7년 이상을 머문 직업은 전성기를 누릴 기회가 있었다는 것을 알 수 있다. 전성기가 없었다면 그렇게 오래 그 분야에 머물 수 없을 것이기 때문이다. 이 표를 작성하다 보면 자신의 위치를 객관적으로 파악할 수 있게 된다. 가로축이 하나면 하나의 직업에 머문다는 의미고, 세로축이 짧으면 투입시간이 얼마 되지 않았다는 것이다.

그리고 저 동사들은 하나의 주력 분야에 속한 동사여야 해당 분야의 전문가라는 인상을 심어줄 수 있다. 내가 지금의 자리에 올 수 있었던 이유는 무작정 열심히만 해서가 아니다. 나는 '퍼스널 브랜드'라는 주력 분야를 브랜드 바구니라고 정의하고, 그 안에 담긴 계란 하나하나의 아이템들이 퍼스널 브랜드 분야와 관련되어 글 쓰고, 강의하고, 방송하고, 기획하고, 회사 엠유를 경영하는 것과 같은 움직이는 동사로 표현한 것이다. 그리고 그 동사와 관련된 결과물을 만들어가면서 시간을 축적하다 보니 사람들은 나를 '퍼스널 브랜드' 분야 사람으로 인식했고, 작가, 강사, 진행자, 기획자, 대표로 부르게 되었다. 그저 직업을 원한다는 이유로 강사, 작가, 기획자, 진행자 등을 꿈꾸기 전에 먼저 고려해야 할 것은 어떤 분야에 머물 것인가와 그 분야 전문가들이 하는 일을 동사로 보이게 만드는 일이다.

움직이는 동사를 찾아야 그 일을 반복할 수도 있고, 더 잘하기 위해 어떻게 하면 되는지도 계획할 수 있게 된다. 막연히 무언가를 하고 싶다고 명사형으로 말하지 말고 움직이는 동사형으로 자신이 할 수 있는 일을 정의해 보자. 그리고 동사를 반복하면서 시간을 더해보자. 여기서 잠깐! 도대체 언제까지 해야 하는가가 궁금할 것이다.

사람들에게 충분히 인정받고, 사랑받고, 의뢰받을 때까지 반복해야 브랜드가 된다. 그렇지 않으면 기존 마케팅에서 제안하는 대로 페이스북 최신 데이터 분석, 네이버 데이터 분석, 구독자 수, 이미 구매한 구매자 수에 집중하게 된다. 그러다 보면 겉만 번지르르하고 그럴듯한 제안을 만들어내느라 골몰하게 된다. 점점 더 자극적이고 강렬한 문구에 끌린다. 그러다 길을 잃고 헤매게 된다. 그렇다면 지금 나는 무엇을 해야 할까? 대안은 고객의 딜레마에 집중하는 것이다. 그들이 바라는 희망과 꿈은 무엇인가? 그들이 왜 화가 나고 초조하고 짜증이 나는지에 귀를 기울여보라. 그들이 겪는 딜레마에 공감하고 그 난관을 헤쳐나가기 위해 내가 무엇을 해줄 수 있는지를 고민해야 한다.

당신의 꿈은 작가인가? 그렇다면 '글 쓰다'라는 동사를 잘 활용해야 한다. 글을 써서 고객의 어떤 문제를 해결해 주고 싶은지를 명확하게 할수록 사랑받는 글을 쓸 수 있다. 그리고 동사는 몇 번 했는지를 체크할 수 있는 수치로 전환될 수 있다. 한 번 보다 두 번, 두 번 보다 열 번, 열 번보다 백 번이라는 횟수가 움직이는 동사에 축적될 때 작가로서 힘을 발휘할 수 있다. 물론 블로그에 글을 쓰면서도 글 쓴다는 동사를 반복할 수는 있다. 하지만 작가로 인정받기는 어렵다. 작가를 꿈꾸는 사람에게 필요한 핵심은 해당 동사를 직업으로 하는 사람에게 필요한 자타공인 결과물이 있어야 한다. 글을 쓴다고 하면 '책'이 있어야 작가로 인정받을 수 있다.

당신이 할 수 있다고 여기는 일의 동사 리스트를 만들어보라. 그중 가장 오래되고 가장 많이 했고 가장 잘했던 동사가 당신을 대표하는 직업으로 드러나게 될 것이다.

일관성을 지켜야 당신다움을 만들 수 있다

어느 날 고객으로부터 이런 문자가 왔다. 인테리어 분야에서 일하는 공간 최적화 전문가 김도경 대표였다.

"재미, 맛집, 쇼핑, 소매 = Retail + Tour = Tour Retail planner"
멍 때리다 생각이 나는 아이디어라 적어 봤네요.

다른 사람이라면 분명 멋진 아이디어라고 칭찬했을지도 모른다. 하지만 나는 그냥 넘어가는 법이 없다. 아무리 작은 아이디어라도 그 사람의 브랜드와 연결시키는 게 내가 하는 일이라 문자를 받은 즉시 고객에게 되물었다.

"공간 최적화와 어떤 연관이 있는지요?"
"연관 없이 떠올라서요. ㅋㅋㅋ"
"이제부터 무조건 연관 지어 생각하는 게 중요해요. 그래야 해당 분야 하면 대표님이 떠오르게 되는 거니까요. 그게 브랜딩의 핵심입니다."
"쉬울 거 같으면서도 어마하게 어려운 작업이네요."
"맞아요. 대표님이 지금 하고 계시는 게 바로 기업 브랜딩이고 그보다 더 심오한 게 퍼스널 브랜딩이랍니다. 대표님을 믿으세요."

기업 이미지의 정의는 일반인이 당신의 회사 이름을 들었을 때 갖는 인상을 뜻한다. 각종 사실이나 사건, 개인의 경력, 광고나 목표와 같은 것들이 하나가 되어 작용할 때 일반인이 가지는 인상을 만들어낸다. 한 마디로 당신이 무의식적으로 하는 말, 태도, 온라인에 올리는 사진, 영상, 포스터 등이 쌓여 당신이 '어떤' 사람이라고 하는 인상을 만들어내고 그 인상이 당신의 브랜드가 되는 것이다.

저 아이디어가 무엇을 뜻하는지, 왜 저런 아이디어를 만들어냈는지, 사소한 아이디어도 개인의 브랜드와 어떤 연관이 있는지를 끊임없이 생각하고 또 생각하는 게 내가 하는 일이다. 이는 '빨간색을 찾겠다'라고 결정하고 나면 세상이 온통 빨간 것만 보이는 것과 같은 이치다. 첫 번째 질문 '당신은 어떤 사람인가요'에서 주력 분야가 있어야 한다고 강조했었다. 그리고 주력 분야를 하나의 바구니에 담아야 브랜드로 기억될 수 있다는 것도 이야기했다.

나의 경우 주력 분야가 '퍼스널 브랜드'이고, 그와 관련된 책을 발간하고, 강연하고, 칼럼을 쓰고, 방송하고, 토크쇼를 하고, 프로젝트를 만들고, 회사를 운영하는 것도 모두 퍼스널 브랜드와 관련된 일이다. 내 개인의 퍼스널 브랜드와 연관되거나 고객의 브랜드 가치를 끌어올리는 일과 관련되어 있다. 이렇게 일관되게 생각하고, 일하고, 기록하는 것을 통해 내가 해당 분야의 전문가이고, 그 일을 지속적으로 하고 있고, 고객들로부터 사랑받는다는 것을 증명할 수 있었다. 일관성을 유지하며 온·오프라인을 통해 퍼스널 브랜드 분야의 전문가라는 인상을 심어줄 수 있었기에 고객 입장에서 '저 사람을 선택해야겠다'라는 요소를 만들 수 있었다. 정리하면 퍼스널 브랜드의 일관성은 소비자의 머릿속에 구축된 당신다운 '어떤' 인상의 총합이다.

당신의 브랜드에 필요한 것은 멋진 로고가 아니라 고객과의 관계다. 브랜드는 바로 기업과 고객의 상호작용에서 나오는 결과물이기 때문이다. 고객이 당신(기업, 제품 등)과 관계를 맺는 순간 브랜드가 시작된다. 결국 직업적 본질에 맞는 움직이는 동사를 통해 당신이 어떤 사람이라는 인상을 심어주는 일의 연속이고 온·오프라인으로 연결된 세상에서 행해지는 일관되고 지속적인 행동이 브랜드 이미지로 각인되는 것이다.

브랜딩이란 소비자의 머릿속에 긍정적 왜곡을 일으킬 수 있는 조작된 기억을 만드는 과정이다. 검색되면 사람들은 쉽게 해당 브랜드를 기억하게 되고, 기억할 만한 가치가 있다고 믿게 된다. 어차피 사람들은 보이는 대로 믿기 때문이다. 자신의 분야에서 시간당 몸값을 올리기 위해서는 그 분야에서 두각을 나타내야 한다. 이제부터 해야 할 일은 그 분야에서 내가 진짜 실력을 갖추었으며, 당신에게 중요한 내용을 전할 수 있고, 문제를 해결해 줄 수 있으며, 당신의 삶에 가치를 더

할 사람이라는 것을 실전에서 증명해내는 것이다. 온·오프라인을 통한 일관되고 눈부신 활약이 나를 그 분야의 전문가로 증명해줄 세상이다.

주력 분야를 완성하는 것은 자타공인 전문가가 되는 것이다. 전문가는 어떤 분야를 연구하거나 그 일에 종사하여 그 분야에 상당한 지식과 경험을 가진 사람으로 돈을 받고 문제를 해결해 주는 사람을 뜻한다. 사람들이 원하는 전문가는 최소한 3가지 기준을 넘어서야 한다.

첫째, 자격을 갖추어야 한다. 자격증이든 결과물(책, 논문 등)이든 그 일을 해낼 자격을 갖추었는지를 궁금해한다. 의사는 의사고시에 합격하고 의사면허를 득한 자를 말한다. 바리스타 자격증이나 공인중개사 자격을 갖춘다는 것도 해당 분야의 일을 해도 좋다는 허가를 얻은 것이다. 한마디로 자격은 그 일을 해도 된다는 허가증에 해당한다. 탁월함을 논할 단계의 가장 기초 단계에 해당한다.

둘째, 경력이 쌓여야 한다. 1년 차보다는 5년 차를, 5년 차보다는 10년 차 이상 해당 분야에 대한 경험과 지식을 갖춘 사람을 신뢰한다. 자격을 가졌다고 해서 경력이 쌓이는 것은 아니다. 나는 2급 정교사 자격증을 가졌지만, 교사로서의 경력이 없기에 해당 분야 전문가라 말할 수 없다. 물론 직장 경험 10년 차라고 해서 모두 해당 분야의 전문가가 되는 것도 아니다. 실제 해당 분야에서 전문성을 바탕으로 다양한 문제해결을 해 준 사례가 뒷받침되지 않으면 경력을 증명할 수 없다. 즉 시간을 견뎌 쌓인 포트폴리오가 없으면 당신의 경력은 인정받지 못한다.

셋째, 검색되어야 한다. 검색을 통해 보일 수 있는 당신의 자격과 경력을 증명할 데이터가 없다면 당신의 탁월함은 인정받지 못한다. 사람들은 자신과 비슷한 사례의 고객이 처한 문제를 해결해 준 사례가 있는지, 어떤 사람들에게 찬사를 받고 있는지를 직접 확인하고 싶어 한다. 당신이 해당 분야의 전문가라는 것을 검색되게 하려면 디지털 기록이 수반되어야 한다. 당신 스스로 당신의 탁월한 기술과 경력을 증명해줄 기술 블로그를 운영해야 하는 이유다.

당신의 문장에는 검색어가 포함되어야 한다

오늘날 우리가 눈 뜨는 순간부터 잠드는 순간까지 습관처럼 하는 행위는 무엇일까?

바로 검색이다. 인터넷으로 연결된 세상에서 일상과 비즈니스의 모든 궁금증은 검색을 통해 해소되고 이루어진다.

검색창에서 자신의 이름을 검색해 본 적이 있는가? 자신이 지금 하는 일과 관련해 설명이 필요하지 않을 만큼 충분한 검색 결과가 보이는가? 다른 사람들이 해당 분야 전문가를 검색했을 때 당신이 연관되어 검색되는가?

만일 아니라고 한다면 자신도 모르는 사이 크고 작은 비즈니스 기회에서 배제되었을 가능성이 크다. 당신 또한 누군가를 소개받거나 제품 후기가 궁금하거나 적당한 가격인지 확인하거나 오늘 점심에 먹을 메뉴조차도 검색을 통해 결정하지 않는가?

이처럼 우리의 모든 일상과 비즈니스는 검색으로 시작해 검색으로 끝난다. 그렇다면 내가 '검색된다'라는 것은 누구를 위한 것일까? 바로 상대를 위한 것이다. 내가 누구인지 고민하지 않고 단번에 알아볼 수 있도록 하는 것은 상대가 선택 장애에 빠지지 않도록 하는 일종의 배려다. 해당 분야 관련해서 네이버 각 카테고리(인물 정보, 블로그, 카페, 뉴스, 동영상, 포스트, 이미지, 책, 전문정보, 매거진 등)에서 당신이 검색된다면 당신은 이미 그 분야의 전문가로 영향력을 발휘하고 있을 것이다. 원하는 키워드를 검색했을 때 나오는 결과가 나의 브랜드 성적표다.

하지만 검색된다고 해서 언제나 나의 비즈니스에 유리하다는 말은 아니다. 인스타그램이나 블로그에는 경쟁적으로 개인의 일상이 공유되고 있다. 오늘 만난 친구와 근사한 식사를 하거나, 매일 달리기를 하거나, 만보를 인증하는 모습이나 우아한 카페에서 여유롭게 커피를 즐기는 모습들이다. 하지만 이와 같은 개인적 본질이 드러나는 콘텐츠 일색이라면 당신이 어떤 분야의 전문가인지 어떻게 알아볼 수 있을까? 물론 인간적인 모습이 중요한 사람들도 있다. 이미 유명세를 얻은 연예인이나 성공한 크리에이터라면 일상의 소소함을 즐기는 모습이 강한 공감대를 형성할 수 있다. '저렇게 대단한 사람들도 평범한 나처럼 사는구나'를 보며 위안과 안도를 느끼는 사람들이 많기 때문이다. 그런데 우리는 그렇게 대단한 위치를 차지하지 못한 지극히 평범한 사람들이다. 그러니 SNS를 통해 드러나는 일상의 모습만으로는 우리의 권위와 위상을 증명할 수 없다. 우리의 비즈니스를 위해 보여줘야 하는 직업적 본질을 제대로 드러내지 못했으니 그 결과는 말하지 않아도 뻔하다.

이제 다른 질문을 해보자. 누가 나를 검색해주길 원하는가? 이 말은 내가 목표해야 할 시장을 뜻한다. 나를 선택해야 할 고객이 누구인지를 안다는 것은 적을 알고 싸우는 것만큼이나 유리하다. 누구를 상대로 일을 하고 있는지, 타겟이 누구여야 하는지를 명확히 하는 것은 목표달성에 있어 가장 중요한 핵심전략이 된다.

상대방은 자신의 성공을 위해 구체적으로 필요한 정보를 검색어를 통해 획득하는 데 능수능란하다. 나를 검색하는 사람들의 숫자가 많아지면 나의 가치가 높아진다. 그리고 큰 문제를 가진 사람들일수록 내가 감당해야 할 일의 크기가 크다는 의미다. 어떤 분야에서건 일의 크기는 돈의 크기와 비례한다. 즉 많은 사람이 검색해줄수록, 까다롭고 큰 문제를 가진 사람들이 검색해줄수록 비즈니스에서 성공할 확률이 올라간다.

비즈니스를 하는 당신이 검색을 통해 드러내야 하는 것은 당신의 전문성과 열정 그리고 포트폴리오가 담긴 직업적 본질이다. 그렇다면 나의 직업적 본질이 드러날 수 있는 검색어는 무엇일까? 검색어는 메인 키워드와 서브 키워드로 나눌 수 있다. 내가 주력하고 있는 분야는 큰 범주의 메인 키워드로 설정할 수 있다. 예를 들어 내가 주력하고 있는 분야는 퍼스널 브랜드, 퍼스널 브랜딩 분야다. 해당 키워드를 검색했을 때 조연심과 조연심이 하는 일, 우리 회사가 하는 서비스 등이 검색되도록 하는 게 우선이다. 제일 유용한 방법은 해당 분야에서 자타공인 검증을 받은 데이터가 더해지면 유리하다. 유명한 기관의 OO상을 수상하거나 해당 키워드가 들어간 책을 발간하거나 해당 키워드를 포함한 방송(인터넷 방송 포함) 등을 하면 된다.

하지만 메인 키워드가 너무 큰 범주의 단어이거나 레드오션이거나 이미 다른 사람이 선점해서 연관시키기 어려울 수도 있다. 그럴 때 신경 써야 하는 것이 서브 키워드이다. 보다 구체적이고 명료한 범위로 좁히면 검색률이 올라갈 수 있다. '잘 팔리는 내가 되는 퍼스널 브랜드 전략', '시간당 몸값을 올리는 퍼스널 브랜드 구축법'이라든가 '경력 환승을 위한 퍼스널 브랜드 전략'이라든가 '일의 미래, 내 이름으로 사는 퍼스널 브랜딩'과 같은 키워드들은 서브 키워드에 해당한다. 사람들은 메인 키워드로 해당 분야를 알게 되고 자신과 관련된 서브 키워드에 공감했을 때 선택하는 경우가 많다. 고객의 니즈needs, 원츠wants, 페인pain 을 정확하고 세심하게 읽어내고 그에 맞는 질문과 답변을 서브 검색어에 포함할 수 있다면 당신의 비즈니스는 검색될 확률이 높아진다.

비즈니스를 하는 모든 사람이 원하는 검색 키워드가 무엇인지 알고 있는가? '신뢰'라는 키워드다. 자신이 해당 분야를 대표하는 전문가이고, 그 분야에서 믿을 수 있는 사람이라는 내용이 검색되길 원한다. 하지만 어떻게 해야 온라인상에서 '신뢰'할 수 있는 사람으로 보이는지 모르는 사람이 많다. 책 몇 권 읽고 아는 지식을 나열한다고 해서 신뢰가 쌓이는 게 아니다. 고객이 궁금해하고 어려워하는 것을 검색했을 때 당신이 그에 대한 답을 줄 수 있다는 것을 알려주면 되고, 이미 그런 사례가 충분하다는 포트폴리오가 있으면 좋다. 거기다 해당 분야의 권위를 인정할 수 있는 수상 내역이나 저서, 방송 출연 등의 증거가 뒷받침된다면 금상첨화다. 신뢰는 과정의 무게가 더해져야 완성되는 가장 느리고 무게감 있는 단어다.

당신은 어떤 분야의 사람인가?
당신이 믿을 수 있는 사람이라는 것을 어떻게 증명할 수 있을까?

지금까지의 질문이 주로 나의 입장에서 만들어진 거라면 앞으로는 질문을 바꿀 필요가 있다. '나를 처음 보는 사람' 입장에서 하는 질문 리스트를 만들어야 한다. 질문이 바뀌면 내가 무엇을 해야 하는지가 보인다. 검색어에는 고객의 고민, 문제, 난관, 희망, 바람, 이상이 담겨 있다. 그들의 공포와 두려움, 긴장을 해결해 주겠다고 약속하는 당신의 브랜드가 그들의 클릭 몇 번에 노출될 수 있어야 한다.

.

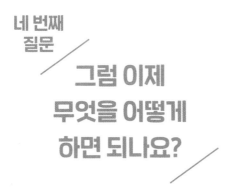

네 번째 질문

그럼 이제 무엇을 어떻게 하면 되나요?

사람들은 보통 내가 잘하는 것, 좋아하는 것을 기획한다. 그리고는 말한다.

"나는 할 만큼 했는데 왜 안 팔리지?"

이유는 명확하다.

본인이 가진 최고의 제품을 설명하기 급급해 고객이 필요로 하는 제품인지 아닌지를 확인하지 않는다. 그렇기에 아무리 좋은 제품을 가지고 있어도 외면당하는 것이다.

Why it?　왜 이 상품이나 서비스가 필요한가?

Why me?　왜 나여야 하는가?

재무설계를 하는 사람이라면 '왜 당신은 재무설계를 해야 하는가?'에 답할 수 있어야 하고 '그걸 왜 나에게 받아야 하는지'도 어필해야 한다.

이미지 전문가라면 '왜 당신에게 이미지 관리가 필요한가?'에 답해야 하고, 그걸 반드시 나에게 받아야 하는 이유도 설득할 수 있어야 한다.

마케팅은 내 것을 전달하기 위한 활동이 아니라 상대방의 문제를 해결해 주기 위해 노력하는 활동이어야 한다. 이 시대에 유효한 마케팅은 고객이 당신을 파트너로 삼고 의지할 수 있는 존재가 되는 것을 목표로 해야 한다. 고객들은 더 이상 과대광고와 감언이설에 속지 않는다. 이야기를 들어주고 유대감을 형성하며 필요한 것을 채워줄 수 있는 파트너를 원한다. 문제를 해결해 줄 수 있는 존경하는 가이드를 원한다. 그렇다면 이제 내가 할 일은 내가 계획이 있는 가이드이고 신뢰할 만한 사람이라는 것을 알리는 것이다.

문제 해결에 대한 가이드라인을 제시해야 한다

문제 해결을 위해 당신이 해야 할 것은 고객을 정의하는 것이고, 고객의 문제를 정의하는 것이다. 그리고 그 문제를 해결해 줄 수 있는 게 나라는 걸 보여줘야 맥락이 통한다.

2016년 문을 연 '최인아책방'은 21세기가 생각이 힘인 시대이며, 자기만의 생각이 중요한 가치를 만드는 시대인 만큼 생각의 깊이를 더해 줄 '생각의 숲'이 필요하다는 아이디어에서 태어났다.

최인아는 1세대 카피라이터로 제일기획에서 30년을 일했고, 삼성의 첫 여성 임원을 지낸 광고계의 전설이자 일하는 여성의 표상이었다. 강남 한복판에 그것도 1층이 아닌 4층에 책방을 내겠다고 했을 때 다들 기대 반 우려 반의 시선을 보냈다. 하지만 최인아 책방은 사람들에게 사랑받는 아지트가 되었다.

흔히 서점이라고 하면 책을 많이 팔고 싶다는 목적으로 시작한다. 하지만 최인아는 단순히 많은 책을 팔겠다는 목적으로 서점을 시작한 게 아니다. 그녀는 자신의 서점은 '어떤 서점이 되어야 한다.'라고 하는 확실한 자기만의 기준을 세웠다. 우선 그녀가 설정한 고객의 정의는 "생각의 깊이를 더해야 살아남을 수 있는 시대를 사는 사람들"이었다. 그리고 그런 고객들이 생각의 깊이를 더하기 위해 선택할 수 있는 답은 바로 책을 읽는 것이다.

그래서 최인아책방은 고민과 주제에 따라 12개 테마로 분류한 서가를 꾸몄다. '우리 사회가 나아가려면 무엇을 해야 할까?', '고민이 깊어지는 마흔 살', '무슨 책부터 읽어야 할지 고민인 그대에게', '요즘, 재미가 부족한 그대에게', '혼자 있는 시간을 어떻게 하면 잘 보낼까?', '당신의 괜찮은 삶을 위해' 등이다.

이곳에서 책을 선택한다는 것은 자신의 고민을 명확하게 파악하고, 그 고민을 해결하기 위해 먼저 고민했던 누군가의 도움을 받는 일이다. 사람들은 단순히 베스트셀러를 사기 위해 최인아책방에 가는 것이 아니다. 생각하기 위해서, 생각한 것을 해결하기 위해서 그곳에 가는 것이다. 일단 가서 둘러보기만 해도 자신의 생각이 무엇이고, 어떤 고민을 하고 있고, 그 고민을 위해 무엇을 해야 하는지에 대한 영감과 대안을 찾아갈 수 있기에 최인아책방을 찾는다.

즉, 최인아는 자신의 서점을 찾을 만한 대상 고객들을 정확히 파악하고, 그들이 가진 문제가 무엇이며, 자신이 어떤 식으로 그 문제를 해결해 줄 수 있는가에 대한 가이드라인을 확실히 세웠다.

그녀는 늘 말한다. "집어치우고 포기하고 싶을 때마다 '파워 브랜드'가 되고 싶다는 욕망이 나를 붙잡아주었다. 그리고 그 욕망은 북극성 같은 것이라 발밑만 보느라 방향을 잃고 헤맬 때나, 힘들어 포기하고 싶을 때 자신이 어디에 있어야 할지 길잡이가 되어줬다. "

　퍼스널 브랜드는 한 번 힘이 생기면 그 힘이 점점 더 강력해지는 특징이 있다. 마치 눈사람을 만들 때처럼 처음 눈을 뭉칠 때는 어렵지만 일단 한 번 형태를 갖추고 나면 몇 번만 굴려도 더 크게 더 빠르게 구르는 것처럼.

　문제를 해결할 가이드라인이 제시되면 당연히 잘 팔리는 상품이 된다. 그렇다면 어떻게 해야 '최인아책방'처럼 고객에게 잘 팔리는 상품을 기획할 수 있을까?

　도널드 밀러는『무기가 되는 스토리』에서 3가지 방법을 제시한다.
　첫째 "영웅은 고객이다. "
　둘째 "고객이 가진 문제를 정의할 것. "
　셋째 "고객의 생존 욕구를 이용할 것. "

　나는 실제 현장에서 이 3가지 방법을 종종 응용한다. 이를테면 이런 식이다.

첫째, 영웅은 고객이다.
　고객이 필요한 것은 영웅담을 늘어놓는 가이드가 아니라 내 문제를 해결해 줄 계획이 있는 가이드다. 지금까지 내가 잘해왔던 것, 좋아하는 것들을 제품으로 만들어왔다면 분명 고객에게 필요한 가이드가 아니었을 것이다. 지난 10년간 내가 간과했던 부분은 바로 고객이 아니라 '나'를 영웅으로 만들면 잘 팔릴 거라 착각했다는 점이다. 내가 유명해지고, 내가 존중받고, 내가 돈을 많이 벌어서 성공한 퍼스널 브랜드가 되면, 그 결과 내가 파는 상품이 잘 팔릴 거라 믿었다. 그러다 보니 비즈니스를 하며 수많은 시행착오를 거쳤다. 시행착오는 곧 금전적 어려움으로 이어졌다. 하지만 이제는 확실히 알고 있다. 내가 팔고 있는 상품이나 서비스는 나를 영웅으로 만들기 위함이 아니라 고객을 영웅으로 만들기 위함이라는 것을!

둘째, 고객이 가진 문제를 정의할 것.

고객은 외적인 문제, 내적인 문제, 철학적 문제가 있을 때 가이드를 찾는다.

따라서 우리는 먼저 고객이 표면적으로 호소하는 고민과 실제 내면적으로 해결하고 싶은 고민이 다를 수 있다는 것을 인식해야 한다. 그리고 대부분의 고민은 결국 지금보다 '더 나은 사람'이 되는 것과 연결된다. 즉, 고객이 원하는 '더 나은 사람'에 대해 구체적으로 정의할 수 있다면 당신이 제시하는 상품이나 서비스가 그것을 도울 수 있다는 것을 보여줄 수 있다.

여기서 잠깐!

고객도 고객의 진짜 문제를 모를 수 있다. 그럴 때는 킹핀 문제 찾기가 도움이 된다. 지금 자신에게 닥친 문제점 10가지를 적어본다. 그중 가장 큰 문제라고 생각하는 것을 정한다. 그 문제 때문에 다른 문제가 생기는 거라고 가설을 하고 답을 해 본다. 만약 대부분의 답변이 그렇다면 그 문제가 가장 핵심문제인 킹핀 문제 맞다. 하지만 실제 이 워크숍을 해보면 자신이 문제라고 적어 놓은 것 중에 진짜 문제가 포함되지 않을 경우가 많다. 그럴 때 숨겨진 진짜 핵심문제를 찾을 수 있어야 고객도 몰랐던 자신의 문제를 정의 내릴 수 있다.

셋째, 고객의 생존 욕구를 이용할 것.

사람은 생존과 번창에 도움이 된다고 해야 관심을 보인다. 당신의 일이 금융자원을 보존해주는지, 기회비용을 벌어줄 수 있는지, 사회적 관계를 구축해줄 수 있는지, 지위를 얻는 데 도움을 줄 수 있는지, 자원을 축적할 수 있는지, 의미를 향한 명분을 주는지 확인하라.

이때 매슬로의 욕구 이론을 이해하면 도움이 된다. 매슬로는 인간의 동기가 작용하는 양상을 설명하기 위해 동기를 생리적 욕구, 안전 욕구, 애정과 소속의 욕구, 존중 욕구, 그리고 자아실현 욕구의 5단계로 구분했다. 매슬로에 따르면 각 욕구는 우성 계층hierarchy of prepotency의 순으로 배열되어 있으며 욕구 피라미드의 하단부에 위치한 욕구가 충족되어야만 상위 계층의 욕구가 나타난다.

욕구 피라미드의 하단에 위치한 4개 층은 가장 근본적이고 핵심적인 욕구로 구체적으로는 생리적 욕구, 안전의 욕구, 애정과 소속의 욕구,

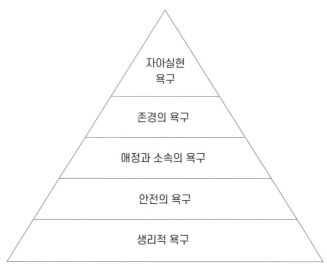

▶ **매슬로의 욕구 피라미드 (1943)**

그리고 존중의 욕구가 있다. 이 네 가지 욕구는 충분히 충족되지 않거나 부족할 경우 문제를 일으킬 수 있으므로 매슬로는 이들을 '결핍 욕구deficiency needs', 혹은 줄여서 'd 욕구d-needs'로 명명했다. 그중 생리적 욕구와 안전의 욕구는 신체와 관련된 욕구이고, 애정과 소속의 욕구와 존중의 욕구는 감정과 관련된 욕구이다. 이러한 기본적인 욕구가 충족되고 나서야 사람들은 부차적인 혹은 상위 단계의 욕구 즉 자아실현에 대해 강한 열망을 가지게 된다. 즉 고객의 먹고사는 문제가 해결되어야 그다음 욕구에 관심을 보이는 게 일반적이다. 이 패턴을 확실히 이해해야 당신의 제품이나 서비스를 제공할 곳을 정확히 찾을 수 있다.

퍼스널 브랜드 매니지먼트를 하는 내가 만나는 고객들의 문제는 자신이 하는 일을 '있는 그대로, 때로는 좀 더 그럴듯하게' 표현하지 못한다는 것이다. 그런 그들을 위해 내가 하는 일은 온·오프라인 연결된 시대에 언제 어디서든 고객이 가진 직업적 본질 그대로 보일 수 있도록 그의 디지털 데이터를 통해 브랜드 이미지를 관리해주는 것이다. 궁극적으로 고객의 고객으로부터 인정받고, 존경받고, 사랑받는 사람이 되도록 돕는 일이다.

당신이 상품이나 서비스를 기획할 때 기억할 한 가지는 바로 "고객은 히치하이커"라는 거다. 그들이 나에게 궁금한 것은 단 하나다. 고객은 늘 "어디까지 가세요?"라는 질문을 던지고, 당신이 자신의 목적지와 같은 곳에 도달하기를 바란다. 따라서 그럴듯하게만 잘 만든 상품이 아닌 고객의 문제 해결에 도움이 되는 진짜 상품을 제시할 수 있어야 한다. 이때 자신의 상품이나 서비스로 스스로를 설득할 수 있어야 하고, 그것을 팔아야 하는 내부 사람들에게 공감을 얻을 수 있어야 한다.

그러기 위해서는 자신의 상품이나 서비스에 대해 차별점과 강점 리스트를 구체적으로 작성해봐야 한다. 제대로 알아야 제대로 설명할 수 있기 때문이다. 강점과 차별점은 무엇인가라는 질문은 왜 나여야 하는가Why me?에 대한 답과 연결되어 있다. 의외로 이 작업을 하다 보면 내가 지금 가진 제품이 다른 제품보다 경쟁력이 떨어질 수 있고, 그다지 특별하지 않다는 것도 깨닫게 된다. 하지만 이 과정을 통해 객관적으로 자신의 현주소를 알게 되면 진짜 차별화된 강점을 찾게 되고, 그것을 중심으로 서비스하게 되어 놀라운 성과를 만들 수 있다.

당신의 계획이 무엇인지 들려주어야 한다

사람들은 아프면 병원에 가서 의사의 진료를 받고 적절한 치료를 받은 후 그에 맞는 약을 처방받는다. 우리가 하는 비즈니스도 그래야 한다. 비즈니스가 성사되기 위해서는 고객이 궁금해하는 것에 직접적인 답을 해주어야 한다. 고객이 이야기하는 문제에 대해 당신이 알고 있는 것들을 나열할 것이 아니라 문제 해결을 위해 당신이 할 수 있는 계획을 들려주어야 한다. 고객이 듣고 싶은 것은 당신의 계획이다. 그 계획에는 시작과 끝, 과정과 비용 그리고 함께 하는 사람들이 포함되어야 한다.

고객의 문제가 무엇인지 명확하게 정의하고 나면 이제부터는 그 문제를 해결하기 위해 어떤 일정한 과정을 거쳐야 한다는 것을 인지하고 받아들이게 해야 한다. 당신의 계획과 과정은 당신의 비즈니스 모델과 연결되어야 한다.

그렇다면 나의 계획은 어떻게 보여야 할까?

첫째, 시작과 끝을 알려주어야 한다.

대부분의 광고는 변신 전후를 한 눈에 보여주는 방식을 취한다. 페이스북과 인스타그램에 자주 등장했던 광고를 떠올려보자. 보타곤 신발을 신고 다니기만 해도 살이 빠졌다는 내용이다.

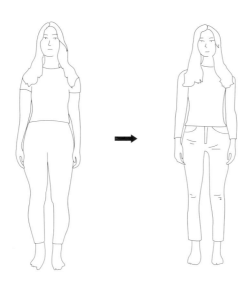

▶ 통통한 모델에서 날씬한 모델로 변신하는 다이어트에 관한 광고

발바닥에 찌르는 듯한 통증을 가진 족저근막염 환자들에게는 발바닥의 무너진 아치를 채워주는 깔창이나 신발이 효과적인 대안이었고, 늘 사용하던 수돗물에서 시커먼 녹물이 나온다는 것을 알린 후 그것을 걸러주는 퓨어섬 샤워기가 불타나게 팔렸고, 잦은 컴퓨터나 스마트폰 사용으로 현대인 대부분이 고생하고 있는 거북목을 해결해 주는 꼬북베개가 사람들에게 사랑을 받았다. 특히 다이어트에 관한 광고는 상품이 무엇이든 보이기만 하면 잘 팔렸다. 이 알약 하나만 먹으면, 하루 한 포만 먹으면, 이 티백 하나면, 이거만 입으면, 이거만 하면 금방 살

이 빠질 것 같은 광고는 통통한 모델에서 날씬한 모델로 변신하는 모습만 보여줘도 효과적이었다. 마치 책 한 권만 내면 퍼스널 브랜드가 완성되고, 몸값이 천정부지로 뛰고, 사람들로부터 사랑받을 수 있다는 것을 어필하는 것처럼 말이다. 핵심은 당신의 상품이나 서비스를 이용하고 나면 고객이 어떻게 달라질 수 있는지를 한눈에 알아볼 수 있어야 한다는 거다.

내가 고객을 만나 하는 첫 번째 행동은 그 사람 이름을 검색하는 것이다. 그리고 검색 결과를 객관적 데이터에 입각, 그대로 보여주는 것이다. 그리고 나면 고객이 보이는 행동은 두 가지 중 하나다. 인터넷 사망신고를 받았다고 인식하고 자신을 검색 가능하게 만들어달라는 사람과 자신이 일부러 검색되지 않도록 했다는 사람이다. 자신이 일부러 아무것도 검색되지 않게 했다고 말하는 사람은 인터넷 알고리즘이 어떻게 작동되는지를 전혀 모르는 사람이다. 데이터를 만드는 개인들이 알아서 올리는 콘텐츠는 내 맘대로 이래라저래라할 수 없다. 그리고 내가 원하든 원하지 않든 그 사람이 보는 기준에 따라 내 이야기가 만들어진다. 내가 만든 책, 방송, 강연, 프로젝트 등을 경험한 사람들이 만들어내는 디지털 데이터는 내가 누구인지를 증명해주는 빅 데이터가 된다. 그러므로 검색 결과에 내가 나오지 않는다는 것은 내가 하는 일을 다른 사람들이 알아볼 수 없다는 것이고, 다른 사람들의 관심사에 해당하지 않거나 그다지 영향력이 없다는 뜻이다. 앞으로 디지털 검색 결과는 자격증 이상의 영향력을 행사하게 될 것이다.

둘째, 과정을 보여주어야 한다.

마케팅이나 세일즈에 있어서 가장 중요한 것은 결과다. 퍼스널 브랜드를 만드는 이유도 최종 종착지는 결국 높은 몸값으로 자주 거래되는 사람이 되기 위해서이다. 하지만 어느 날 갑자기 그런 위치에 갈 수 있는 사람은 드물다. 내가 하는 브랜딩의 목적지는 이름만 검색해도 누구인지 설명하지 않아도 되는 사람을 만드는 것이다. 인물검색, 책, 뉴스, 블로그, 포스트, 카페, 동영상, 이미지, 지식인 등 네이버에 나오는 모든 카테고리에 검색되는 사람이 되도록 디지털 데이터를 만들어내는 것이 퍼스널 브랜딩그룹 엠유가 하는 일이고, 그 디지털 데이터가 그 사람의 주력 분야와 관련된 검색어를 포함할 수 있도록 프로젝트를 기획하는 게 내가 하는 일이다. 퍼스널 브랜드가 만들어지려면 무엇을 어떻게 해야 하는지를 과정으로 보여주는 게 엠유의 마케팅방법이다. 지금까지 내가 해 왔던 프로젝트도 그냥 재미로 한 것은 하나도 없다. 책에서 길을 찾는 북TV 365, 작가 세상, 미래직업리포트, 책 읽어주는 라디오 파블로를 읽어요, 글로벌 창의 인재양성 300 프로젝트는 모두 퍼스널 브랜드라고 하는 나의 주력분야와 관련된 데이터를 만들기 위해 진행된 프로젝트였다.

지금 당신이 SNS에 올리고 있는 글, 그림, 이미지, 영상이라는 콘텐츠는 내가 누구이고 어디로 가고 있는지를 보여주는 디지털 발자국에 해당한다. 그리고 한 발 한 발 내딛는 디지털 발자국이 모여 당신의 브랜드 인상이 축적되고 있다고 여겨보자. 물론 하나하나가 모든 것을 완벽하게 대표하기에는 부족함이 있다. 하지만 자신의 주력 분야와 관련된 일관된 메시지가 담긴 콘텐츠라면 사람들은 그 이야기들을 맥락 있게 받아들일 수 있다. 거기에 성실함을 증명할 수 있도록 꾸준하게 업데이트가 된다면 어떨까? 그냥 열심히 하는 정도로는 절대 원하는 결과를 만들어낼 수 없다.

셋째, 나의 팀으로 나의 능력을 극대화해야 한다.
내가 구축한 팀도 나의 능력을 극대화하는 도구다. 마크 빅터 한센과 로버트 G. 앨런은 그의 책『4가지 부의 코드 해독하기』에서 '20세기를 발명한 사람'이라는 수식어를 가진 에디슨이 팀원들과 어떤 성과를 이뤄냈는지를 소개했다. 에디슨과 그의 팀은 1876년에서 1881년 사이에 열흘에 하나씩 소형 발명품을 내놓고, 6개월에 하나씩 대형 발명품을 내놓자는 목표를 세웠다. 에디슨이 평생에 걸쳐 내놓은 1,093개의 발명품 가운데 많은 것들이 긴 의자가 중앙에 있고 벽을 따라 선반이 설치된 길이 100피트, 폭 30피트짜리 2층 방에 기원을 두고 5년 동안 분출된 천재적인 아이디어에서 비롯되었다. 에디슨과 다섯 명의 주요 팀원으로 구성된 그의 내부의 원에는 무려 10명의 주니어 팀원들이 합류했다. 위대한 발명가라는 타이틀은 에디슨은 혼자가 아닌 팀의 능력으로 얻은 브랜드명이었다.

일단 팀을 구성하고 나면 행동 원칙을 정하고, 회의 시간을 조정하고, 문을 열고 비즈니스를 하면 된다. 팀은 적어도 2주에 한 번은 만나 최소한 2시간 정도 회의를 해야 한다.

커리어소통 전문가 유복순은 현재 삼성생명 제주사업단에 26년 이상 근무하고 있는 직업교육 전문가이다. 그녀가『그때 멈추지 않아서 다행이다』라는 책을 발간할 당시, 엠유가 출간기념회를 기획하고 진행하는 총괄업무를 맡게 되었다. 제주도에서 진행되는 출간기념회를 성공적으로 완수하기 위해서는 진행자, 사진작가, 영상팀, 디자이너, 홍보팀 등의 사전 조율이 필요하다. 출간기념회 날짜와 시간을 결정하고, 행사 장소를 섭외하고, 초대장을 보내고, 인쇄물을 출력하고 진행 순서에 맞게 리허설을 하고 음향과 조명을 점검하고 원활하게 행사를 마무리하는 것은 숙련된 팀이 아니라면 어려운 일이기 때문이다. 엠유는 오랫동안 호흡을 맞춰온 멤버를 섭외해서 특별한 리허설 없이도 홀

룡하게 행사를 마무리할 수 있었다.

사진 촬영을 위해 포토테라피스트 백승휴 작가를 섭외했고, 퍼스널 브랜드 전문가 조연심이 브랜드 특강을 하기로 했고, 『그때 멈추지 않아서 다행이다』에 제주도 삽화를 그려준 일러스트레이터 안솔 작가를 초대했다. 그리고 진행자로 보이스 소통 전문가 김아진 아나운서와 셀럽 크리에이터 김진향 작가를 선정했다. 도경어플라이 김도경 대표는 멘토단들의 1회 식사권을 후원했고, 엄마의 놀이터 이경희 대표는 참석한 사람들에게 줄 선물을 후원했다. 엠유 멤버스는 이 모든 과정과 결과를 온라인으로 생중계했고, 추후 결과를 포스팅함으로써 참석한 사람뿐만 아니라 지켜보는 사람들 모두에게 우리 모두가 한 팀이라는 것을 보여주기에 부족함이 없었다.

이 과정을 지켜본 나의 잠재고객들은 내가 꾸린 팀의 능력을 객관적 데이터로 확인할 수 있게 되었고, 그 결과 자신의 비즈니스에 엠유와 조연심이라는 브랜드를 선택하는 데 도움을 얻었다. 그 외에도 내가 인터뷰한 사람들의 목록리스트도 나의 영향력으로 보여줄 수 있는 증거가 될 수 있다. 나와 연결된 네트워크의 총합이 내가 발휘할 수 있는 영향력의 크기다.

넷째, 기간과 비용을 감당할 수 있는지 확인해야 한다.

내가 제공하는 상품이나 서비스가 무엇인지 확실하게 인지한 후 고객이 궁금해하는 것은 비용과 기간이다. 어느 정도의 비용이 들고, 그것을 언제까지 하면 되는가에 대해 정보를 줄 수 있어야 한다. 물론 공산품처럼 정가를 정하고, 할인하는 식으로 제공하는 방식도 있을 수 있지만, 이 책을 읽는 대다수는 자신의 지식과 경험을 제공되는 지식 서비스로 소통해야 하는 지식노동자일 것이고, 그들 대부분이 겪는 애로점은 자신이 제공하는 서비스에 대해 정가를 매기는 게 쉽지 않다는 데 있다. 그렇다고 비용이 없다는 말이 아니다. 어쩌면 서비스를 받는 고객에 따라 얼마든지 탄력적으로 비용과 기간을 맞춰줄 수 있다는 게 강점으로 작용할 수 있다. 그렇다고 그저 그런 서비스를 제공하고 비용만 비싸게 부른다면 시장에서 퇴출되는 건 시간문제일 것이다.

고객을 만나면 누구나 눈에 보이지 않는 협상을 하게 마련이다. 상대방은 나의 실력이나 서비스가 자신에게 진짜 필요한지 아닌지를 확인하기 위해 간 보는 시간이 필요하고 나는 그 시간을 통해 내가 당신이 찾는 바로 그 사람이라는 것을 증명할 수 있어야 한다. 사실 고객이 할까 말까 고민하는 동안은 내가 할 수 있는 게 별로 없다. 그래서 가부간 결정을 내릴 때까지는 그 사람에게 관심과 에너지를 쓰지 않도록 노력한다. 억지로 설득해서 시작한 일이 끝까지 잘 되는 경우를 본 적이 거의 없기 때문이다. 그렇지만 하겠다고 결정한 고객에게는 내가 할 수 있는 최고의 것을 주려고 노력한다. 내가 제공하는 서비스가 자타공인 최고의 수준이라는 것에 의심이 없을 때 기간과 비용은 얼마든지 협의 가능해진다. 비싸게 받고자 한다면 얼마든지 그럴 수 있고, 저렴하게 받고자 하면 얼마든지 조정 가능하다. 때론 공짜로 서비스를 제공할 수도 있다. 고객과 계약을 하기 전 나는 이렇게 말한다. "저에게 일을 의뢰하시려면 그에 상응하는 권한과 역할을 주시면 됩니다."

퍼스널 브랜드 분야에서 일한 지 10년이 넘는 나조차 아직도 기간과 비용을 명확하게 규정짓는 게 어렵다. 계약서에 사인하고도 약속한 날짜에 입금을 하지 않는 고객도 많고, 자신의 유명세를 앞세워 무조건 먼저 해 주면 나중에 더 큰 보상을 해 주겠다고 말하는 사람도 있다. 비전과 가능성이 큰 상태에서 투자만 받으면 뭐든 원하는 것은 다해 주겠다는 고객도 있다. 심지어 몇 달이고 외상 서비스를 받다가 밀린 비용을 감당하지 못하고 소식을 끊어버리는 사람도 있다. 이 사람들에게 똑같은 기준을 세워 비즈니스를 한다고 하면 어떻게 될까? 고객이 기간과 비용을 감당할 수 있는지 확인하는 것은 어쨌거나 내 몫으로 남는다. 그럼에도 고객과의 관계를 먼저 정리하지 말라고 조언하곤 한다. 결국 시장은 마지막까지 가는 사람을 기억하기 때문이다.

고객의 경험까지 설계할 수 있어야 팔리는 세상이다

고객의 니즈를 발견하고 경험을 혁신한다는 게 어떤 의미일까?

그것은 "이 정도면 충분하지 뭐."라고 여겼던 서비스가 "와우", "대박"이라는 찬사를 받을 만큼 업그레이드 됐을 때 발생한다.

예를 들면 이런 식이다. 스마트폰 앱으로 토핑과 피자 두께, 굽기 정도를 지정하고, 주문 후 30분 안에 배달해주는 서비스가 상용화되었을 무렵 Zoom(피자 배달 스타트업)이 나타났다. 2015년 미국 캘리포니아에 설립된 줌은 로봇이 만든 피자를 저렴하게 제공하는 피자 배달 업체다. '배달하면서 굽는' 트럭 배달 서비스로 도착과 함께 갓 구운 피자를 고객에게 제공하는 혁신을 이뤄냈다. Zoom의 트럭에는 로봇과 오븐이 탑재되어 있어서 주문 즉시 출발하고, 도착 예상 시간 3분 15초 전 로봇이 피자를 굽기 시작한다. 매장이 아니면 누릴 수 없던 맛을 경험한 고객의 기분이 어떠했을지 상상만 해도 짜릿하다. 이처럼 고객의 경험까지 설계할 수 있는 서비스라야 고객에게 선택되고 그들의 기억에 남는 브랜드가 될 수 있다.

크라이테리어Criteria는 선택이나 결정을 할 때 기준을 의미한다. 당신이 선택하는 크라이테리어는 무엇인가? 당신은 고객의 크라이테리어를 아는가? 고객의 크라이테리어를 알기 위해서는 당신이 제시하는 문제 해결에 대한 기준을 스스로 정의할 수 있어야 한다. 지금 내가 판매하고 있는 상품이나 서비스의 기준이 고객이 봤을 때 상·중·하 중 어디에 속하는가?

이때 유의할 것은 청소나 배달과 같은 비교적 낮은 기술 수준의 서비스라고 해서 돈을 적게 번다는 의미가 아니라는 사실이다. 때로는 현실적으로 눈에 보이는 작은 문제를 즉각적으로 해결해 주는 것만으로도 충분할 수 있다. 하루 몇 시간이면 구석의 먼지까지 깔끔하게 청소해주는 청소 인력을 보내주는 청소앱이나 골칫덩어리 바퀴벌레를 원천적으로 해결해 주는 통합 해충 방제 서비스도 고객의 크라이테리어에 최적화된 서비스이기에 성공 가도를 달린다. 어떤 서비스건 고객의 문제 해결에 도움이 될 바로 그 무엇을 제공하겠다고 하는 것이 중요하다.

그럼 고객의 경험을 위한 서비스 설계는 어떻게 해야 할까?

『맥락을 팔아라』의 저자 정지원은 고객 경험을 위한 서비스를 설계하기 위해서는 세심히 관찰하고 고객이 '어쩔 수 없다고 생각했던 부분'을 촉수로 짚어내는 예민한 감성이 필요하다고 말한다. 고객의 경험서비스 설계는 내가 제공한 제품과 서비스를 경험한 고객의 '느낌'까지 설계하는 것을 말한다. 내가 해 준 일을 보고 고객의 입에서 '와우', '대박', '역시'라는 찬사가 쏟아지고, 반복구매를 하고, 매달 서비스를 이용하겠다고 말하는 고객이 있다면 당신의 비즈니스는 지금 잘되고 있다.

우리가 기억할 것은 내가 머무는 주력 분야에 대한 명확한 상품이나 서비스를 만들어내고 그것을 경험한 고객의 느낌이 '좋다'를 넘어 '이 서비스가 아니면 안 된다'라는 확고부동한 수준의 신뢰를 얻을 수 있어야 지속 가능한 비즈니스가 된다는 거다.

기업가치 10억 달러 이상, 설립한 지 10년 이하의 스타트업을 유니콘 기업이라 말한다. 에어비앤비, 드롭박스, 핀터레스트, 우버, 스냅챗 등이 유니콘 기업에 속한다. 설립 10년 이하의 기업인데도 한 번쯤 들어본 익숙한 이름이 아닌가? 이 유니콘 기업 중 하나인 온라인 남성복 전문점 보노보스는 '옷 사는 게 고통스러운 남자들'을 타겟으로 온·오프라인을 통해 그들의 고통스러움을 해결하는 데 초점을 맞추고 있다. 보노보스의 슬로건은 "더 잘 맞게, 더 멋지게Better Fitting, Better Looking" 이다. 보노보스가 유명해진 것은 2011년 뉴욕에 오프라인 매장을 열고부터다. 보노보스의 오프라인 가이드 숍은 1:1 맞춤 상담을 통해 고객에게 어울리는 스타일과 핏을 찾아준다.

보노보스는 오프라인 상담 과정을 무료로 제공하고, 고객이 자신에게 맞는 완벽한 핏을 찾을 수 있도록 서비스한다. 그리고 오프라인 매장에서는 옷을 판매하지 않는다. 상담이 끝나고 나면 고객이 구매한 제품은 집으로 배달된다. 고객은 빈손으로 들어와 가볍게 나가면 그만이다. 상담과 판매가 분리된 서비스 공간, 가이드숍을 체험하게 하면서 쇼핑이 고통스러운 남자들에게 쇼핑백을 들고 거리를 활보하는 불편까지 제거해 주는 것이 보노보스의 서비스 목적이다. 보노보스는 '옷 사는 게 고통스러운 남자들'이라는 분명한 타겟을 선정했음에도 타겟층이 좁지 않은 게 강점이다. 또한 타겟이 분명하니 제품을 어떻게 만들지, 서비스는 어떻게 할지 모든 것이 명확해진다.

당신이 기대하는 고객의 감정은 무엇인가? 이제 당신의 설계도에는 고객에게 전달할 가치와 그 가치를 경험하게 되는 과정 이 두 가지가 포함되어야 한다. 당신의 설계도를 보고 고객의 크라이테리어가 제대로 작동될 수 있다면 당신은 고객의 감정을 제대로 설계한 거라 봐도 좋다.

얼마면 되나요?

고객이 자신의 문제를 인식하고, 문제 해결을 위한 방법을 당신이 제공할 수 있다는 걸 알게 되면 이제 "비용"을 궁금해한다.

"얼마면 되나요?"

고객에게는 심리적 가격 저항선이 있다. 이런 상품이라면 이 정도 가격이면 적당하다고 하는 자기만의 합리적인 기준 말이다. 하지만 자신의 존재나 가치를 끌어올리거나 해당 분야의 권위를 얻을 수 있게 도와주거나 건강이나 생명을 지키는 일에는 일반적인 가격 저항선이 적용되지 않는다.

가격은 우리가 내는 돈이며 가치는 그것을 통해 얻는 것이다.
- 워렌 버핏

그런데 재미있는 것은 돈을 많이 쓰면 신뢰감이 그만큼 커진다는 것이다. 내가 선택한 것에 대해 스스로 정당성을 부여하기 때문이다. 고급 레스토랑과 호텔들이 나쁜 평가를 받아도 살아남는 이유가 거기에 있다. 사람들은 큰 투자를 했을 때(현금이나 명성 또는 노력, 시간) 종종 그것을 합리화하는 이야기를 지어낸다. 즉, 가격을 낮춘다고 해서 신뢰를 더 많이 얻는 것이 아니다. 오히려 그 반대일 때가 많다.

무턱대고 서비스나 상품 가격을 낮추게 되면 판매 수익이 적자가 되고, 적자를 메꾸기 위해 원래 약속했던 품질보다 떨어지는 서비스와 상품을 팔게 된다. 그래서 무료서비스, 지속적인 할인, 보상 없는 초과근무는 진정으로 후한 것이 아니다.

고객이 당신에게 바라는 것은 자신을 소중하게 여기며, 바꿔주는 것이다. 그런데 적은 비용 때문에 형편없는 수준으로 고객을 대한다면 고객이 돈을 제대로 지불하지 않아 제대로 서비스할 수 없다고 말하는 것과 같다. 그럴 땐 차라리 처음부터 고객 관계를 만들지 않는 게 더 좋다. 당신이 하는 모든 행동은 당신이라는 브랜드의 인상을 완성하는 데 한몫하기 때문이다. 당신 스스로 정당한 가격을 매기고 그에 상응하는 서비스를 제공하는 데에 자부심을 가져야 한다. 고객의 마음이 열리면 아무리 많은 돈을 요구한다 해도 고객에게 대가는 여전히 저렴하다. 하지만 가장 싼 가격으로 승부하는 저가 경쟁은 언제나 유혹적이다. 더 싸게 파는 것보다 쉬운 일은 없기 때문이다. 물론 싸다고 해서 성공한다는 보장은 없다. 그리 기대치가 높지 않을 때만 싼 것이 경쟁력이 된다는 사실을 명심하라.

하지만 비즈니스가 성공하기 위해서는 상당한 시간 동안 공짜마케팅이 필요하다.

만약 당신의 비즈니스가 공짜마케팅을 하면서 이를 수익으로 연결하기 위해서는 확산될 만한 공짜 아이디어가 있어야 한다. 당신이 온라인 채널을 통해 공짜로 내놓은 레시피나, 무료강연, 팟캐스트는 사람들에게 쉽게 당신에게 접근할 기회를 준다. 그것이 진짜 좋으면 저절로 공유된다. 당신의 비전, 아이디어, 지식, 역량, 열정, 재능, 소통 능력을 공짜로 나눌 방법은 많다.

결국, 공짜마케팅은 진짜 고객이 결정을 내리는 데 결정적인 역할을 하기도 한다. 그래서 돈을 받거나 돈을 받지 않거나 당신의 태도와 실력에는 '한결같음'이 존재해야 한다. 돈의 액수에 따라 당신의 실력이 들쑥날쑥하다면 그 모습을 지켜보는 사람들은 어떤 생각을 하게 될까? 진짜처럼 해야 진짜가 된다.

그럼 고객이 가지고 있는 심리적 가격 저항선은 어떻게 허물어야 할까?

당신이 제공하는 상품이나 서비스가 고객들의 심리적 가격 저항선의 어디에 걸려 있는지를 파악하는 게 먼저다. 비슷한 수준의 서비스를 더 싸게 제공하는 곳이 많다면 혼자서 높은 가격을 받기란 어려운 일이다. 하지만 어디서도 이런 수준의 서비스를 받을 수 없을 거라는 실력과 자신감이 있다면, 얼마든지 높은 가격을 받을 수 있다. 내가 주로 사용하는 '가격 저항선을 허무는 비법'은 온라인에서 '시각적 요소'를 활용하는 것이다.

좋아 보이는 것, 있어빌러티한 것은 분명 비쌀 거라는 걸 암묵적으로 보여줄 수 있다. 최신 버전의 홈페이지나 디자인 퀄리티가 높은 콘텐츠를 지속적으로 노출하면 이곳이 현재 성업 중이고 고로 당신이 찾던 바로 그곳이 맞다는 사실을 증명하는 데이터가 된다. 물론 실제 거래했던 고객리스트를 보여주는 것도 유용한 방법이다. 자신이 아는 사람이 거래했던 곳이라면 믿을 수 있다고 생각할 것이고, 설사 자신의 기준선보다 비싸다 하더라도 그럴 만한 가치가 있을 거라고 믿게 된다. 특히 검색으로 많은 것을 결정하는 현대인의 특성상 온라인에서 보이는 이미지 마케팅은 무엇보다 중요하다. '엠유'가 '역시 엠유'라는 칭찬을 받는 이유 역시 퀄리티 높은 이미지를 지속적으로 보여주고 있기 때문이다.

또 당신의 몸값을 높여서 가격 저항선을 허무는 가장 좋은 방법은 자신을 '브랜딩'하는 것이다. 우리는 대중 매체에 많이 나오고, 베스트셀러를 집필한 유명인이 제공하는 서비스라면 응당 비쌀 거라고 예측한다. 그런데도 그 사람이 하는 비즈니스에 기꺼이 지갑을 여는 이유는 "유명하니 실력 하나는 좋을 거야"라는 믿음과 "돈이 좀 들더라도 제대로 해야지"라는 욕망이 작용하기 때문이다. 한 마디로 브랜딩으로 만들어진 '신뢰'에 비싼 값을 지불하는 셈이다. 브랜딩이 잘 되어 있으면 고객을 모으거나 실제 매출에 도움이 되는 건 확실하다. 그래서 유명 연예인을 기용해 값비싼 광고를 만드는 게 아닌가?

기업이나 제품보다 개인의 퍼스널 브랜드 가치가 높을수록 고객의 가격 저항선은 힘을 잃는다. 사람들이 가격에 대해 민감한 것처럼 보여도 지불할 만한 가치가 있다고 인정하면 실제로 돈은 문제가 아닐 때가 많다. 기업이나 개인이 높은 금액을 주고라도 브랜딩을 하는 이유는 사람들이 믿을 수 있다고 하는 '신뢰' 가치를 증명하기 위함이다.

"여기는 좀 비싸네요."
"다른 곳과 비교해보고 싶어요."
"나중에 다시 올게요."

이런 말은 가격을 앞세워서 당신을 거절하는 은근한 표현이다. 당신의 비즈니스가 고객의 마음을 열지 못했다는 의미이고, 해당 분야의 권위와 신뢰를 얻지 못했다는 반증이다. 그렇다면 어떻게 해야 가격 저항선을 무너뜨리고 몸값을 올릴 수 있을까?

먼저 자신의 개인 브랜드 팩트와 스코어 관리를 분리해서 해야 한다. 나는 개인의 브랜드 팩트와 스코어를 구분하기 위해 간단한 표를 만들었는데, 직관적으로 '개인 브랜드 전광판'이라고 부른다. 개인 브랜드 전광판을 활용하면 고객이 거절하지 못하게 하려면 무엇을, 어떻게 하면 되는지를 알 수 있다. 그리고 자신이 현재 어떤 위치에 있는지, 앞으로 무엇을 준비하면 되는지를 객관적으로 이해하게 된다. 팩트Fact에는 회사명, 홍보대사, 고문, 자문 등과 같은 경력 사항을 기록한다. 반면 스코어Score에는 자신이 직접 획득한 수상 내역, 출연했던

경력사항 (Fact)	수상 내역 또는 결과물 (Score)
1. 청소년 멘토링 지글Ziggle 멘토 2. BNT News International 자문 위원 3. 중앙대 지식산업교육원 포토에세이 　주임교수 4. 중소기업청 시장경영지원센터 전문 강사 5. 퍼스널브랜딩그룹 MU 대표 6. YBM SISA Junior 교사 출신 1호 　지국장, 국장 역임 7. Booktv365 5인 5색 토크쇼 공동진행자 8. 인순이학교 준비 위원회 브랜드 분과 　위원장 9. 사랑의 쌀 나눔 운동본부 운영 위원 10. 여성단체협의회 출판 공보 위원 11. 한국경제선정 대한민국을 바꿀 　1,000개의 직업 선정 12. 집단지성브랜드네트워크 40라운드 　상임위원 13. 보통사람들의 특별한 이야기쇼 　셀마토크쇼 진행자 14. 여성가족부 여성인재아카데미 　멘토멘티 네트워크 진행 15. 여성가족부, 한국양성평등교육진흥원 　자문위원 16. 인하대학교 산학협력단 겸임교수 17. 융합콘텐츠플랫폼 SEM CEO 18. 지도자융합플랫폼 UBN국제재단 　미디어총괄 대표 19. 사단법인 출산육아교육협회 이사 20. 바이오융합플랫폼 카디널 CBO	1.『여자, 아름다움을 넘어 세상의 중심에 　서라』출간 2.『나의 경쟁력』출간 3. 지식소통 조연심의 e-블로그(brandu.kr) 4.『나는 브랜드다』출간 5.『퍼스널 브랜드로 승부하라』출간 6.『여자의 자존감』출간 7. 창의인재양성 300프로젝트 기획 및 　총괄 진행 8. 대통령직속 청년위원회 2014 창조적 　멘토링프로그램『창의인재 더청춘』 　공모 당선 및 총괄 진행 9.『300프로젝트』출간 10.『과정의 발견』출간 11.『M리더십』출간 12.『나를 증명하라, 골드칼라의 시대』출간 13. 네이버 오디오클립『당신브랜드연구소』 　운영(구독자수 1,000명 이상) 14. 부산 UN기념공원 비석닦기 플래시몹 　『ThanksUN2300』총괄기획 및 진행

▶ 조연심의 [개인 브랜드 전광판]

TV 프로그램명, 책, 구독자 수가 증명되는 유튜브, 오디오 클럽, 팟빵, 블로그 등 자타공인 검색 가능한 결과물을 기록하면 된다.

사람들이 궁금해하는 것은 당신이 어떤 분야에 머무는가보다 그곳과 관련해 어떤 성과를 만들어왔는지다. 자격증은 팩트는 만들 수 있어도 스코어는 만들지 못한다. 퍼스널 브랜드로 인정을 받기 위해서는 반드시 스코어 관리가 필요하다. 그리고 스코어에는 당신의 과정이 오롯이 담긴다. 이렇게 증명된 당신의 포트폴리오는 당신의 시장가격형성에 지대한 영향을 미친다. 고객의 가격 저항선을 허물려면 학력, 경력, 자격증, 허가증이 아니라 당신이 직접 수행해서 한 점 한 점 얻은 검증 가능한 스코어가 필요하다.

고객의 문제가
해결되면 고객의 삶은
무엇이 달라지나요?

'행동 의사결정 이론'의 대가 이타마르 시몬슨[*]는 "현대는 소비자들이 제품에 대해 거의 완벽한 정보를 얻을 수 있는 시대"라고 말했다. 이를 다르게 부르면 '완전 정보 시대'다.

이런 완전 정보 시대에 소비자를 움직이는 것은 절대가치, 즉 소비자가 제품이나 서비스를 사용할 때 실제로 경험하는 품질 또는 가치다. 내가 아무리 훌륭한 제품을 팔고 있고, 당신을 위해 이러저러한 것을 해 주겠다고 한들 그 말을 믿고 소비하는 시대가 아니라는 말이다. 충분한 정보를 소유하게 된 소비자들은 내가 할 수 있다고 말하는 것이 어떤 수준의 서비스인지 검색을 통해 확인할 수 있고, SNS를 통해 보이는 다른 사람들의 평가로 이미 결정을 내렸을 수도 있다.

따라서 "그리고" "도대체" "왜" 내가 당신의 상품을 사야만 하는가? 라는 질문에 답하기 위해서는, 형용사로 된 약속문장이 필요하다.

---

[*] 스탠퍼드 대학교 경영대학원 교수

혜택Benefit은 고객이 원하는 것과 연결되어 있어야 하고, 판매자는 고객이 그것을 누리게 해줄 수 있다고 약속해야 한다. 고객과의 약속을 잘 지키는 것이 바로 신뢰의 시작이고 끝이다. 당신이 팔아야 하는 것은 제품 자체보다 고객의 염원을 이뤄주겠다는 약속이 때로는 더 중요하다.

당신이 누구인지, 왜 그 제품이나 서비스여야 하는지, 소비자가 누리게 될 혜택은 무엇인지를 한 문장으로 정의하게 되면 두 가지가 명확해진다.

첫째, 당신이 무엇을 하면 되는지와
둘째, 고객이 무엇을 얻을 수 있는지다.

의사결정 과정에서 무작정 이러저러한 것을 해 주겠다고 약속한다고 해서 당장 물건이 팔리는 건 아니다. 그러나 지금 당장 필요 없다고 해서 앞으로도 필요 없다는 뜻은 아니다.

많은 사람이 그저 소파에 누워 마치 TV를 보듯 계속해서 정보를 검색하고 수집하는 카우치 트래킹Couch Tracking을 하고 있다. 어떻게 보면, 사람들은 24시간 365일 쇼핑 중인 셈이다. 이들은 무언가 필요한 상품이 생기면 그간 카우치 트래킹을 통해 얻은 정보를 바탕으로 구입할 상품을 결정한다.

그렇다면 나는 당장 살 의사도 없는 사람들을 대상으로 무엇을 해야 하는가?

나에 대한 완벽한 '정보'를 알려주어야 한다. 그것도 사람들이 꼭 필요한 때 나를 떠올릴 만큼 강렬한 정보여야 한다.

당신은 무엇을 제안하고 있는가?

내가 좋아하는 굿즈Goods 때문에 책을 사고, 내가 좋아하는 연예인 때문에 당장 필요도 없는 물건을 구매하는 시대다. 필요하다고 해서 사는 것도 아니고, 싸다고 해서 잘 팔리는 것도 아니다. 도대체 이유를 모르겠는데 어떤 제품은 불티나게 팔리고, 어떤 제품은 출시 즉시 외면당한다. 같은 제품을 팔아도 어디는 흥하고 어디는 망한다. 그렇다면 어떻게 해야 내가 가진 상품이나 서비스에 관심을 갖게 할 수 있을까?

당신의 상품과 서비스는 무엇인가?

고객의 문제 해결에 도움을 주겠다고 하는 구체적인 플랜과 프로세스를 심플하게 제시하는 것 외에도 문제 해결이 되고 나면 고객의 삶이 어떻게 달라질 수 있는지 상상하게 하는 것은 당신이 풀어야 할 숙제다.

대부분의 상품과 서비스는 현재보다 '더 나은 것'을 주겠다는 약속을 판다. 고객이 원하는 것은 소비를 통해 공감할 수 있는 타인을 만나고, 자신의 가치관과 라이프 스타일을 발견하고 완성하기를 꿈꾼다. 각자가 그리는 더 나은 자신의 모습 혹은 흥미로운 세계로 연결되고자 하는 것이다. 제품이나 서비스를 팔면 당신에게는 소비자consumer가 생기고 철학과 취향을 팔면 당신에게는 팬fan이 생긴다. 당신이라는 브랜드의 중심에 제품이 아니라 당신의 철학과 취향을 놓으면 제품 카테고리와 관계없이 무한히 확장할 수 있다. 브랜드만의 고유한 생명력이 생기고, 브랜드와 소비자 간의 공감대가 형성된다.

"고객 가치에 집중하다 보니 라이프 스타일 자체를 팔게 되었다."

서점에서 시작해 다양한 방향의 라이프 스타일 브랜드로 진화 중인 츠타야의 창업자, 마스다 무네아키의 말이다. 일본 유통업계의 새로운 명물인 츠타야 서점을 만든 마스다 무네아키는 저서 『지적자본론』을 통해 소비사회의 변화를 이해하고 그에 맞는 변화를 추구해야 한다고 말한다. 우리는 상품 자체가 가치를 지니던 '퍼스트 스테이지'에서 상품을 파는 장소, 즉 플랫폼이 중요했던 '세컨드 스테이지'를 지나 고객에게 선택할 수 있도록 기술을 제공할 수 있는 제안능력이 중요한 '서드 스테이지'의 시대에 살고 있다. 다시 말해 제품이 아닌 자신만의 철학과 취향, 흔들림 없이 확장해나가는 힘, 시대 정서를 제안하는 선구안을 지녀야 라이프 스타일 브랜드로서 성공할 수 있다.

요즘 삼성의 가전 광고를 보면 고객에게 무엇을 제안하는지 알 수 있다.

"내가 왜 비스포크 사는지 알아? 너무 예쁘니까."

이유가 뜬금없다. 용량이 크거나 품질이 뛰어나거나 AS가 좋아서도 아니고, 유명 회사 브랜드라서도 아니다. 그저 예뻐서 산다는 거다. 그러니까 이제 고객에게 중요한 것은 무엇을 사는가, 어디서 사는가가 아니라 왜, 어떻게 사는가다. 필요해서 하는 소비는 최소화되고, 의미와 재미를 위해 사는 소비는 점점 늘어난다. 비스포크는 '요즘 힙한 사람들의 취향이 이렇다'라는 라이프 스타일을 제안한다. 샤오미의 자발적 팬클럽인 미펀이 돈도 받지 않고 샤오미를 홍보하는 이유는 자신과 샤오미의 성장을 동일시하기 때문이다. 이들에게 소비는 끝이 아니라 새로운 시작이다.

상품이 과잉인 시대에 상품의 본래 기능을 강조하는 것, 즉 필요를 소구하는 것은 효과가 없다. 당신과 비슷비슷한 역량이나 재능을 가진 사람들이 내놓은 서비스처럼 당신도 그저 그런 것들을 해 주겠다고 하는 건 연습 무대일 때나 유용하다.

당신이 하는 일은 무엇인가?
그 일은 본래 어떤 일을 하는 것인가?

본래 기능을 강조하는 것은 최초이거나 최고일 때만 유용하다. 더욱이 눈만 뜨면 복사본이 판을 치는 시대에 누구나 하겠다고 하는 수준으로 어필한다고 주목받는 게 아니다. 작가가 글을 써 준다거나 마케터가 마케팅을 해 주겠다고 하거나 디자이너가 디자인을 하겠다는 것은 자신의 1차원적인 본래 기능만을 강조하는 것이다. 내가 하겠다는 것은 내가 팔 무엇과 연결되어 있다. 일반적인 판매자들은 자신이 가진 도구를 팔고자 노력한다. 이 도구를 사용하면 당신의 과제를 해결할 수 있다고 꼬신다. 이 도구는 다른 그 어떤 것보다 우월하다고 주장한다. 하지만 그 주장은 그다지 힘을 발휘하지 못하고 있다.

이제 우리가 팔아야 할 것들은 고객의 꿈과 욕망에 다가가는 수단을 제공하는 것이고, 그들의 꿈, 두려움, 위상, 유대감 등에 도움이 된다는 것을 어필해야 한다. 우리가 기억해야 할 것은 바로 한 번에 조금씩 그들이 되고 싶어 하는 사람이 되도록 돕는 것이다. 지금보다 나은 내가 된다는 것은 '당신'을 통해 얻게 될 '감정'이지 상품 자체가 아니다. 고객의 경험까지 설계해야 한다는 것과 연결되는 이유다. 다시 한번 묻겠다.

"당신의 제안은 무엇입니까?"

고객의 혜택을 특정해야 한다

강화도에 자주 가는 해신탕 집이 있다. 주문하고 나면 각종 신선한 해물 재료와 버섯, 야채가 냄비 가득 나오고, 그 위에 살아있는 낙지를 올려준다. 랍스터lobster를 추가하면 먹음직한 비주얼의 붉은 빛이 도는 랍스타가 나와 '와'하는 탄성과 함께 우리의 시선을 사로잡는다. 탕이 한소끔 끓고 나면 주인장이 와서 직접 가위로 해산물을 잘라주면서 이것은 어디에 좋고, 이것은 자신이 직접 키운 것이고, 이것은 이렇게 먹으면 된다고 꼼꼼하게 설명해준다. 물론 육수 추가는 무제한이다. 곁들여 나오는 밑반찬도 직접 재배한 채소로 향과 맛이 뚜렷하게 기억에 남는다. 그래서일까? 나는 귀한 손님이나 집안 어른들을 모실 때 그곳을 찾는다.

내 기억 속에 '몸보신 음식'하면 강화도 해신탕이 포지셔닝 되어 있기 때문이다. 그런데 강화도 해신탕이 내 기억에 남은 까닭은 주인장의 친절한 설명보다는 탕 자체의 강렬한 비주얼 이미지 때문이다. 옛말에도 있듯 백 번 듣는 것보다 한 번 보는 게 낫다는 말이 효과적일 때가 많다.

정보 과잉의 시대, 사람들은 누군가 말한 것이 아니라 자신이 보고 느낀 대로 기억에 저장한다. 그리고 필요할 때 자신의 기억회로에 남아 있는 그 상품을, 그 사람을 소환해 낸다. 수많은 브랜드 중에서 OO하면 당신을 떠올리지 못하면 그 어떤 광고나 홍보도 의미 없는 아우성이 된다.

그렇다면 당신이라는 브랜드를 경험하고 난 후의 혜택을 어떻게 고객의 기억에 남길 수 있을까? 브랜드 심리학자 김지헌은 『디스 이즈 브랜딩』이라는 책에서 우호적인 브랜드 연상을 소비자의 기억 속에 만들어줄 때 지나치게 수를 늘리기보다 브랜드 포지셔닝을 위해 방향성을 가질 필요가 있다고 말한다. 브랜드가 소비자에게 제공하는 혜택의 유형은 크게 3가지로, 기능적 혜택functional benefit, 상징적 혜택symbolic benefit, 경험적 혜택experiential benefit이다.

첫째, 기능적 혜택은 고객이 가진 현재의 기능적 문제를 해결해 주거나 미래의 기능적 문제를 예방해주겠다는 것이다. 현대인들이라면 누구나 겪는 기능적인 문제가 무엇일까? 늘 컴퓨터를 보면서 일을 하는 직장인이나 학생들의 고질병은 바로 거북목이다. 아래 사진은 영국의 행동 미래학자 윌리엄 하이암 박사 연구팀이 20년 뒤 사무직 노동자의 체형이 기형적으로 변할 것을 예측해 보여주는 장면이다.

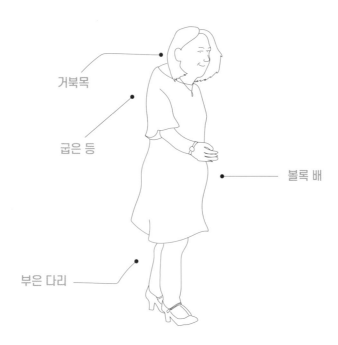

▶ 20년 뒤 사무직 노동자 체형이 기형적으로 변할 것을 예측한 모습
  - 출처: 유튜브 Latest News

외견상으로 보기 안 좋을 뿐 아니라 계속 방치하면 퇴행이 가속화되어 목디스크로 이어지는 치명적 질환 중 하나다. 그런 거북목을 단번에 고쳐주는 제품이 있단다. 그냥 베고 잠만 잘 뿐인데 일자목이었던 거북목이 제자리를 찾고, 아름다운 목선을 해치는 승모근도 거짓말처럼 사라진다는데 가격도 저렴하다. 그래서 나도 그 제품을 구매했다. 일명 '꼬북베개'다. 물론 아프면 병원에 가서 받는 의사의 진료나 약사의 처방 또한 기능적 혜택에 속한다. 대부분의 자격증을 취득한 전문가들의 서비스도 기능적 혜택에 어필한다고 보면 된다.

그뿐이 아니다. 광고를 봤다 하면 거의가 구매하는 제품이 있다. 바로 샤워기 호수를 타고 나오는 물을 걸러주는 샤워기 헤드, 일명 '퓨어썸 샤워기'다. 늘 깨끗하다고 믿었던 수돗물이 퓨어썸 필터를 지나는 순간 누런 녹물 찌꺼기를 남기는 영상을 본 사람들은 앞다투어 제품을 구매했다. 한때 인터넷판매 1위를 할 정도로 센세이션 했던 제품이었다. 그 회사가 어떤 회사인지도 중요하지 않았다. 더러운 수돗물로 더 이상 샤워하지 않겠다는 사람들의 바람을 가장 빠르게 해결해 준 덕분이었다. 신기만 해도 발의 아치를 지켜 족저근막염을 치료해주고 예방해준다는 패드, 신고 걷기만 해도 살이 빠진다는 운동화는 디자인적으로는 아무리 봐도 예쁘지 않은데 신발을 신은 사람들이 예쁘다고 하니 예쁘다고 믿고 싶다. 왜냐고? 그냥 신기만 해도 예쁜 다리를 만들어준다는데 그깟 디자인이 뭐라고. 이처럼 기능적 혜택을 강조하는 제품은 대부분 가격 민감도가 낮다. 싸서 광고를 믿고 사 봤는데 효과가 있으면 역시 잘 샀어. 하겠지만 효과가 없다 하더라도 제품을 판 회사에 손해배상을 생각하는 사람은 그리 많지 않을 것이다. 호기심의 차원에서 소비가 일어났으니 제품에 운명을 거는 소비자는 없을 테니까 말이다.

둘째, 상징적 혜택은 사회적 지위Social-Status나 소속감Membership, 자아 이미지Self-Image 등을 표현할 수 있도록 도와주는 것이다. 값비싼 양주, 루이비통은 희소성을 유지하며 존재감을 과시한다. 대부분의 럭셔리 명품 브랜드는 주로 상징적 혜택을 추구한다고 보면 된다. 물론 값비싼 명품만 상징적 혜택을 줄 수 있다고 속단하면 안 된다. 특정 스포츠팀의 브랜드 로고가 그려진 셔츠, 블루 보틀이나 애플 마크가 들어간 제품 등은 자신의 소속감이나 취향을 표현하면서 상징적 혜택을 제공하고 있다. 아무에게나 주어지는 혜택이 아니라 특정한 우리만의 그 무엇을 제시할 수 있다면 그 또한 상징적 혜택으로 기억의 일부분을 차지할 수 있다. 퍼스널 브랜딩그룹 엠유가 제안하는 혜택도 상징적 혜택에 속한다. 엠유는 누구에게나가 아니라 특별한 당신만을 위한 서비스를 제공한다는 사실을 강조한다. 엠유의 서비스를 받고 나면 당신의 사회적 지위는 올라갈 것이고, 좋은 디지털 평판을 얻게 되어 비즈니스에 도움이 될 뿐만 아니라 사랑받는 자아 이미지에 도움이 된다는 것을 지속적으로 어필하고 있다. 이처럼 교육이나 코칭, 컨설팅 서비스를 제공하는 지식 비즈니스의 대부분은 주로 상징적 혜택에 포지셔닝을 해야 한다.

셋째, 경험적 혜택은 고객의 오감 또는 지적 즐거움을 만족시키겠다는 것이다. 호주의 멜버른에 있는 재플슈츠버거가 그 예다. 흔히 샌드위치 가게는 1층에 위치하지만 재플슈츠는 건물 7층에 위치 해있다. 비싼 임대료를 감당하지 못해 7층에 샌드위치 가게를 오픈했지만 주문받은 샌드위치를 낙하산을 태워 보내는 기발하고 독특한 경험적 혜택을 제대로 제공했기 때문에 성공할 수 있었던 브랜드였다. 이처럼 경험적 혜택은 단점을 장점으로 돋보이게 하기도 한다.

싱가포르의 '아웃 오브 더 박스out of the Box'라는 기업은 '애니싱

Anything'과 '왓에버Whatever'라는 이름을 가진 6가지 맛의 탄산음료와 7가지 맛의 아이스티를 출시했다. 재밌는 것은 음료의 캔에는 물음표와 브랜드만 있을 뿐 무슨 맛인지에 대한 정보가 없는 일명 '복불복 음료'라는 점이다. 하지만 고객은 자신이 구매한 음료가 무슨 맛일지를 예측해보는 유쾌한 긴장감 때문에 그 제품을 선택했고, 출시 보름 만에 350만 개가 팔렸다.

경험적 혜택에 어필하는 브랜드는 결과가 크게 중요하지 않은 저관여 제품이 대부분이다. 한번 해보고 즐겁고 맛있고 행복하면 그뿐이다. 모든 기능적 문제가 해결된 소비자는 지루함을 느끼게 되고 그 지루함을 없앨 수 있는 재미를 충족시키는 경험적 혜택에 열광한다. 여행, 맛집, 취미 등과 관련된 서비스는 대부분 경험적 혜택에 어필하고 있다.

판매 시작 전에 당신의 비즈니스가 고객에게 어떤 유형의 혜택을 주겠다고 결정하는 것이 먼저다. 당신의 상품이나 서비스를 경험한 고객이 얻게 될 혜택을 특정한다는 것은 위의 3가지 혜택 중 한 가지 유형을 정하고 그 혜택에 맞는 우호적인 기억들을 쌓아야 한다는 의미다. 그래야 당신이 보여주는 모든 것(말과 글, 행동, 콘텐츠 등)들이 당신과 관련된 하나의 '어떤'에 해당하는 이미지들과 연관되어 고객의 첫인상과 끝 인상에 강력한 끌림을 만들어낼 수 있기 때문이다.

당신이 천사라고 느끼게 하라. 아니 지니Ginny라도 좋다. 뭐든 당신이 가진 전문 지식과 경험을 언제든 자신을 위해 끌어다 쓸 수 있다고 느끼게 하라. 언제고 전화하면 연결이 되고 당신을 선택하면 이 구역에서 내가 제일 잘 나가를 만들어주면 된다. 더 싼 것은 핵심이 아니다. 더 나은 것은 정의하기 어렵다. 고객이 누리게 될 경험이 어떤 유형의 혜택이든 간에 언제나 현재 시점보다 더 '새로운가'에 있어야 한다.

고객이 누리게 될 혜택을 데이터로 수치화하라

"Brand is opinion, Data is fact!"

브랜드는 견해차가 있지만, 데이터는 팩트다.

내가 여타 브랜드 전문가들과 차별화된 서비스를 제공할 수 있는 근거는 그 사람이 누구인지를 증명할 수 있는 데이터를 직접 만들어낼 수 있는 프로젝트 기획력과 실행팀(디자이너와 콘텐츠 제작자 등)을 가지고 있기 때문이다. 엠유의 고객들은 오프라인에서 엠유의 직원들이 일하는 모습을 볼 수가 없다. 엠유 식원들은 대부분 각자 편한 곳에서 일하고 정해진 시간에 결과물을 온라인에 올리는 방식으로 일하기 때문이다. 대신 고객들은 자신의 블로그와 페이스북 페이지에 새롭게 업데이트되는 콘텐츠를 보며 자신의 브랜드 이미지가 어떻게 만들어지는지를 지켜볼 수 있다. 열심히 했다고 주장하지 않아도 데이터로 드러나는 결과를 보면 얼마나 했는지, 어느 수준으로 했는지, 어떤 반응을 얻었는지를 수치로 확인할 수 있다.

결국, 검색 결과에 드러나는 디지털 페르소나Persona를 만들고 지지하고 연결하는 일을 통해 고객의 디지털 브랜드 평판을 관리해주겠다는 것이 엠유의 제안이고, 그 제안을 받아들인 고객은 구구절절 설명하지 않아도 해당 분야의 전문가라는 것과 거래해도 좋다는 신뢰를 얻을 수 있게 된다. 한 마디로 잘 팔리게 된다는 것이다. 이처럼 당신이 할 수 있다고 어필하는 것은 수치화된 데이터를 통해 고객의 혜택과 연결되어야 한다.

조금 더 자세하게 당신이 누리게 될 혜택을 수치화하는 방법을 알아보자. 단적으로 말하면 당신의 일상을 디지털 데이터로 말하면 된다. 검색 결과로 그 사람의 전문성을 비롯한 신뢰 여부까지 결정하는 시대에 자신의 경력을 증명할 데이터가 없다면 어떻게 될까?

데이터Data는 컴퓨터가 처리할 수 있는 문자, 숫자, 소리, 그림 따위의 정보로 글, 사진, 이미지, 영상 등과 같은 콘텐츠의 형태로 만들어져 온라인에 쌓인다. 이런 데이터의 양이 방대해지면 빅 데이터가 되고, 빅 데이터는 당신이 지난여름에 무엇을 했는지를 증명할 뿐만 아니라 올여름에 무엇을 할 것인지도 예측해 준다. 2025년에는 오프라인에 있는 나보다 데이터로 보이는 디지털상의 나Persona가 더 가치있게 평가받는 세상에 살게 될 거라는 시스코의 발표도 있었다.

그렇다면 어떻게 해야 자신이 해당 분야에 속해 있고, 그 일을 잘하고 있고, 앞으로도 잘할 사람이라는 것을 증명할 수 있을까?

첫째, 당신이 해당 분야에 소속된 사람이라는 것을 데이터로 남겨야 한다. 블로그, 카페, 포스트, 페이스북, 인스타그램 등 SNS를 통해 당신이 누구이고 어떤 일을 하는 사람인지를 알 수 있도록 전문 콘텐츠를 올려야 한다.

둘째, 당신이 그 일에 있어 적임자고 최적의 사람이라는 것을 증명할 수 있어야 한다. 일상적인 출퇴근 모습이나 동료와 한가하게 맛집에서 점심 먹고 커피 마시는 일상적인 모습만으로는 곤란하다. 당신의 '쓸모 있음'을 증명할 수 있는 프로젝트를 공개하고, SNS 채널에 업로드하라.

셋째, 해당 분야와 관련된 보다 전문적이거나 실용적인 내용을 담아 꾸준하게 발행한 데이터가 필요하다. 하나의 주제와 관련된 10회 이상의 칼럼을 연재하거나 그 분야 전문가 10명을 제대로 인터뷰한 내용이 SNS에 업데이트된다면 누구든 당신을 그 분야에서 주목할 만한 사람으로 인식하게 될 것이다.

넷째, 자신의 경력과 관련된 책을 발간하라. 당신이 어떤 분야에 속해 있다 하더라도 공신력 있는 한 권의 책은 당신의 정체성과 전문성을 증명해줄 바로미터가 될 것이다. OO회사의 일 잘하는 김 과장 대신 저자 OO가 다니는 회사로 포지셔닝 목표를 바꿔 보라. 『구글보다 요리였어』의 안주원 씨나 삼성생명에 다니고 있는 『그때 멈추지 않아서 다행이다』의 유복순 씨가 그 사례다.

인터넷으로 연결된 4차 산업 시대는 원하든 원하지 않든 나의 일상 대부분이 데이터로 남겨진다. 디지털 데이터로 보이는 이미지를 콘트롤 할 수 있어야 원하는 브랜드 이미지를 만들어낼 수 있다.

고객이 누리게 될 혜택을 논하기 이전에 선행되어야 하는 것은 고객이 나에게 좋은 감정을 가지게 하는 것이다. 란체스터의 마케팅 법칙에 "매출은 만나고 접촉하는 횟수에 비례한다"라는 말이 있다. 그렇다고 무작정 고객에게 들이대라는 말이 아니다. 호감을 얻을 때까지 반복적으로 만남을 이어가야 한다. 상대방으로부터 호감을 얻으려면 다음과 같은 3단계 과정을 거쳐야 한다.

Good 단계 내가 먼저 상대방이 좋은 사람이라고 생각한다.
Better 단계 먼저 호감을 보이면 상대방도 나를 좋은 사람이라고
　　　　　생각한다.
Best 단계 상대방으로부터 '아주 좋은 사람이군'이라는 인정을 받는다.

15년간 13,001대의 차를 팔아 12년 연속 세계 기네스북에 오른 이가 있다. 그는 혼자서 북미대륙의 대리점 전체 판매량의 95% 이상을 팔아치웠다. 다름 아닌 조 지라드*의 성과이다. 그는 '한 명의 고객을

* 조 지라드는 15년간 한 번에 한 대씩 1만 3,001대의 차를 팔아 12년 연속 세계 기네스북에 오르는 전무후무한 기록을 세웠으며, 〈포브스〉지에서 '세기의 슈퍼 세일즈맨'으로 선정되었다.

250명처럼 대하라'라는 자신만의 기준을 세우고 영업에 뛰어들었다. 그는 한 번 만난 고객들에게 끊임없이 손편지를 써서 자신의 존재를 인지시켰다. 그 결과 지금 당장 차가 필요한 고객뿐만 아니라 앞으로 필요할 고객 역시 '자동차'하면 조 지라드를 떠올렸다. 고객이 필요로 할 때 나를 떠올리게 하는 것만큼 효과적인 광고 마케팅이 있을까?

이처럼 고객과 만남이 중요했던 시절에는 오프라인 전략이 가장 중요했다. 하지만 지금은 온라인으로 모든 것이 연결되는 인터넷 시대이다. 이런 시대에는 온·오프라인을 연결한 데이터 마케팅이 효과적이다. 검색 결과에 당신이 드러나야 함은 물론이고 다양한 SNS 채널을 통해 당신이라는 브랜드가 때로는 은근하게, 때로는 노골적으로 드러나야 한다.

어디선가 본 것 같거나 누가 있는데 기억이 안 난다면 고객의 마음속에 아직 내가 없다는 의미다.

우리는 퍼스널 브랜드하면 '조연심', 디지털 평판하면 '엠유'처럼 명확하게 자리매김할 수 있도록 마케팅 전략을 세워야 한다. 그러기 위해 우리는 고객이 누리게 될 혜택을 수치로 나타내고, 구체적인 이미지로 보여주어야 한다. 기억하라. 온·오프라인을 통해 축적된 이미지의 총합이 당신이라는 브랜드 이미지를 고객에게 각인시킨다.

이야기가 뛰어나야 이길 수 있다

잘 만든 스토리가 스펙을 이기는 시대다. 강력한 스토리는 무기가 되기도 한다. 사람들이 기억하는 건 이야기이지 장황하게 나열된 경력 사항이나 스펙이 아니다. 그런데도 우리는 이력서에 쓸 스펙 한 줄에 목숨을 건다.

그래서 우리는 스펙 한 줄보다는 자기소개 한 줄에 집중해야 한다. 자기소개는 곧 이야기이기 때문이다. 스티븐 스필버그의 영화 〈아미스타드Amistad〉는 노예선에서 일어난 폭동을 다룬 이야기로 미국으로 향하는 중에 배에서 반란을 일으킨 노예들이 재판을 받는 장면으로 유명하다. 미국 대통령인 존 퀸시 애덤스(앤소니 홉킨스 분)는 노예 폐지론자인 흑인 변호사 시어도어 조드슨(모건 프리먼 분)에게 자신의 주장을 요약해 진술해 보라고 말한다. 조드슨의 진술은 명료하고 정확하지만 아쉽게도 감정이 전혀 담겨 있지 않다. 애덤스는 이렇게 조언한다.

"내가 법조계에 발을 들어놓은 지 얼마 안 되어 깨달은 게 뭔지 아나? 이야기가 뛰어나야 재판에서 이길 수 있다는 사실이야. 자네의 이야기는 무엇인가?"

그렇다. 당신이 고객에게 전하고자 하는 말은 '매뉴얼'이 아니고 '이야기'여야 한다.

하버드대 심리학 교수인 하워드 가드너는 『리더의 마음』에서 이렇게 어필했다. "리더십의 열쇠, 아니 유일한 열쇠는 이야기를 전달하는 능력이다."

그리고 '의미'를 구성하는 요소는 흥미진진한 이야기와 일관된 주제와 원대한 메시지다. 이야기를 사용해야 하는 것은 비단 면대면 상황뿐만이 아니다. 당신의 비즈니스를 설명하는 홈페이지나 브로셔, 심지어 명함에서도 이야기는 중요하다.

명심할 것은 좋은 이야기는 '내가 최고야'라는 자랑질이 아니라 '고객의 필요에 대해 내가 준비한 답을 들려주는 것'이어야 한다는 점이다.

우리들의 이야기를 하라.

나의 이야기를 하라.

지금의 이야기를 하라.

'탈모'가 고민인 사람들은 '탈모'와 관련된 광고가 아니라 실제 '탈모'로 고민하는 사람들의 이야기, 탈모를 극복한 사람들의 이야기에 끌린다. 따라서 탈모인들이 사용한 방법, 사용한 제품에 끌리는 건 당연하다.

그런데도 많은 탈모약 개발자가 '내가 개발한 탈모약이 최고고, 내가 가장 약을 잘 만들고, 앞으로도 잘 만들 것이다.'라는 광고성 문구에만 목을 매고 있다.

가장 잘 팔리는 제품도 사장 개인의 이야기가 강력할 때 통한다.

내가 겪은 고통이나 고민의 이야기, 누구나 공감할 만한 이야기, 우리들의 이야기를 시작한다는 것은 고객의 문제를 정의한다는 것이고, 그래서 내가 이 제품이나 서비스를 시작하게 되었다는 이야기는 고객의 문제를 해결하기 위해 내가 무엇을 어떻게 해줄 수 있다는 것이고, 이제 당신도 나의 이야기를 듣고 믿고 구매해도 좋다는 제안을 하는 식이어야 한다. 그런 당신을 위해 지금 내가 할인 이벤트를 하고, 후기 이벤트를 하고, 가격 할인을 하는 것이다. 이미 다른 고객들도 선택했다는 후기도 당신의 이야기에 강력한 증거가 된다.

여기서 하나 더 기억해야 할 게 있다. 일단 뛰어난 스토리를 완성했다면, 그다음엔 필수적으로 '반복 노출' 시켜야 한다는 것이다. 대부분의 광고가 같은 내용을 반복해서 보여주는 이유가 여기에 있다. 대부분의 교육이나 운동도 반복해야 몸에 익혀지는 것처럼 우리의 이야기도 과하지 않게 반복하는 기술이 필요하다. 이렇게 반복적으로 접하는 사건과 이야기는 '신뢰'와 연결된다. 한 번 보다는 열 번이, 열 번 보다는 백 번이 더욱더 신뢰할 수 있다. 익숙한 것은 정상적인 것이 되고, 정상적인 것은 믿을 만한 것이 된다.

빈도가 중요하다.
반복이 중요하다.

시장Market은 반복이 신뢰로 이어지도록 훈련받았다. 충분히 반복되기 전에 그만둬버리면 신뢰를 얻을 기회가 생기지 않는다. 사람들은 좋든 싫든 간에 반복되는 것을 가장 잘 기억한다. 단기적이고 일시적인 마케팅은 필요에 집중하고 장기적이고 지속적인 마케팅은 욕구에 집중한다. 필요는 수시로 그 형태가 바뀌지만, 욕구는 바뀌지 않기 때문이다. 당신이 판매하고자 하는 상품이 '필요'에 해당하는지 '욕구'에 해당하는지 확인하고 마케팅 전략을 세워야 하는 이유이다.

페이스북에는 과거에 사용자가 했던 일들을 추억할 수 있도록 게시물을 큐레이션해서 제공해주는 서비스가 있다. 8년 전 오늘 내가 어디서 누구와 무엇을 했는지를 그대로 보여준다. 그로부터 8년이 지난 지금도 나는 같은 말을 하고, 같은 글을 쓰고, 같은 사람을 만난다. 그런 반복들을 통해 사람들은 내가 어떤 분야의 사람이고 어떤 일을 해 왔는지를 알게 된다. 또한 인터뷰 프로젝트인 〈조연심의 브랜드쇼〉나 네이버 오디오 클립 〈당신 브랜드 연구소〉에 퍼스널 브랜드 관련 내용을 반복해서 연재하는 것도 나의 전문성과 성실성을 고객에게 어필하는 수단이다. 정해진 시간에 어김없이 업데이트되는 콘텐츠를 보며 사람들은 나를 신뢰할 수 있는 사람이라고 믿게 된다. 결국 내가 충분한 반복을 통해 얻고자 한 것은 신뢰할 수 있는 사람이라는 평판이다.

　이제 당신이 해야 할 일은 문제를 해결하고 난 고객 스스로가 다른 사람들에게 말할 이유를 반복적으로 제공하는 것이다. 더 이상 아프지 않고, 불편하지 않고, 사랑받게 되고, 소외되지 않는다는 사실을 기꺼이 자랑할 수 있어야 한다. 이처럼 당신의 서비스가 고객에게 더 나은 삶을 약속할 수 있어야 당신을 선택할 이유가 생긴다.

당신의 약속은
무엇인가요?

2차 세계대전 이후 자본주의 사회는 3차례 변혁을 겪었다.

고객이 단순히 부족한 물자를 요구하는 '퍼스트 스테이지'에서, 생활이 안정된 고객들이 다종다양한 상품을 원하는 '세컨드 스테이지'로, 그리고 넘쳐나는 물건과 서비스 속에서 고유한 취향(스타일)을 선망하고 '제안'을 필요로 하는 '서드 스테이지'까지.

오늘날은 바로 '제안능력'이 중요한 서드 스테이지의 시대다. 그런데도 기업과 비즈니스 계통의 사람들은 여전히 어디에서 파는가를 중요하게 여기는 '세컨드 스테이지'에 눈높이를 맞추고 사업을 전개하고 있다. 그러니 상품이나 서비스가 제대로 팔릴 리 없다.

『맥락을 팔아라』의 저자 정지원은 "우리는 제안능력으로 차별화되는 지적자본 시대를 살고 있다."라고 말한다. 지적자본이란 말 그대로 무언가를 '기획하고 제안할 수 있는 능력'을 말한다. 아무것도 필요하지 않은 시대의 마케팅은 사람들의 마음을 읽고 그들과 연결될 수 있는 맥락을 만들어내고, 그 맥락을 약속할 수 있어야 한다.

츠타야 서점을 기획한 마스다 무네아키는 고객들에게 '획일성을 탈피하는 경험'을 약속했다. 가령 그는 인터넷 플랫폼의 공세 속에서 오히려 실물 매장만이 줄 수 있는 매력에 주목했다. 츠타야 서점의 가장 큰 특징은 제품의 진열 방식에 있다. 기존의 서점들은 책의 카테고리에 따라 진열이 된다. 하지만 츠타야 서점은 라이프 스타일을 바탕으로 책을 진열한다. 만약 '요리와 관련된 라이프스타일을 제안하는 코너'가 있다면, 책의 카테고리와 상관없이 요리와 관련된 소설, 실용서적, 에세이, 시집 등을 모아 놓는다. 심지어 요리를 하는 데 필요한 식기와 식재료까지 함께 판매한다. 이게 사람들이 말하는 츠타야 서점과 일반 서점의 가장 큰 차이점이다.

여행을 좋아하는 고객은 여행에 관련한 코너를 찾는다. 그 코너 근처에는 여행사 정보지를 비롯한 여행에 필요한 상품들이 진열되어 있다. 특히 여행에 대해 지식과 경험이 높은 접객 담당자에 의한 컨시어지 서비스와 여행지에서 누릴 법한 리얼리티를 피부로 체험할 수 있는 코너는 여행을 가고 싶은 마음에 불을 지피는 식이다. '서드 스테이지' 시대의 고객들은 단순히 '제품'을, 부족한 '물자'를 원하는 게 아니기에 그럴듯한 '제안'에 혹하는 것이다. 그들은 이제 넘쳐나는 상품 속에서 자신만의 스타일을 원하고, 자신만 누릴 수 있는 특별한 의미와 감성을 바란다. 츠타야 서점은 바로 이런 고객의 심리를 꿰뚫고 '서점이니까 평범하게 책과 음반, 영상 콘텐츠를 판다'라는 생각을 넘어 '개인의 취향을 제안하는 방식'으로 차별화를 이뤄냈다. 그가 판 것은 '삶에 필요한 물건'이 아니라 '삶 자체' 즉 라이프 스타일을 제안한 것이다.

당신의 약속은 명문화되어 있는가?

사람들은 당신의 제품이 아니라, 당신의 제품이 자신을 위해 해줄 수 있는 '무언가'를 구매하고 싶어 한다. 따라서 당신은 자신이 제공할 상품 속에 어떤 혜택이 담겨 있고, 그 상품이 '무엇을 위한 것인가?'에 대한 본질적인 고민을 해야 한다. 그리고 고민을 끝냈다면 당신은 고객에게 당신의 약속을 명시적으로 '보여줄' 수 있다.

　　당신은 마케팅 시작 전 아래의 세 문장을 먼저 결정해야 한다.

나의 제품은 _____ (을/를) 믿는 사람들을 위한 것이다.
나는 _____ (을/를) 원하는 사람들에게 집중할 것이다.
내가 만드는 제품을 쓰면 _____ 에 도움이 될 것이다.

당신의 약속을 공개해야 하는 이유

꿈을 이룬 사람들이 대부분 제일 먼저 하는 것은 꿈을 목록으로 기록하여 공개하는 일이다. 마케팅에서도 마찬가지다. 당신이 고객에게 주고자 하는 바가 있다면, 그것을 공개해야 한다. 약속을 공개해야 하는 이유가 궁금한가?

　　심리학자 스티븐 헤이스Steven C.Hayes[*]는 대학생을 대상으로 한 실험에서 목표를 공개한 학생들이 더 좋은 성적을 받는다는 사실을 확인했다. 사람들은 자기가 뱉어낸 말과 행동을 일치시키려는 원초적인 본능

----

[*] 심리학자 스티븐 헤이스는 실험을 통해 목표의 공개선언의 효과에 대해 입증을 한 바 있다.

을 갖고 있기 때문이다.

스티븐 헤이스는 기말고사를 앞둔 학생들을 대상으로 실험을 벌였다. A그룹의 학생들은 평균 90점 이상을 맞을 거라고 목표점수를 공개했다. B그룹의 학생들은 그냥 마음속으로만 높은 점수를 올리겠다고 다짐했고, C그룹의 학생들은 아무 생각 없이 시험을 보았다.

그리고 시험이 치러지고 학생들의 성적이 공개되었다. 목표점수를 공개한 A그룹 학생들은 실제로 90점 이상의 높은 점수를 받았다. 그러나 마음속으로 은밀하게 다짐만 했거나, 아무 생각 없이 시험을 본 학생들의 점수는 통계상 차이가 없었다. 왜 이런 결과가 나타나게 된 것일까?

90점 이상을 맞을 거라고 공개적으로 약속한 학생들은 사람들에게 약속을 지켜야 한다는 생각 때문에 더 많은 시간을 공부에 투자했고, 좋은 성적을 얻을 수 있었다. 하지만 은밀하게 약속한 학생들과 아무 생각 없이 시험을 치른 학생들은 눈에 띄는 노력을 하지 않았고, 그 결과 시험성적도 형편없이 나올 수밖에 없었던 것이다.

사람들은 말이나 글로 생각을 공개하면 그 생각을 끝까지 고수하려는 경향이 있는데 이를 공개선언 효과Public Commitment Effect라고 한다.

이처럼 약속을 공개하는 것은 그 약속을 지킬 확률을 높이기 위한 과정이다. 물론 비즈니스 세계에서의 약속이란 고객을 대상으로 하는 '공식적 약속'을 의미한다. 아침 일찍 일어나겠다, 공부를 열심히 하겠다, 책을 많이 읽겠다. 같은 개인적 약속은 비즈니스 세상에서는 그리 중요하지 않다. 지키든 지키지 않든, 상대방에게 해를 끼치지 않기 때문이다. 하지만 납품기일이나 품질을 지키겠다는 공식적 약속은 지켜지지 않을 때 커다란 문제를 만들게 된다. 당신이 약속을 지키지 못하면 고객은 손해배상을 청구할 수도 있다. 식품회사라면 안전한 먹거리를 약속해야 하고, IT 회사라면 첨단 기술을 약속해야 하며, 검찰과 재판부라면 공정한 판결을 약속해야 한다. 어떤 분야에 속한 누구라도 공식적 약속을 지킬 의무가 있다.

엠유가 가장 잘하는 것 중의 하나가 바로 공식적인 약속을 있어빌러 티하게 공개하는 일이다. 누군가와의 만남도 공식적으로 포스터를 통해 공개하고, 특정한 프로젝트를 만들어 공개부터 한다. 책을 써야 하면 출판기념일을 먼저 공개하고, 브랜드 컨설팅을 받기로 하면 파브 FAB 워크숍 포스터를 공식적으로 발행한다. 프로그램을 만들어야 하면 하다못해 에고 포스터라도 공개한다. 참여히는 사람들의 프로필 사진이 들어간 공식 포스터는 권위와 신뢰를 얻기에 좋은 증거가 된다.

한 번 생각해보라. 마케터가 보여주는 메시지는 항상 약속의 형식을 띤다. 그들의 마케팅은 늘 'X를 하면 Y를 얻을 수 있다'라는 식이다. 그렇다고 약속이 보증을 의미하지는 않는다. 그래서 "만약 당신에게 효과가 있다면 이것을 발견하게 될 것"이라고 말한다. 그럼에도 핵심은 약속은 공개되어야 한다는 것이다.

당신의 공식적 약속은 무엇인가?
무엇을 해주겠다고 약속하고 있는가?
그 약속은 어디에 공개되어 있는가?
당신은 약속한 대로 살아가고 있는가?

약속을 명문화하는 방법

약속을 명문화하고 공개해야 하는 이유에 대해 알았다면 이제는 직접 약속을 작성해 볼 차례다.

명문화된 약속은 흔히 사명선언문의 형태로 나타난다.
당신에게는 당신만의 사명이나 운명이 있는가?
운명은 당신이 선택한 길이다.
삶의 좌표를 만들어주는 약속이나 목적이 '사명 선언'이고 이는 내가 어디를 향해 가는지를 보여주는 시그널이다. 한 집안의 가훈이나 개인 또는 기업의 좌우명은 생각과 행동의 기준이 된다. 사명 선언은 흔들리는 자신을 바로 세울 수 있는 버팀목이다.

당신의 인생 목적지는 어디인가?
당신의 비즈니스 목적지는 어디인가?

사람들은 누군가가 자신을 어딘가로 이끌어주기를 바란다. 사람들이 생각하는 목적지가 이곳이라고 이야기해주고, 목적지로 가게끔 하는 다양한 방법을 제시해준다면 사람들은 분명히 나를 찾아올 확률이 높다. 당신이 가려는 길을 명료하게 정리하여 표현하는 사명선언문을 작성해 보라. 자신의 사명이라고 하는 목적지를 잘 표현한다면, 분명 미래를 보장하는 설득력 있는 제안으로 받아들여질 수 있다.

또 '나'라는 브랜드를 선택한다면 당신의 삶이 해피엔딩으로 끝날 것이라는 확신을 심어주는 것이 중요하다. 여기서 엔딩은 구체적이고 선명해야 한다. 막연하게 좋아 보이는 가치를 나열하지 말고, 고객이 당신을 통해 어떻게 달라질 수 있는지를 문장에 담아야 한다.

사명선언문을 작성하는 방법은 기본 형식을 따라 "나는 누구를 위해 어떻게 무엇을 하고 싶다"로 적으면 된다. 그리고 사명선언문에는 'why'라는 질문이 필요하다. 내가 무언가를 하고 싶다고 적을 때 '왜'라는 질문을 반복하며 그 의미를 해부해 본다면 그 끝에 내가 진짜 원하는 것을 찾게 될 것이다.

사명선언문은 당신을 원하는 방향으로 데려가 줄 것이다.

고객이 느끼게 될 감정 형용사가 바로 목적지

고객이 매력을 느낄만한 약속은 어떻게 제시해야 할까? 고객의 목적은 지금보다 더 나은 사람이 되는 것이다. 사람들은 무시당하거나, 모르거나, 뒤처지거나, 무력한 느낌을 싫어한다. 대부분은 조금 더 앞서고, 조금 더 선견지명이 있고, 조금 더 나은 사람처럼 보이고 싶어 한다. 그들이 원하는 것은 위상 그 자체다. 위상이 하는 역할은 사자 무리에서 누가 가장 먼저 먹이를 먹는지, 오아시스에서 누가 가장 먼저 물을 마시는지 등을 결정하는 것이다. 인간사회에서는 2명 이상이 모인 곳에서는 반드시 위상이 어떤 영향을 미친다. 위상은 사람들이 자신이 어디에 서 있는지 신경 쓴다. 동류집단이 자신을 어떻게 생각하는지 신경 쓴다. 누가 잘 나가고, 누가 뒤처지는지 신경 쓴다. 당신이 신경 써야 하는 것은 당신을 만난 고객의 마음에 당신을 만난 것이 얼마나 다행인지를 끊임없이 일깨워주는 일이다.

당신은 고객에게 내가 제시하는 상품을 구매하면 당신의 위상이 높아질 거라는 확신을 심어주어야 한다. 그리고 이때 인간의 감정에 대해 명확하게 파악하고 있어야만 공략법을 찾을 수 있다.

인간의 감정에는 세 가지 국면이 있는데, 욕망, 정신, 신성이 그것이다.

첫째, 욕망desire은 본능, 욕구, 충동으로 표현하기도 한다.
둘째, 정신spirit은 용기, 확신, 절제, 인내, 대담과 같은 개념을 말한다.
셋째, 신성divine은 초자연적이고 영원하며 우주의 본질, 이성을 뜻한다.

인간은 성장할수록 낮은 수준에서 높은 수준으로 감정이 대체된다. 따라서 당신이 제시하는 약속은 어떤 수준에 해당하는지 점검해볼 필요가 있다.

우리가 팔아야 할 것은 욕망이나 과제해결을 위한 도구나 물건 자체가 아니라 고객의 꿈과 욕망과 같은 정신적 가치에 다가가는 수단을 제공하는 것이다.

다른 사람들이 당신을 '어떤' 사람이라고 부르면 좋겠는가? 여기서 '어떤'이란 태도, 감정이 포함된 형용사가 될 것이다. 열정적인, 성실한, 대단한, 추진력이 좋은, 믿을 수 있는, 이 분야 최고의, 등과 같은 말이다. 이 말은 어떤 사람으로 기억되고 싶은가의 또 다른 질문이다.

당신의 약속은 고객의 차별화된 경험과 연결되어 있는가?

시대가 변하면 마케팅도 변해야 한다. 21세기는 지식창조시대로 자기 분야의 지식과 이를 활용하는 능력으로 눈부신 성공이 가능한 아이디어 노동자인 골드칼라Gold collar*의 시대다. 이런 시대에는 당신이 어떤 분야에 머물건 당신의 제품과 서비스를 선택한 고객에게 차별화된 경험을 제공함으로써 당신만의 가치를 전달할 수 있어야 한다.

서점이기 때문에 서적을 판매하는 것이 당연하다고 생각한다면 책을 읽지 않는 시대에 팔리지 않는 이유가 된다. 츠타야 서점의 마스다 무네아키는 고객에게 가치가 있는 것은 서적이라는 물건이 아니라 그 안에 풍부하게 들어있는 제안이라고 말한다. 따라서 그 서적에 쓰여 있는 제안을 판매해야 한다.

당신을 만난 고객이 누리게 될 차별화된 경험은 무엇인가?

츠타야 서점이 제안하는 것은 책 자체가 아니라 책을 통한 경험이다. 책의 양은 많지 않지만, 츠타야 서점은 책을 통해 라이프 스타일을 발견할수 있도록 선별된 책을 새로운 방법으로 진열한다. 요리책 옆에 요리 재료와 도구가, 여행서 옆에 여행사 정보지가 있다.

한국에도 츠타야와 비슷한 전략을 취한 장소들이 있다. 현대백화점 판교점에서는 지역 밀착형 라이프 스타일을 표방하여 패션과 취미, 남성 라이프 스타일의 모든 것을 하나의 공간에서 소화할 수 있는 '현대 맨즈관'을 오픈했다. '현대맨즈관'에는 여행용품 판매와 여행사 서비스를 묶은 '트래블 갤러리'도 있고, 중장년층 여성을 타겟팅한 새로운 부스도 있다.

이마트가 론칭한 일렉트로마트도 남성 타겟에 맞춰 생활필수품으로

---

* 조연심의 [나를 증명하라]에서 소개한 바와 같이 19세기 산업 시대는 단순 육체노동자인 블루칼라 워커(blue collar worker), 20세기 정보사회는 자격증을 가지고 고도의 정신노동을 하는 화이트칼라 워커(white collar worker) 시대였다. 21세기는 지식창조시대로 아이디어로 승부하는 골드칼라 워커(gold collar worker)가 대세다.

서의 가전이 아니라 취미와 취향으로의 전자제품을 제안한다. 전자제품 외에도 주류, 캠핑용품, 안경점, 뷰티& 바버숍 등 남성들이 원하는 다양한 제품과 서비스를 갖추었다. 이제 남성들은 특정 제품을 사기 위해 온라인 검색을 하고 리뷰를 비교해보는 대신 특별한 경험을 선택하기 위해 일렉트로마트를 찾는다. 당신이 줄 수 있는 차별화된 고객 경험은 무엇인가?

현재 보이스 소통 전문가로 활동하고 있는 김아진 아나운서는 자신만의 원샷 메시지를 작성하기 전과 후가 너무나 달라졌다고 말한다. 원래 김아진 아나운서가 자신의 페이스북을 통해 광고하던 마케팅 문구는 다음과 같았다.

하반기 면접, 외고, 특목고 면접, 대입 면접, 취업 면접을 위해 면접 스피치를 문의하신 분
책 출간 뒤 출간기념회와 강연, 이어지는 방송을 위한 목소리 관리법, 호감 가는 목소리, 잘 전달하는 스피치 기술 등을 문의하시는 분
목소리, 스피치에 대한 변화가 필요해서 문의하시는 분
이런 분들에게 보이스 트레이닝과 스피치 컨설팅을 진행합니다.

어떤가? 이 광고성 문장을 보고 반드시 이 사람이어야 하는 이유를 찾을 수 있는가?
대부분 전문가는 자신이 잘하는 일에 대한 설명을 나열하는 식으로 홍보를 한다. 그러나 이런 식이면 당신이 이 분야에서 최고인지 가늠하기 어렵고, 비슷비슷한 경쟁자들과 쓸데없는 감정싸움이나 가격 할인으로 경쟁할 수밖에 없다. 그렇다면 어떻게 자신을 소개해야 할까? 여기서 파브FAB 자기소개를 사용하면 당신을 만난 고객이 어떤 차별화

된 경험을 누리게 될지를 명확하게 말해줄 수 있다.

Feature 특징을 정의하고 　　　　보이스 소통 전문가 김아진은

Advantage 강점을 어필하고 　　성공. 성장. 새로운 기회를 꿈꾸는

　　　　　　　　　　　　　　사람들에게 온·오프라인 코칭을 통해

Benefit 혜택을 약속하라 　　주목받는 무대 경험을 서비스합니다.

　김아진이 타겟팅한 고객의 문제는 목소리가 작고 사람들 앞에만 서면 떨려서 할 말을 제대로 못 하는 것이다. 하지만 눈앞에 보이는 문세만을 본다면 여타 다른 보이스 전문가들과 다를 바가 없다. 보이스 트레이닝과 스피치 컨설팅을 받고 난 고객이 진심으로 원하는 것은 주목받는 무대 경험이다. 주목받는 무대를 통해 그들은 성공, 성장, 새로운 기회를 꿈꾼다. 보이스 소통 전문가 김아진을 만나면 당신도 주목받을 수 있고, 성공할 수 있다. 그러니 주저하지 말고 연락하시라….

　김아진의 약속은 주목받는 무대 경험이다.
　그래서일까? 그녀가 진행하는 책 읽어주는 라디오 〈파블로를 읽어요〉나 그림 읽어주는 라디오 〈피카디리 미술관〉은 주목받는 무대 경험을 원하는 사람들의 참여와 지지가 점점 높아지고 있다. 그녀의 보이스 트레이닝을 통해 성공한 경험이 있는 사람들의 추천으로 7년이 지나도 고객들로부터 사랑받는 전문가임이 증명되기도 했다. 이제 사람들은 단지 물건이나 서비스가 아니라 실제 삶에서의 경험과 스토리를 사고 싶어 한다. 이처럼 파브FAB 자기소개 문장은 고객의 마음속 열망을 일깨우는 한편 그대로 강력한 마케팅 문구가 된다.

　당신이 어떤 제품과 서비스를 제공하던 이제 생각의 폭을 다르게 해

야 한다. 물건이 필요해서 사는 시대가 아니기 때문이다. 그렇다면 당신의 약속을 세 가지 단계로 나누어 생각해 볼 필요가 있다. 보이스 소통 전문가 김아진 아나운서의 예로 이어가 보자.

첫째, 당신을 만난 고객은 어떤 혜택을 얻게 되는가?

면접을 앞둔 사람에게는 면접 스피치가 필요하고, 강연이나 방송을 위해서는 호감가는 목소리가 필요하다. 할 말을 제대로 전달할 수 있는 스피치 기술도 배울 수 있다. 이처럼 구체적이고 실제적인 혜택을 적어보라. 옆구리가 가려우면 옆구리를 긁어주어야 한다. 고객이 원하는 바로 그것을 해결해 줄 수 있어야 한다.

둘째, 당신을 경험한 고객은 어떤 특별한 경험을 하게 되는가?

보이스 트레이닝과 스피치 컨설팅을 마치면 당신은 '주목받는 무대 경험'을 하게 될 것이고 그 결과 성공, 성장, 새로운 기회와 만나게 될 것이다. 고객은 보이스 문제해결을 한 후 다른 곳과 다른 당신만의 차별화된 고객 경험이 있어야 하고, 그 경험을 제안하는 게 우리가 할 일이다.

셋째, 당신을 경험한 고객은 어떤 감정을 느끼게 되는가?

고객의 감정이 당신의 브랜드이미지 형성에 가장 큰 영향력을 미친다. 안도와 위로를 넘어 지지와 환호를 얻을 수 있어야 당신의 비즈니스는 지속 가능해진다.

PART.3

자기소개
문장을 만드는
다섯 번의 워크숍

AS IS 진단
- 현재의 나는 어디에 있는가?

개인 브랜드 인지도 체크리스트

당신의 브랜드 인지도는 어떠한가?

사회적 영향력과 경제적 가치 모두를 만족하고 있는가?

어떻게 스타 브랜드가 될 것인가?

  개인 브랜드 인지도는 총 7단계 질문을 통해 점검할 수 있다. 개인 브랜드 인지도 테스트를 통해 자신의 개인 브랜드 수준을 객관적으로 확인하고, 그 후에는 개인 브랜드 구축 7단계 전략에 따라 인지도를 높일 수 있다.

개인브랜드 인지도 체크리스트

체크리스트			점수						
영역	No	질문	5	4	3	2	1	합계
A 브랜드 아이덴티티	1	지금 하고 있는 일이 가슴 뛰는 일인가?						
	2	10년 뒤에도 할 수 있는 일인가?						
	3	지금의 일은 돈과 명예가 따르는 일인가?						
B 오프라인 툴	4	당신은 최고의 전문기술을 가지고 있는가?						
	5	명함에 회사나 직함 외에 브랜드를 알리는 사명이 담겨 있는가?						
	6	당신이 하는 일이 미래에도 필요한 기술인가?						
C 온라인 툴	7	블로그가 당신의 브랜드를 말해주는가?						
	8	블로그 포스팅을 매일 하고 있는가?						
	9	페이스북, 인스타그램, 유튜브를 활용하고 있는가?						
D 책발간	10	내 이름으로 낸 책이 있는가?						
	11	그 책은 나의 브랜드를 말해주고 있는가?						
	12	향후 1년 내에 책 발간 준비를 하고 있는가?						
E 브랜드 포지셔닝	13	검색창에 자신의 이름이나 브랜드명이 검색되는가?						
	14	인물검색, 블로그, 카페, 이미지, 뉴스 등 모든 카테고리에서 검색되는가?						
	15	검색이나 소개를 통해 모르는 사람이 얼마나 자주 새로운 일을 부탁하는가?						
F 네트워크 확장	16	링크나우, 트위터, 페이스북 친구와 자주 소통하는가?						
	17	온라인 커뮤니티에서 확대된 오프라인 모임까지 활발하게 참여하는가?						
	18	자신의 브랜드에 관련된 이벤트나 소식을 정기적으로 업데이트하는가?						
G 선순환 시스템	19	개인브랜드 구축을 도와주는 멘토가 있는가?						
	20	자신이 도와주는 멘티가 있는가?						
총합								

▶ 개인 브랜드 인지도 체크리스트

1) 브랜드 아이덴티티 찾기

2) 오프라인 툴 만들기

3) 온라인 툴 만들기

4) 책 발간

5) 브랜드 포지셔닝

6) 네트워크 확장

7) 선순환 시스템 구축

각 항목은 모두 5점 만점으로 아주 그렇다(5점), 조금 그렇다(4점), 보통이다(3점), 아니다(2점), 절대 아니다(1점)에 자신에게 해당하는 점수를 체크하면 된다. 마지막에 있는 표에 각각의 점수를 넣어 합산하면 그것이 자신의 개인 브랜드 인지도 점수가 된다.

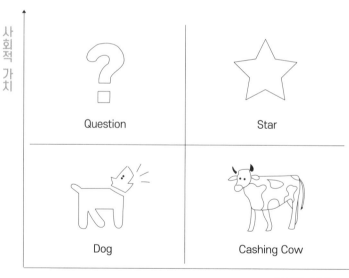

▶ **개인 브랜드 인지도 평가표**

100~90점: 당신의 브랜드는 이미 스타 브랜드

당신은 온라인과 오프라인 모든 영역에서 브랜드 가치와 영향력이 높고 경제적 가치도 높은 상태다. 스타로서 자신의 위치를 충분히 즐기면서 자신을 따르는 멘티를 양성하여 브랜드 생명력을 연장하도록 한다. 또한, 브랜드 가치가 하락할 것에 대비하여 미래 브랜드를 미리 준비해야 한다.

89~80점: 경제적으로 충분한 가치가 있거나 곧 그렇게 될 캐시 카우 브랜드

당신은 브랜드 인지도로 수익을 올리고 있는 상태. 먹고 사는 문제는 어느 정도 해결한 상태이므로 더욱 높은 가치를 위해 다른 브랜드와의 네트워킹을 통해 브랜드 영향력을 확장할 필요가 있다. 온라인으로 연결된 사람으로부터 일을 의뢰받기도 하는 단계. 온라인상의 모든 카테고리에서 검색될 정도로 브랜드 포지셔닝에 더욱 신경 쓴다면 지금보다 브랜드 파워가 나아질 수 있다.

79~70점: 브랜드 가치는 있으나 경제적 가치가 그에 미치지 못하는 퀘스천 마크 브랜드

온라인 또는 오프라인 어느 한쪽에서 영향력은 있으나 그에 상응할 만큼의 경제적 가치를 인정받지 못하는 단계로, 자신의 개인 브랜드와 관련된 일을 분주히 하고는 있으나 경제적 안정을 이루지 못한 경우가 대부분이다. 이런 경우에는 자신의 전문 기술을 더욱 연마하여 확실한 브랜드 영향력이 생기도록 몰입하는 시간이 필요하다. 그리고 온라인으로 자신의 전문성이나 상품성이 드러날 수 있도록 일관성 있는 활동이 절대적으로 필요하다. 이때 힘들다고 해서 브랜드 구축을 포기하게 되면 개인 브랜드뿐만 아니라 하고자 하는 일까지 어려워질 수 있다.

지금 하는 일이 가슴 뛰는 일이라면 조금 더 몰입해야 한다.

69점 이하: 브랜드와 상관없이 먹고 사는 것만 해결하는 도그 브랜드
　내가 누구인지, 어떤 삶을 살고 싶은지 고민은 되지만 늘 현실과 타협하는 단계다. 자신이 있는 그 자리에서 간간이 행복을 느끼고 지금 그대로의 모습으로도 만족한다. 개인 브랜드가 필요하다고는 생각하지만 아무런 노력도 하지 않고, 다른 사람들이 어렵게 만들어가는 개인 브랜드의 가치를 무시하거나 외면하기도 한다. 이 단계의 사람들은 자신의 아이덴티티를 찾기 위한 시간이 필요하며, 그 후 자신이 어떤 삶을 살고 싶은지 깊이 고민해야 한다. 그렇지 않으면 자신이 사는 대로 생각하게 될 것이다. 개인 브랜드의 가치는 중년 이후에 확연히 달라진다는 것을 명심해야 하며, 아직 늦지 않았으니 지금부터 당장 개인 브랜드 구축에 시간을 할애할 필요가 있다.

　위의 개인 브랜드 인지도 체크리스트에 나온 결과를 바탕으로 7각형 모형에 자신만의 브랜드 그래프를 만들어보자.

A: 브랜드 아이덴티티
B: 오프라인 툴
C: 온라인 툴
D: 책 발간
E: 브랜드 포지셔닝
F: 네트워크 확장
G: 선순환 시스템

각각의 점수를 10점 만점에 몇 점인지 매기고, 그 점수에 해당하는

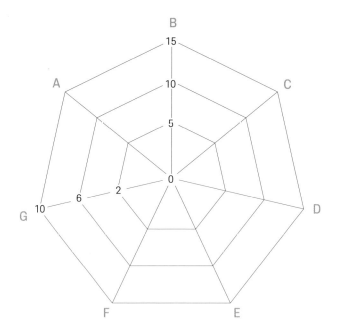

▶ 스타 브랜드를 만드는 7각형 모형

곳에 점을 표기한다. 그 점들을 이으면 자신의 브랜드가 현재 어디가
잘 되고 있고, 어디가 부족한지를 한 눈에 볼 수 있게 된다. 해마다 그
래프에 자신의 위치를 체크하면서 부족한 부분을 채워가면 스타 브랜
드로 가는 길이 열린다.

개인 브랜드 전광판 만들기

미국 유명 TV 프로그램 섭외 1순위 출연자들은 대부분 특정 분야의 전
문가로 현재 일하고 있는 사람이거나, 베스트셀러의 저자이다. 만약
당신이 유명 TV 프로그램의 프로듀서라면 당신을 섭외하고 싶을까?

지금 당신의 지위는 어디인가? 지위는 경력 사항에 해당한다. 지금 내가 있는 곳이 곧 나다. 당신의 걸작은 무엇인가? 결과물은 나를 증명하는 포트폴리오에 해당한다. 내가 이뤄낸 그 무엇이 곧 나다.

경력사항 (Fact)	수상 내역 또는 결과물 (Score)
1. 청소년 멘토링 지글Ziggle 멘토 2. BNT News International 자문 위원 3. 중앙대 지식산업교육원 포토에세이 　주임교수 4. 중소기업청 시장경영지원센터 전문 강사 5. 퍼스널브랜딩그룹 MU 대표 6. YBM SISA Junior 교사 출신 1호 　지국장, 국장 역임 7. Booktv365 5인 5색 토크쇼 공동진행자 8. 인순이학교 준비 위원회 브랜드 분과 　위원장 9. 사랑의 쌀 나눔 운동본부 운영 위원 10. 여성단체협의회 출판 공보 위원 11. 한국경제선정 대한민국을 바꿀 　1,000개의 직업 선정 12. 집단지성브랜드네트워크 40라운드 　상임위원 13. 보통사람들의 특별한 이야기쇼 　셀마토크쇼 진행자 14. 여성가족부 여성인재아카데미 　멘토멘티 네트워크 진행 15. 여성가족부, 한국양성평등교육진흥원 　자문위원 16. 인하대학교 산학협력단 겸임교수 17. 융합콘텐츠플랫폼 SEM CEO 18. 지도자융합플랫폼 UBN국제재단 　미디어총괄 대표 19. 사단법인 출산육아교육협회 홍보국장 20. 엄마마켓연구소 소장 21. 바이오융합플랫폼 산타바이오 CEO	1.『여자, 아름다움을 넘어 세상의 중심에 　서라』출간 2.『나의 경쟁력』출간 3. 지식소통 조연심의 e-블로그(brandu.kr) 4.『나는 브랜드다』출간 5.『퍼스널 브랜드로 승부하라』출간 6.『여자의 자존감』출간 7. 창의인재양성 300프로젝트 기획 및 　총괄 진행 8. 대통령직속 청년위원회 2014 창조적 　멘토링프로그램『창의인재 더청춘』 　공모 당선 및 총괄 진행 9.『300프로젝트』출간 10.『과정의 발견』출간 11.『M리더십』출간 12.『나를 증명하라, 골드칼라의 시대』출간 13. 네이버 오디오클립『당신브랜드연구소』 　운영(구독자수 1,000명 이상) 14. 부산 UN기념공원 비석닦기 플래시몹 　『ThanksUN2300』총괄기획 및 진행 15.『퍼스널 브랜딩에도 공식이 있다』출간

▶ 조연심의 [개인 브랜드 전광판]

당신이 현재 있는 곳과 당신이 한 점 한 점 쌓아 올린 스코어가 바로 당신이다. 개인 브랜드를 만들겠다고 목소리 높여 외친 공약이 아니라, 스스로 만들어낸 자타공인 결과물을 통해서만 당신이 완성된다는 뜻이다. 그렇다면 당신을 증명할 만한 지식과 기술은 무엇인가? 어떻게 그 가치를 향상시킬 것인가? 길고 지루한 과정을 통해 축적된 당신을 보여줄 수 있는 검색 가능한 결과물은 무엇인가?

다음은 저자 조연심의 [개인 브랜드 전광판] 현황이다. 나는 매해 이력서를 업데이트하는 것처럼 이 전광판의 내용을 업데이트해 본다. 내가 지금 하는 일이 경력 사항에 속하는 일인지, 수상 내역이나 결과물에 속하는 일인지 알게 된다면 자신의 개인 브랜드가 어떻게 진행되는지 스스로 알 수 있기 때문이다.

이제 당신 차례다.

_____ 의 개인브랜드 전광판

경력 사항 (Fact)	수상 내역 또는 결과물 (Score)

▶ 개인 브랜드 전광판

경력 사항Fact과 결과물Score 중에 무엇이 먼저고 어떤 것이 더 중요하다는 말은 아니다. 과거 스펙을 쌓아 가능성에 도전하는 방식은 경력 사항에 중요한 요소였다. 현재는 직접 해낸 결과물과 수상 내역이 나를 증명하는 데이터 역할을 하고, 그 결과 경력 사항에도 영향을 미친다. 즉 경력 사항과 결과물은 서로 유기적인 관계에 있다. 나의 경우에는 해마다 결과물SCORE을 올리기 위해 1년에 1권씩 책을 써 왔고, 그 결과로 다양한 경력 사항을 만들어낼 수 있었다. 만약 다른 사람들처럼 대학원에 입학하고, 논문을 쓰고, 자격증을 따기 위해 노력했다면 결코 지금의 위치에 오지 못했을 거라는 걸 말하고 싶다. 어쨌거나 중요한 것은 어떤 내용으로 채우든 두 분야의 전광판에 가득 채울 수 있는 당신의 활약이다.

개인 브랜드 방정식 5T 인터뷰

개인 브랜드 컨설팅을 시작하게 되면 상대방을 인터뷰하는 일부터 시작한다. 그 사람이 누구이고 어떤 사람인지를 알아보는 가장 좋은 방법은 당사자에게 직접 물어보는 것이다. 그럴 때 제대로 질문하면 상대방의 과정과 내공, 가치관과 철학 등을 파악하는 데 효과적이다.

나는 개인 브랜드를 위해 『나는 브랜드다』라는 책을 출간하면서 개인 브랜드를 완성하는 공식을 만든 바 있다. 그 방정식에 의거하여 인터뷰 질문 리스트를 만들어 사용하고 있는데 상대방의 과거와 현재를 파악하는 것뿐만 아니라 미래까지 이해하는 데 도움이 된다.

개인 브랜드 방정식 5T는 재능Talent, 훈련Training, 소통Talk, 시간Time, 타이밍Timing의 다섯 가지 항목으로 구성되어 있고, 이를 바탕으로

200여 명이 넘는 사람들을 인터뷰하면서 이 항목들이 개인 브랜드의 성패를 좌우하는 중요 요소라는 것을 깨달았다. 짐작대로 5T가 조화를 이룬 사람은 성공적인 개인 브랜드를 가지고 있었고, 상대적으로 5T의 요소 중 부족한 부분이 있거나, 조화가 이루어지지 않는 경우에는 그 사람이 가진 개인 브랜드에도 부족한 점이 보였다.

개인 브랜드 방정식 5T의 공식은 아주 간단하다.

{Talent + Training + Talk} x Time x Timing = 개인 브랜드

이 방식대로 자신의 재능을 찾아 최고가 될 때까지 훈련하면서 온·오프라인 소통의 시간을 견디면 자신의 때와 만나게 된다. 그렇게 되면 개인 브랜드 인지도와 영향력이 커져 스타 브랜드가 될 수 있다.

이렇게 인터뷰를 하면서 터득하게 된 사실이 있다. 여러 사람에게 같은 질문을 하면 그 사람의 깊이에 따라 다른 답이 나온다는 것이다. 고수는 그냥 되는 게 아니라 고수만의 훈련법이 있었고, 어려운 시간을 견디는 자신만의 방식이 있었다.

▶ 개인 브랜드 방정식 5T 공식

〈개인 브랜드 방정식 5T 인터뷰〉

1. 지금 이 일을 하게 된 계기나 재능이 무엇인가요? (Talent)
2. 최고가 되기 위해 어떤 과정을 지나왔나요? (Training)
3. 온·오프라인 소통은 어떻게 하고 있나요? (Talk)
4. 지금까지 긴 시간을 견뎌온 지혜를 알려주세요. (Time)
5. 인생 최고의 때가 언제인가요? (Timing)

요즘도 브랜드 컨설팅을 시작할 때면 이 질문 리스트를 바탕으로 인터뷰를 한다. 그러면 그 사람의 역사와 내공이 고스란히 보인다. 현재 자신의 위치를 이해하는 데도 가장 기본이 되는 질문은 개인 브랜드 방정식5T 인터뷰다. 당신도 스스로 질문을 하고 답변을 해보자.

나의 직업은 NCL 직업 그래프의 어디쯤일까?

19세기 산업 시대에는 공장에서 단순 육체노동을 하는 푸른색 노동복 차림의 블루칼라노동자가, 20세기 정보 시대에는 컴퓨터, 자격증을 토대로 고도의 정신노동을 하는 화이트칼라노동자가, 21세기 지식창조시대에는 지식과 이를 활용할 수 있는 역량을 지닌 아이디어 노동자, 골드칼라 노동자가 뜬다.

> 온전히 자신의 이름으로 사는 포트폴리오 인생이라면 경제적으로 여유가 생기기까지 7년이 걸릴 수도 있다.　　　　　　 - 찰스 핸디

나는 이전 책『나를 증명하라』에서도 100세 시대에는 하나의 직업만으로는 평생을 먹고 살 수 없고, 한 직업의 전성기는 21년 주기를 따른

다고 밝힌 바 있는데 지금도 그 생각에는 변함이 없다

이를테면 예술가들의 전성기는 21년 주기로 반복된다. 7년을 서서히 올라가고, 7년을 유지한 후 7년을 서서히 내려간다. 하나의 재능은 21년의 주기로 전성기를 만들어낸다. 피카소는 평생 한 번의 전성기 주기를 가졌고, 대부분의 직장인 또한 21년 주기로 전성기를 맞는다. 의사가 되는 것도 마찬가지다. 의과대학에 들어가서 전공을 정하고 전공의로서 7년 정도(성장기)는 지나야 기술이 손에 익은 전문의가 된다. 그 후부터는 숙련된 기술로 전성기 유지단계를 지나 쇠퇴기를 지나는 15년 정도를 의사로 살아가는 데 지장이 없다. 이처럼 누구나 자신의 분야를 정하고 그 분야에서 인정받을 때까지 7년 이상의 시간이 걸리고 그 후에는 그 일로 먹고살 수 있는 내공이 생긴다.

성공, 꿈, 직업을 위한 과정 설계는 21년의 예술가의 전성기주기 그래프와 닮았다.
당신의 직업은 전성기주기 그래프 중 어디를 지나가고 있는가?

그렇기에 우리는 하나의 직업이 전성기를 누릴 때 다른 직업을 시작해서 서서히 올라가는 시간을 견디면서 전성기로 끌어올리는 시간을 버텨야 한다. 그런 방식으로 하면 여러 개의 직업 포트폴리오를 가진 편종형 커리어 곡선을 가질 수 있다. 100세 시대를 넘어 120세 시대를 바라보는 현대인이라면 반드시 이 부분을 기억하라.

나의 첫 번째, 직업은 영어교육과 전공을 살린 영어학습지 교사였다. 그리고 교사를 거쳐 관리자로 10년을 보냈다. 21년 전성기주기 그래프에 따르면 유지단계에 해당하는 8년쯤 되는 시기에 계획 없이 회

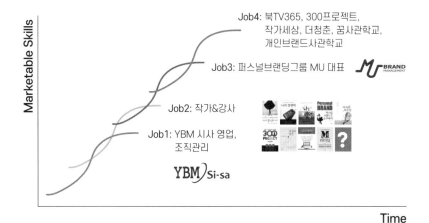

▶ 저자 조연심의 [편종형 커리어 곡선]

사를 퇴사하게 되었다.

그리고 두 번째로 글을 쓰고 강의를 하며 작가와 강사로서의 새로운 경력을 키우기 시작했다. 누구나 처음에는 그렇듯 나 또한 처음 몇 년간은 서툴고 인정도 못 받고 돈도 벌지 못했다. 그러다 작가, 강사라는 직업이 각각 7년을 넘어서자 시간당 몸값 일백만 원을 넘는 강사로 인정받게 되었고, 열 번째 책을 쓰면서 해당 분야의 전문성도 인정받을 수 있게 되었다.

지금은 세 번째 직업인 퍼스널 브랜딩 그룹 엠유 대표로서의 시간을 보내는 중이다. 물론 자리를 잡기까지 3번이나 회사를 말아먹었지만 빨리 망하고 나니 다시 시작할 시간적 여유를 가질 수 있었다. 그리고 회사가 어려웠을 때 두 번째 직업이었던 작가와 강사로서의 전성기가 시작되고 있어서 포기하지 않고 회사를 유지할 수 있었다.

나는 거기서 멈추지 않고 네 번째 직업으로 프로젝트 플래너가 되기로 했다. '300 프로젝트'라는 프로젝트를 통해 인재양성도 하고, 조연심의 브랜드쇼라는 토크쇼 진행도 하고, 아카데미 오픈도 하고, 책 에이전시도 하고, 온라인 방송, 부산 유엔공원 비석 닦기 플래시몹도 했다. 직업적 측면에서 본다면 허튼짓처럼 보였다. 그러나 각각의 프로젝트도 7년이라는 시간이 지나니 대중은 물론 국가에서도 인정받고 칭찬받는 일이 되었으며 금전적 매출도 일어나기 시작했다.

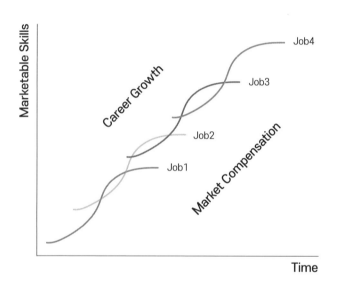

▶ 편종형 커리어 곡선 (Conceptor)

즉, 어떤 일이든 시작을 하고 각각의 직업으로 성장하기까지 7년 정도의 시간이 필요하다는 것을 스스로 증명한 셈이다.

나는 21년 전성기주기 그래프를 보다 편리하게 확인할 수 있도록 NCL 분석표를 만들었는데 NCL은 각각 재능탐색Navigating, 성과연결Connecting, 자동반복Looping의 약자이다. 21년 전성기주기 그래프의 처음 성장기 7년을 NCL 세 단계로 분류해 분석하면, 내가 가진 기술이 시장에서 거래 가능한지 아닌지를 객관적으로 파악할 수 있다.

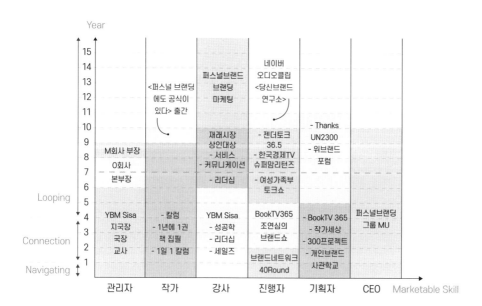

▶ 저자 조연심의 [직업별 NCL 분석표]

도표를 보면 가로축은 직업이 되고, 세로축은 한 칸이 1년을 의미한 다. 각각의 직업이 7년의 성장기를 어떻게 지냈는지 객관적으로 확인 해 볼 수 있고, 그 시간 동안 무엇을 했는지 스스로 적어보면서 자신의 직업 경쟁력을 알 수 있게 된다.

그저 막연하게 "하고 싶다"라는 생각만으로는 절대 직업을 만들 수 도, 전성기를 누릴 수도 없다. 그냥 되는 일은 없다. 미래의 직업은 지 식을 토대로 선택해야 하며, 시간의 눈으로 볼 줄 알아야 한다. 그리고 과정에 대한 확신이 필요하다. 그렇게 한 칸 한 칸 채워나가야 흔들리지 않고 개인 브랜드를 완성할 수 있다. 이제 아래의 그래프에 당신의 NCL을 체크 해보라.

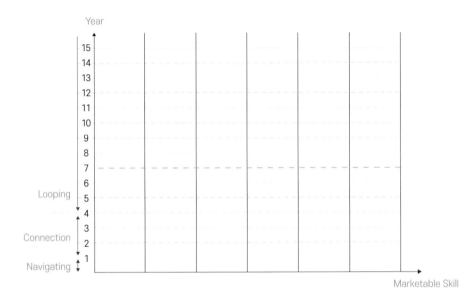

▶ Marketable Skill을 위한 나의 직업별 NCL 분석

TO BE 설정
– 미래의 나는 어떤 분야에
머물 것인가?

개인 브랜드 영향력 체크리스트

앞서 설명한 개인 브랜드 인지도 테스트가 온·오프라인에서 나를 알아보는 사람이 얼마나 많은가를 체크하는 것이라면 개인 브랜드 영향력 테스트는 나의 브랜드와 관련해서 경제적 영향력을 어느 정도로 발휘하고 있는지를 알아보는 지표다. 엠제이 드마코의 『부의 추월차선』을 참고하여 만든 것이 개인 브랜드 영향력 체크리스트다.

〈개인 브랜드 영향력 체크리스트〉
1. 5개 항목마다 10점 만점에 몇 점인지 스스로 점수를 매긴다.
2. 각 항목별 점수를 표시하고 연결한다.
3. 수학 공식과 같아서 브랜드 영향력(부의 창출)을 키우기 위해 부족한 항목을 채우면 된다.

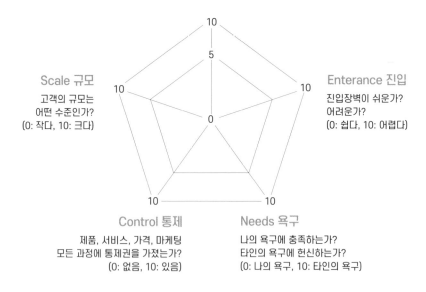

Time 시간

시간과 수입이 분리되어 있는가? 자동화, 인적자원 고용,
내 시간을 쏟아 붓지 않아도 사업이 돌아가는가?
(0: 일치, 10: 분리)

Scale 규모

고객의 규모는
어떤 수준인가?
(0: 작다, 10: 크다)

Enterance 진입

진입장벽이 쉬운가?
어려운가?
(0: 쉽다, 10: 어렵다)

Control 통제

제품, 서비스, 가격, 마케팅
모든 과정에 통제권을 가졌는가?
(0: 없음, 10: 있음)

Needs 욕구

나의 욕구에 충족하는가?
타인의 욕구에 헌신하는가?
(0: 나의 욕구, 10: 타인의 욕구)

▶ 브랜드 영향력 계수 체크하기

1. 누구의 욕구Needs에 반응하는가?

내가 이 세상에 내놓을 수 있는 것은 무엇인가? 나의 욕구가 아니라
타인의 욕구를 충족시키는가? 가치를 제공하고 있는가? 사람들의 문
제를 해소하는가? 사람들은 당신의 사업이 그들을 위해 무엇을 할 수
있는지에 관심을 가진다. 소비자들은 '대체 내가 무엇을 취할 수 있는
데?'에 대한 답을 요구한다. 즉, 자신의 이기심이 아니라 타인의 이기
심에 초점을 맞추었을 때 브랜드 영향력이 커진다. 당신의 사업 존속
여부는 당신이 아니라 시장과 소비자가 결정한다. 흥미를 넘어 헌신하
는 사람이 부자가 된다.

2. 진입Entry 장벽이 높은가?

진입 장벽이 낮을수록 그 길의 유효성은 감소하는 반면 경쟁은 치열해진다. 레드오션 시장이기 때문이다. 낮은 진입 장벽을 넘어서려면 '탁월함'이 필요하다. 진입은 일회성 행사가 아니라 과정이다. 진입이란 매우 세부적인 과정인 것이다. 모두 다 하는 일이라면 진입의 장벽이 낮은 것이고 당연히 영향력을 기대하기 어렵다. 다른 모든 사람과 다르게 살고 싶다면 모두와 같으면 안 된다.

3. 누가 통제Control하는가?

사업을 통제한다는 건 사업에 있어 모든 것-회사, 상품, 가격, 수익 구조, 경영 방식 등-을 통제함을 뜻한다. 회사의 모든 면을 통제하지 못한다면 갑작스럽고, 예기치 못한 사고에 노출될 확률이 높다. 다른 사람이 운전하는 차에 편승하는 것도 운전자가 어떤 사람인지 알 수 없기에 위험하기는 마찬가지다. 사업의 핵심은 창조와 혁신이다. 스스로 자신의 브랜드에 투자하고 자산과 금융 계획을 직접 통제할 수 있어야 한다. 즉 직원보다 사장이 가지는 통제력이 크기에 사장이 더 큰 돈을 버는 것이다.

4. 규모Scale는 충분한가?

사업의 힘은 규모에서 나온다. 규모는 곧 영향력이며 영향력이야말로 부의 방정식에 힘을 주는 것이다. 규모가 충족되려면 중요도나 범위가 커져야 한다. 중요도는 가격이나 비용이 올라갈수록 커진다. 큰 물에서 놀수록 잠재적인 부도 커진다. 규모와 중요도를 생각해보라. 고객의 규모가 시장을 결정한다. 시장이 클수록 잠재적인 부도 커진다. 구독자 수를 늘리거나 회사의 직원을 성장시키는 일 모두 사업의 크기를 키우는 일과 연결된다.

5. 시간Time을 분리할 수 있는가?

시간을 쏟아붓지 않아도 돈이 되는 사업이어야 한다. 당신의 사업을 시간으로부터 분리해야 한다. 내가 없어도 사업이 돌아갈 만큼 자동화되고 체계가 잡혀 있는가? 인적자원을 고용해도 될 만큼 이문이 많이 남는가? 내 시간을 쏟아붓지 않아도 사업이 돌아갈 수 있으려면 어떻게 해야 하겠는가? 부자가 되려면 비즈니스를 자동화할 방안을 생각해야 한다. 21세기 지식창조시대에는 콘텐츠, 컴퓨터, 소프트웨어, 유통, 인적자원 시스템 등이 돈 나무 묘목이다. 제대로 된 것에 시간을 쏟은 후라야 경제적으로 여유를 만들 수 있고 나의 시간적 여유도 가능해진다.

이 체크리스트는 한 번으로 완성되는 게 아니다. 부족하다고 여기는 부분을 채워가는 과정을 통해 점점 더 큰 영향력을 만들어나가면 된다.

나는 어떤 사람이 될 것인가 테스트

만약 당신이 유명 아이돌 그룹의 멤버이고, 어느 날 당신을 찾아온 잡지 기자가 "당신은 어떤 사람인가요?"라고 묻는다면 어떨까? 당신은 자신의 성형, 취향, 감정 등으로 개인의 정체성에 대해 말할 수 있다. "저는 다양한 종류의 음악을 듣는 걸 좋아하고, 혼자 있는 시간을 즐겨요. 혼자 모르는 식당에 가서 새로운 메뉴에 도전하는 취미가 있어요."처럼. 그러나 비즈니스 세계에서 당신에게 묻는 '어떤' 사람이냐는 질문에 대한 답은 형용사로 대변되는 감정 동사가 아니다.

예를 들어 "나는 긍정적인 사람이에요."라고 자기를 소개하는 사람이라고 해서 매 순간 긍정적인 감정 상태에 있는 것은 아니다. 대부분의 사람은 좋은 일이 있을 때는 긍정적인 상태였다가, 나쁜 일이 생기면 부정적인 상태가 되기도 한다. 따라서 상황에 따라 그때그때 달라지는 감정이나 태도는 '어떤' 사람에 대한 정확한 정의가 아니다. 당신은 어떤 사람이냐는 질문에 대한 답은 변하지 않는 것이어야 하고 당신답다 할 수 있는 그런 내용을 담아야 한다. 그 내용에는 당신의 역량, 수준, 일하는 방식이나 결정을 내리는 기준 등이 담긴다. 결국 나는 어떤 사람이 될 것인가에 답하기 위해서는 나를 나답게 하는 요소가 무엇인지를 고려해야 한다.

이제부터 성공적인 미래를 연습하기 위해 '나는 어떤 사람이 될 것인가?' 테스트를 해보자.

나는 어떤 사람이 되고 싶은지 생각해보고, 무엇을 성취해야 그 목표를 이루었다고 볼 수 있는지도 생각해보라. 그리고 미래에 이루고자 하는 구체적인 목표를 다섯 가지로 요약한다. 더 나은 직장을 얻는 일, 퇴직, 아이를 갖는 일, 빚 청산, 여행, 졸업 같은 일들이다. 다섯 가지 구체적인 목표를 뽑고 나면 먼저 이루고 싶은 순서대로 목표를 나열하고, 그 목표들을 이루기까지 시간이 어느 정도 걸릴지 예측해본다. 그 다음에 마음속으로 목표를 이루는 과정을 그려본다.

꿈은 구체적인 목표와 데드라인을 함께 적었을 때 이루어진다. 그리고 나는 어떤 사람이 될 것인가는 달성 가능성이 있는 목표를 정했을 때 효력이 있다. 키가 160cm인데 뛰어난 농구 선수가 되겠다는 꿈은 달성 가능성이 크지 않다.

나는 어떤 사람으로 보이고 싶은가 테스트

미래의 내가 "어떤 사람이 될 것인가"와 마찬가지로 미래의 내가 "어떤 사람으로 보이고 싶은가"에 대해 명확하게 아는 것도 중요하다. 자신이 원하는 이미지가 뚜렷할수록 성취 욕구가 커지고, 더 열정적으로 노력하게 되기 때문이다. 따라서 내가 원하는 미래의 내 모습을 그려보기 전 먼저 긍정적인 이미지를 위해 포함하면 좋을 법한 명사 리스트를 작성해보자.

행복, 신뢰, 신용, 일관성, 전문, 편함, 인정, 영향력, 모험, 경제적 자유, 시간의 자유, 애정, 소속, 공동체, 창의성, 기쁨, 표현의 자유, 안심, 이동의 자유, 안정성, 존경, 로맨스, 건강, 뛰어난 외모, 성공, 성장, 배움, 향수, 안전, 섹스, 힘, 평온

이 외에도 당신이 원하는 긍정적인 명사들을 얼마든 더 추가할 수 있다. 그다음으로 우리가 집중해야 할 것은 소비자들의 욕구와 필요에 대한 것이다. 그들이 아침에 일어나서 하는 생각, 혼자 있을 때 하는 말, 잠들기 전 기억하는 일 등이다. 내가 어떤 사람으로 보이고 싶은가는 나의 위상과 관련이 된다고 앞에서 강조했었다. 이때 활용할 수 있는 워크시트는 윈도우패인windowpane 채우기다. 윈도우패인은 일명 창틀 채우기라는 기법으로 목록리스트를 작성하는 것만큼 자신의 미래 모습을 보다 시각적으로 들여다볼 수 있는 효과적인 방법이다. 아홉 개의 칸에 키워드와 아이콘으로 자신의 미래 모습을 그려 넣으면 된다.

여기서는 공간최적화 전문가 김도경 대표의 사례로 살펴보자.

김도경 대표는 개인 공간 인테리어 분야에서 최고가 되기로 결정했다. Excellence in Personal Space Interior.

1인, 혼족, 홈족, 파편화, 핵가족이 점점 더 많아지는 시대에 사람들은 홀로 있으면서도 고립되지 않을 오롯한 자기만의 공간을 원할 거라는 트렌드 분석 결과를 토대로 공간최적화전문이라는 전문성을 살려 개인 공간 인테리어에 집중하기로 한 것이다. 김도경 대표의 도경어플라이는 개인 공간 인테리어에 필요한 개인 데이터를 수집하기로 했다. 기업의 슬로건 또한 더 최적화될수록 더 좋아 보인다는 의미로 "Better Fitting, Better Looking"으로 정했다. 보통의 인테리어 기업들이 제안하는 '모던하거나 심플하거나 중후하거나'와 같은 그게 그저 같아 보이는 디자인을 들이대며 고객들에게 선택하라고 강요하는 게 아니라 개인의 열망과 라이프 스타일이 담긴 자기만의 공간 디자인을 제안하는 게 도경어플라이의 방식이다.

그런 그가 고객들로부터 받고 싶은 칭찬과 평판은 어떤 것일까? 그가 채운 윈도우페인은 다음과 같다.

신뢰	WOW	신용
소개	전문가	일관성
편한	비주얼이 멋진	인정

▶ 김도경의 윈도우페인

이렇게 키워드만 채워도 되지만 키워드와 관련된 아이콘을 추가하면 보다 명확하게 자신이 되고 싶은 사람이 어떤 사람인지를 그려볼 수 있게 된다. 김도경 대표의 윈도우페인에 적힌 키워드를 분석하면 #

믿을 수 있는 #신뢰받는 #인정받는 사람이 되고자 하는 그의 위상이 그대로 드러난다. 결국, 약속을 잘 지키고, 좋은 재료를 사용하고, 납기일을 잘 지키는 전문가가 되어야 자신이 열망하는 그런 사람이 될 수 있다는 결론에 이르게 된다.

성격이 다른 두 사람이 있다.

A의 성격은 똑똑하다, 근면하다, 충동적이다, 비판적이다, 고집이 세다, 질투심이 강하다.

B의 성격은 질투심이 강하다, 고집이 세다, 비판적이다, 충동적이다, 근면하다, 똑똑하다.

한 그룹에게 A와 B의 성격을 각각 유추해보라고 말했다. 그러자 대부분이 A는 성실한 사람처럼 느껴지지만, B는 문제가 많은 성격이라 같이 일하고 싶지 않은 타입일 것 같다는 답변이 나왔다. 사실 A와 B는 같은 사람이다. 나열하는 순서만 거꾸로 했을 뿐 똑같은 단어로 소개한 것이다. 그런데 왜 이런 현상이 일어나는 것일까? 동양고전 최고 병법서 〈손자병법〉에 그 답이 있다. "기선을 제압한다." 손자는 이렇게 설명한다. "싸움 초반부터 확실하게 기선을 제압하고 시작하면 상대는 그 분위기에 압도되어 쉽게 위축된다."

기선을 제압한다는 것은 첫인상이 좋다는 의미고, 원샷 마케팅이 성공했다는 말이다. 미국의 심리학자 솔로몬 애쉬는 "모든 인간관계는 첫인상으로 결정된다."라고 말했다. 즉 호감 있는 이미지로 보이고 싶다면 좋아 보이는 특징을 먼저 소개해야 한다는 뜻이다.

예를 들어서 내 성격이 '확실하다, 정확하다, 약속을 잘 지킨다, 성실하다, 깐깐하다, 독종이다, 고집이 세다, 비판적이다, 충동적이다'라고 한다면 자신이 어떤 사람으로 보이고 싶은지를 먼저 결정해야 한다.

약속을 잘 지키고, 프로페셔널한 이미지로 보이고 싶다면 확실하고, 정확하고, 약속을 잘 지키고 성실한 모습 위주로 보여주어야 한다. 반대로 원래 자신이 가지고 있는 성격 중 충동적이고, 비판적이고, 고집이 세고, 독종이고, 깐깐한 모습 위주로 보인다면 당신은 상대하기 어려운 사람으로 보일 것이다. 중요한 것은 둘 다 '같은 나'라는 점이다.

그러나 사람들은 보이는 대로 믿고 생각하고 결정한다.

당신은 어떤 사람으로 보이고 싶은가?
당신은 고객으로부터 어떤 사람이라고 평가받고 싶은가?

자신이 원하는 모습으로 보이기 위해 어떻게 행동해야 하는지가 곧 브랜드 이미지 전략이 된다.

어떤 분야의 최고가 될 것인가를 완성하는 탁월함 카드

검색엔진 최적화는 일반적인 단어로 검색했을 때 그 결과 페이지 상단에 나오도록 만드는 것이다. 하지만 일반적인 단어로 검색하는 사람들은 당신에게 이르는 길을 찾을 수 없다. 이름, 일반명사만으로 당신과 연결되기가 쉽지 않기 때문이다. 너무 많은 사람이 일반명사를 언급하며 자신의 소소한 일상과 기분만을 포스팅하기 때문이다.

그들이 당신을 찾으려면 당신의 이름을 입력해야 한다. 쉽게 말해 사람들이 찾는 것이 일반적인 대안이 아니라 바로 당신이어야 한다는 뜻이다. 퍼스널 브랜드가 되어야 검색될 수 있고, 연결될 수 있다. OO 분야 하면 당신이 떠오르면 된다. 퍼스널 브랜드 하면 조연심이 떠오르게 되고, 퍼스널 브랜드 전문가를 검색했을 때도 검색 결과 상단에 조연심이 연관되어 나와야 한다.

당신을 찾는 사람들이 당신과 쉽게 연결되려면, 당신이 해야 할 첫 번째 단계는 사람들이 구체적인 단어로 당신을 검색할 만큼 그들이 관심을 가질 제품이나 서비스를 만드는 것이다. 일반적인 단어가 아닌 구체적인 단어로 검색하면 항상 상단에 나올 수 있다.

두 빈째 단계는 이해하기 쉽다. 바로 사람들이 찾을 때 그들이 원하는 존재가 되는 것이다.

탁월함을 발휘할 당신만의 분야를 찾아라. 네이버 검색창에 어떤 키워드를 검색했을 때 당신이 검색되었으면 좋겠는가?

▶ 네이버 검색창

만약 포탈 사이트 각 카테고리(블로그, 카페, 뉴스, 동영상, 포스트, 사진, 이미지, 책, 전문 정도, 매거진 등)에서 당신이 검색된다면 당신은 이미 그 분야의 전문가로 브랜드 영향력을 발휘하고 있을 것이다.

당신의 검색희망 키워드 3개를 적어보라.

1._____

2._____

3._____

인간에게는 먼저 가진 것을 고수하고자 하는 경향이 있다. 최초의 브랜드가 그 자리를 유지할 수 있는 이유 중 하나는 그 이름이 해당 제품 모두를 대변하는 보통명사로 자리 잡기 때문이다. 제록스, 크리넥스, 스카치테이프 등이 이에 해당한다. 그러므로 새로운 영역에서 자기 브랜드를 최초로 포지셔닝할 계획이라면 보통명사처럼 사용되기에 적합한 브랜드명을 채택하는 것도 현명한 방법이다.

성공비결은 소비자의 마음속에 제일 먼저 들어가는 것이다. 첫사랑, 첫 경험, 첫 작품 등 최초는 언제나 기억에 남는다. 최고의 작품, 최고의 시청률, 최고의 베스트셀러, 최고의 제품, 최고의 전문가도 오래도록 기억한다.

여기에 더해서 새로운 제품이나 서비스를 출시할 때 물어야 할 질문이 있다. 경쟁사보다 '어떤 점이 더 좋은가'가 아니라 '어떤 점이 최초인가', '최초가 될 수 있는 영역은 무엇인가'라는 질문이다. 누구나 블루오션을 꿈꾸며 살아간다. 자신만의 최초가 될 수 있는 새로운 영역을 찾아야 레드오션 시장에서 벗어날 수 있다.

그러나 대부분은 '더 좋은 제품', '더 좋은 서비스'에만 집중한다. 비교전략, 미투 전략은 늘 최초보다 더 많은 비용과 노력을 요한다. 하지만 소비자들은 자기 마음속에 제일 먼저 들어온 최초의 제품을 가장 우월하다고 인식한다.

결국 마케팅은 제품이 아니라 인식의 싸움이다. 소비자는 '무엇이 더 좋은가'가 아니라 '무엇이 더 새로운가?'에 마음의 문을 연다. 소비자의 기억 속에 '최초'로 인식되지 못했다면, 최초가 될 수 있는 '영역'을 찾아보라. 아니면 그 분야 최고가 되라. 어떤 식으로든 소비자가 일단 당신을 인식했다면 그걸로 끝이다. 상대방은 당신을 일정 분야의 사람으로 분류해 자신의 기억 속에 저장시켜 버린다. 그 사람의 마음 속에서 당신은 다른 사람이 될 수 없다.

어떤 분야의 최고가 될 것인가를 완성하는 탁월함 카드는 (동)명사를 찾는 일이다.

대한항공은 비행 분야의 최고가 되고자 했다.
Excellence in Flight.
조연심은 퍼스널 브랜드 분야에서 최고가 되고자 했다.
Excellence in Personal Brand(ing).

당신은 어떤 분야에서 최고가 될 것인가?
Excellence in _____ .

주력 분야 찾기

당신이 무엇을 대표하는지 알면 경쟁할 필요가 없다.
최고의 브랜딩 전문가 버나뎃 지와는 그의 책 『이야기에 이끌리다(원제: Story Driven)』에서 "그저 시장의 간극을 메우려고만 하면 자꾸만 뒤를 돌아봐야 하는 악순환에서 벗어날 수 없다"라고 명확하게 말한다. 항상 경쟁자를 경계하고 의식하다 보면 일용품을 만드는 수준으로 떨어지게 된다는 것이다. 따라서 당신이 주로 해야 하는 이야기는 다음의 항목들과 반드시 연관되어 있어야 한다.

1. 당신의 경력, 사업의 목적, 비전이 드러나야 한다.
2. 실제 했던 경험을 통해 당신의 강점이 드러나야 한다.
3. 경쟁자와 차별화되는 것이 무엇인지를 보여야 한다.
4. 핵심가치를 드러낸다.
5. 일관되게 행동하고 가치에 기초한 결정이라는 것을 알려야 한다.
6. 자신의 가치관과 비슷한 회사나 사람을 지지한다.
7. 일관된 메시지를 전한다.
8. 꾸준하게 말한다.

그리고 이 모든 것들을 단 두 개의 질문으로 정리할 수 있다.

Why it? 왜 나의 제품이나 서비스가 필요한가?

Why me? 왜 나여야 하는가?

나의 경우는 이렇게 질문할 수 있다.

왜 퍼스널 브랜드가 필요한가?

왜 다른 사람이 아니고 나여야 하는가?

당신의 경우라면 어떤가?

Why it?

Why me?

자신의 분야를 찾는 것, 주력분야를 찾는 게 얼마나 어려운지 안다. 시키는 대로 하면서 좋은 성과를 내면 그것이 내 일이고, 나의 적성이고, 나의 주력 분야가 되던 삶을 살던 우리가 아닌가!

그럴 때 유효한 질문 리스트가 있다.

- 당신은 어떤 교육, 지식, 기술을 획득했는가?
- 당신이 몸담아 온 분야는 무엇인가?
- 몇 년 동안 그 일을 했는가?
- 당신이 끌리는 분야는 무엇인가? (ex 철학, 인문, 사회, 정치, 경제, 예술, 문화, 문학, 소설, 에세이, 시, 자기계발, 동기부여, 경영, 여행, IT, 마케팅, 브랜딩, 세일즈, 리더십, 육아, 강연 등) 분야는 얼마든지 있다.
- 당신이 존경하는 사람은 누구이고, 어떤 분야의 사람인가? (ex 피터 드러커, 경제,경영 분야/아리스토텔레스, 철학/톰 피터스, 마케팅 등)
- 지금 주로 읽고 있는 책은 어떤 분야의 책들인가?
- 상대방이 나에게 주로 요청하는 일은 무엇인가?
- 내가 머물고 싶은 분야는 어디인가?
- 어떤 수준까지 이뤄내고 싶은가?
- 해당 분야의 최고는 누구인가?

이 질문에 답하다 보면 공통으로 나오는 분야가 있을 것이다. 그리고 분명 끌리는 분야도 있을 것이다. 그중에서 과거 나의 분야와 미래 내가 활약할 분야의 공통분모를 찾는 것, 그것이 바로 경쟁력 있는 나의 주력 분야를 찾는 아주 쉬운 방법이다.

나는 앞서 브랜드는 한 바구니에 담아야 한다고 계속 말했다. 당신이 준비한 바구니는 무엇인가? 온통 그 생각만 하는 당신만의 분야를 정하라. 명사 또는 동명사로 분야를 특정하라. 브랜드 바구니는 내가 어떤 분야의 최고가 되겠다고 결정했던 탁월함 카드의 키워드와 같으면 된다.

조연심의 탁월함 카드
Excellence in Personal Branding.
조연심의 바구니는 퍼스널 브랜드다.

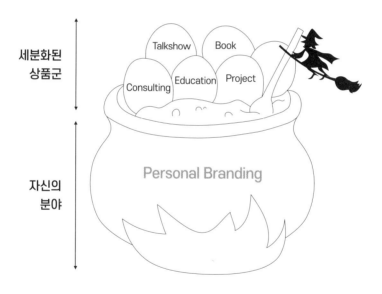

▶ 탁월한 자기 분야 Basket 찾기

이제 당신 차례다.

Excellence in _____ .

_____의 바구니는_____다.

자신의 주력 분야가 특정된 브랜드 바구니가 준비되었다면 이제 그 분야와 관련된 다양한 프로젝트들을 아이템이라 생각하면 된다.

조연심의 브랜드 바구니는 퍼스널 브랜딩이고 그 바구니 안에 담긴 계란은 퍼스널 브랜드와 관련된 책, 방송, 교육, 컨설팅, 코칭, 팟캐스트, 강의, 회사 등의 프로젝트다. 나는 퍼스널 브랜딩이라는 잣대로 세상의 모든 정보를 큐레이션하는 중이다. 아무리 많은 일을 하는 듯해도 결국 내가 하는 일의 공통분모는 나의 주력 분야인 퍼스널 브랜드와 관련된 일들이고 온라인상에서도 퍼스널 브랜드와 관련된 일을 하는 사람으로 보일 수 있게 이미지를 통제함으로써 해당 분야 전문가로 포지셔닝하고 있다.

정보 과잉의 시대에는 이처럼 큐레이션이 중요하다. 큐레이션은 박물관에 전시되는 제품을 기획하고 설명하는 큐레이터에서 파생된 용어다. 그리고 브랜드 마케팅 분야에서의 큐레이션은 다른 사람들이 만들어낸 콘텐츠를 목적에 따라 가치 있게 구성하여 배포하는 활동이다. 브랜드 바구니는 당신의 안목과 취향은 물론 당신이 어떤 분야의 사람인지를 보여주는 큐레이션의 기준이 된다.

그렇다면 믿을 수 있는 정보는 어떻게 만들어지는가?

여러 정보 중에서 믿을 수 있는 정보는 어떻게 선별하는가?

그것이 필요한 사람들에게 어떻게 정확히 전달할 수 있는가?

전문성을 가진 특별한 당신이 말하는 내용에 귀 기울이는 시대다.

세분화된
상품군

자신의
분야

▶ 당신의 브랜드 바구니는?

상황에 따라, 호기심에 따라 매번 다른 이야기를 하고 다른 일을 하는
당신을 어떤 분야의 전문가로 인식할 수 있을까? 당신이 말하는 것은
브랜드 바구니와 관련된 이야기여야 하며 하는 일 또한 바구니 안에
담긴 아이템처럼 보여야 한다. 보이는 방식을 일관성 있게 통제할 수
있어야 전문성 있는 브랜드로 인식될 수 있다.

'무엇을 하는 사람'인지 정의하는Feature 명사 찾기

명사+동사+사람을 브랜드 네이밍으로

당신은 어떤 사람입니까?

이 질문에 대한 답은 당신이 하는 직업을 넘어 왜 그 일을 하는지까지 보이게 한다. 결국, 이 질문을 던져보면 상대가 '자신을 위한 비전'은 물론 '자신의 존재 이유인 소명'까지 생각하면서 일을 하는 사람인지 아닌지가 보인다.

당신이 어떤 사람인지 한 단어로 보여주는 것은 브랜드 네이밍이다. 주력 분야를 나타내는 명사를 찾는 과정은 브랜드 네이밍 단계와 이어진다. 당신을 정의하는 복합명사를 찾는 게 이번 워크숍의 명제다. 복합명사는 단순히 작가, 강사, 대표, 전문가 등으로 표현하는 게 아니라 주력 분야+동사+명사의 어휘가 복합되어 완성된 명사를 뜻한다.

브랜드 네이밍은 미래에 내가 가고자 하는 곳에서 만들고 싶은 포지셔닝이 포함된 미래의 직업이다. 당연히 현재의 나와는 갭이 존재하게 된다. 어쩌면 사람들이 내가 만든 브랜드 네이밍을 보고 대번에 알아듣지 못하는 것은 당연한 일이다. 내가 만든 단 하나뿐인 미래의 내 직업이니까. 그렇다고 듣도 보도 못한 단어의 조합으로 혼란을 주라는 말은 아니다. 당신을 차별화하고 당신의 능력과 재능을 보여주는 특정 제품이나 서비스가 연상되는 브랜드 네이밍이 필요하다. 당신이 누구이던, 재능이 어떠하든, 핵심은 다른 사람이 알아볼 수 있을 때까지 하는 것이다. 그 이름으로 히트작이 나올 때까지 지속하면 누구나 유명해지고 브랜드 가치가 올라간다.

지식 소통 전문가, 공간 최적화 전문가, 공간 브랜딩 전문가, 생각 표현 전문가, 습관 계획 전문가, 생각 변화교육 플랫폼, 브랜드 융합 플랫폼, 바이오 융합 플랫폼, 지도자 융합 플랫폼

이들 브랜드 네이밍은 모두 분야+동(명)사+명사의 형식을 취하고 있고, 가운데 위치한 동사로 인해 어떤 일을 할 것인지가 또렷하게 보인다. 이처럼 미래의 일자리와 연결된 브랜드 네이밍은 반드시 움직이는 동사로 성과를 만들어낼 수 있어야 한다.

누구나 '아하!'하고 알아볼 수 있게 하려면 당신답다는 '중심성과 차별성' 브랜드 지도를 그려보면서 일관성 있게 경로를 이어가야 한다.

사람들이 내가 만든 브랜드 네이밍을 잘못 알아듣는다면, 당신 브랜드와 누구나 아는 일반 브랜드 사이의 갭 때문이라 보면 된다. 블루오션과 레드오션의 차이쯤이라 해도 좋다. 물론 블루오션이 시장성 없는 불모지일지 모른다. 문제는 내가 직접 목적지에 가기 전까지는 그곳이 레드오션인지 블루오션인지 알 수 없다는 데 있다. 그러니 내가 만든 브랜드 네이밍으로 블루오션을 만들겠다는 심정으로 필요한 일을 하는 것 외에 달리 할 것도 없다.

브랜드 네이밍은 긍정적 자기 정의하기Self-Definition 기법으로 완성된다. 본인이 하고 싶고, 되고 싶은 모습으로 자신을 정의 내리면 된다. 다만 단순히 좋아 보이는 단어의 조합은 브랜드를 확장하는 데 아무런 힘을 발휘하지 못한다. 브랜드 네이밍에 담겨야 하는 내용은 다음 2개의 질문에 대한 답이어야 한다.

나는 누구인가? (명사)
나는 무슨 일을 하는 사람인가? (동사)

나는 지식소통 전문가다.
사람 한 명 한 명을 살아있는 지식이라고 생각한다. 그 지식을 필요한 곳에 소통시키는 것이 바로 지식소통 전문가인 내가 하고 싶은 일이다. 누군가를 연결하기 위해서는 그 사람이 누구인지, 무슨 일을 하는지 설명을 해야 한다. 하지만 구구절절한 설명보다 명확한 검색 결과가 더 확실한 증거가 되는 시대이기에 오프라인의 영향력을 온라인에 연결시키는 디지털 평판 관리를 하게 된 것이다. 그것을 위해 퍼스널 브랜드 관련 컨설팅, 강연, 책 집필, 프로젝트 기획, 칼럼, 방송하면서 퍼스널 브랜드가 완성된 사람들을 필요로 하는 곳에 연결하는 것이 내가 하는 일이고 앞으로도 하고 싶은 일이다. 그런 과정을 거쳐 세상을 움직이는 영향력, 그 중심에 그 사람들과 함께 하고 싶은 게 바로 나의 꿈이다.

브랜드 네이밍을 정하고 나면 그와 관련해서 내가 하는 일을 한 문장으로 정리해 보자.

'지식소통가 조연심'은
적재적소에 필요한 사람을 연결하는 일을 하는 사람이다.
그것을 위해 퍼스널 브랜드 구축 관련 컨설팅, 강연, 프로젝트 기획,
토크쇼, 책 집필, 칼럼, 방송 등을 하고 있다.

그다음에 대표 개념으로 정리된 나의 일을 한마디로 재정의해 보라.

_____는 _____하는 사람이다.
그것을 위해 지금 _____ 하고 있다.

동사형으로 지금 하는 일을 정의 내리는 게 중요하다. 그래야 무엇
을 해야 할지가 명료해진다.

좋은 브랜드 네이밍을 보면 무엇을 하는 사람인지, 앞으로 무엇을 할
것인지가 보인다. 퍼스널 브랜드 컨설팅을 오래 하다 보니 어떤 키워
드를 보든지 문자 그대로가 아닌 그 안에 담긴 의도와 의미를 파헤치는
못된(?) 버릇이 생겼다. 그리고 다른 사람들의 브랜드 네이밍이 직업으
로 만들어질 수 있는지를 분석하곤 한다. 주력 분야가 드러날 수 있는
명사와 반복적으로 결과를 만들어낼 수 있는 '동사'가 포함되어 있는지
를 확인하는 일이다. 동사를 찾으면 그 동사가 할 수 있는 직업을 유추
하게 되고, 그 직업이 미래에도 여전히 유효한지도 가늠해본다.

여기 '교학상장 재무장관'이라는 브랜드 네이밍이 있다. 그녀는 내
안의 탁월성을 찾기 위해 서로 가르치고 배우면서 성장한다는 의미를
지닌 '교학상장'이라는 키워드를 브랜드로 정했다고 했다. 우선 주력
분야가 무엇인지 고민했다. 재무장관이라는 명사를 통해 경제, 재무와

관련된 분야에서 일하는 사람이라고 예측해본다. 부동산, 주식, 투자 등의 분야일까? 여튼 주력 분야가 명확하지 않다. 그다음으로는 직업으로 승화될 수 있는 동사인지 아닌지를 판단해 보았다. '교학상장'이라는 의미는 서로 가르치고 배우면서 성장한다는 것인데 학교에서 자주 보았던 '교훈'이 떠올랐고, 그게 아니라면 무언가를 배우는 학생의 자세에 해당하는 키워드라는 결론을 내렸다. 한 마디로 돈을 받고 직업으로 승화될 프로페셔널한 키워드로서는 부적격한 단어였다. 어떤 고객이 배우고 있는 학생에게 돈을 지불하고 서비스를 받겠는가?

브랜드 네이밍은 우리의 직업과 직접적인 연관이 있어야 한다. 모든 사람이 나의 브랜드 네이밍을 좋아하거나 이해해야 하는 건 아니다. 그럴 필요도 없다. 하지만 브랜드 네이밍은 나의 직업적 정체성이 담긴 미래가치에 기반해야 한다. 지금 모른다고 해서 미래에도 아니라는 말이 아니다. 다만 내가 확정한 브랜드 네이밍에 맞게 필요한 일을 하며 현재와의 갭을 채워나가는 것만 잊지 않으면 된다.

어휘의 수준이 그 사람의 수준을 결정한다고 한다. 내가 아는 명사의 수준이 거기서 거기라면 앞으로 만들 미래가치를 담기에 무리가 있는 건 당연하다. UN 미래보고서 2030에 소개된 각광받을 직종을 보면 명사의 지평을 넓히는 데 도움이 된다.

인간 신체 제조기업, 나노 의사, 유전자변형 농업축산 약사, 노화예방 매니저, 기억력증강 내과의사, 첨단과학관련 윤리 관리자, 건축물 투어가이드, 가상현실 농민, 기후변화 대응 전문가, 질병검역 관리자, 날씨변경 경찰관, 가상현실 법률가, 아바타 매니저, 대체에너지 자동차 개발자, 소규모 방송인, 가상현실 창조자, 시간 브로커, 소셜네트워킹 전문가, 개인브랜드 홍보 전문가 등이다.

미국의 미래학자이자 다빈치 연구소장 토머스 프레이 박사 또한 앞으로 크게 부상하는 일자리와 그에 필요한 스킬Skill을 소개했다.

- 일자리전환 매니저Transitionists: 일자리를 전환시켜주는 사람
- 팽창주의자Expensionists: 성장 환경에 따라 적응하는 능력을 키워주는 사람
- 극대화 전문가Maximizers: 프로세스, 상황, 기회를 극대화할 수 있는 능력을 가르쳐주는 사람
- 최적화 전문가Optimizers: 더 나은 결과를 얻을 때까지 변수를 조정할 수 있는 기술과 지속성을 가르쳐주는 사람
- 변곡점 전문가Inflectionists: 시스템에서 중요한 변곡점을 찾아주는 주요기수로가 다음에 다가올 기술을 알려주는 사람
- 현존산업 종료가Dismantlers: 다시 일을 시작하거나 사업을 확장하는 방법을 알고 인재육성이 가능하게 해 주는 사람
- 피드백 루퍼Feedback Loopers: 최상의 피드백 연결고리를 만드는, 피드백 융합을 시켜주는 사람
- 백래셔Backlashers: 이제까지 나온 신기술을 비판 및 대안을 마련하고 그에 따른 부작용에 응답해 주는 사람
- 라스트 마일러Last Milers: 기술의 최종사용자가 자신의 전체 정보나 기술 용량을 확장하는 기술을 시도하며, 한계효용체감 지점에 도달하면 새로운 솔루션을 마스터 마인드할 수 있는 사람
- 콘텍스추얼리스트Contexualists: 응용프로그램과 통합지원프로그램 사이의 모든 새로운 기술을 운영할 수 있는 사람
- 윤리학자Ethicists: 복잡한 상황에 인간의 도덕을 적용할 어려운 질

문에 답하고 표준화를 할 수 있는 사람
- 철학자Philosophers: 각각의 회사나 개인마다 생존전쟁에서 승리하기 위해 '나의 뇌보다 더 큰 뇌'에 대해 생각하고 이를 정리하는 사람
- 이론가Theorists: 모든 새로운 제품, 서비스 및 산업은 이론으로 시작하며 이 이론을 만들어내는 사람
- 기록자Legacists: 회사나 개인의 역사를 기록하고 남기도록 조언해 주는 열정과 유산을 남기는데 숙련된 사람

미래의 유망한 직업군으로 5C가 포함된 직업도 인기를 끌고 있다.

- 컴퓨팅Computing
- 코칭Coaching
- 컨설팅Consulting
- 큐레이팅Curating
- 퍼스널 케어Personal Care

이 직업 중에서 지식소통 전문가인 내가 하는 일은 개인브랜드 홍보 전문가, 기록자, 컨설팅과 관련된 일이다. 그러므로 미래에도 전망이 좋다고 예측할 수 있다. 이처럼 당신이 만든 브랜드 네이밍이 미래에도 여전히 유효할 것인지를 스스로 점검해보자.

이미 눈치챘겠지만 20세기 정보 시대에 필요했던 자격증과는 달리 21세기 지식창조시대에 필요한 역량은 개개인의 숙련도에 따라 얼마든지 승부수가 갈린다. 위에 소개한 키워드 대부분은 명사+동(명)사의 조합이거나 하는 일을 예측해 볼 수 있는 미래단어에 포함된다.

그러나 단지 알고 있다는 것만으로는 아무것도 해낼 수 없다. 직접

경험하고 해내고 반복하면서 OO분야 하면 OOO라는 전문가 리스트
에 올라야 한다.

앞으로 일자리는 부족해도 일거리는 풍성해지는 세상이 온다. 기존
의 직업(운전자, 회계사, 은행원)군이 사라진다. 자동화 기술의 발전으
로 일자리가 하나 소멸할 때마다 인터넷 관련 일자리 2.6개가 탄생한
다. 일이 없는 게 아니라 다가올 미래의 일에 필요한 훈련된 역량이 없
을 뿐이다.

메인 키워드와 서브 키워드 뽑기

자신의 주력 분야가 담긴 브랜드 네이밍을 완성했으면 이제 검색어에 포
함될 수 있는 메인 키워드와 서브 키워드를 설정해 보자. 앞서 자신의 주
력 분야와 관련된 넓은 범주의 검색어가 메인 키워드에 해당하고 그와 관
련된 세부적이고 구체적인 검색어가 서브 키워드에 해당한다고 언급한
바 있다.

조연심의 메인 키워드는 다음과 같다. 퍼스널 브랜드, 개인 브랜드,
개인 브랜드 전문가, 퍼스널 브랜드 전문가, 퍼스널 브랜딩 등이다. 해
당 키워드를 검색했을 때 조연심이 검색 결과에 노출되고 있다면 잘하
고 있다고 보면 된다. 하지만 이런 경우는 오래전부터 해당 분야에서
상당한 수준의 성과를 만들며 전문가로 활동했을 때 얻을 수 있는 결
과다. 이제 막 시작하려는 사람이 이 분야가 유망하다고 해서 해당 키
워드를 추가해 자신을 노출한다고 해서 사람들이 검색 결과를 보고 일
을 의뢰하거나 자문을 구하는 경우는 극히 드물다. 그렇다고 답이 없

다는 게 아니다. 해당 키워드가 들어간 책을 발간하거나 인터넷 개인 방송을 꾸준히 하면 메인 키워드와 함께 자신을 검색되게 만들 수 있다. 그 경우 역시 시간과 돈이 들어간다.

그렇다면 조연심의 서브 키워드는 어떻게 될까? 나는 개인 브랜드 강의를 할 때 다음과 같은 제목을 쓰곤 했다. '일의 미래, 내 이름으로 사는 퍼스널 브랜드 전략', '몸값 올리는 개인브랜드', '경력 환승을 위한 퍼스널 브랜드 전략', '개인 브랜드 사관학교', '퍼스널 브랜드로 승부하라', '4차 산업과 퍼스널 브랜드 전략' 등이다. 오랜 시간 반복해서 해당 활동을 하고 그 내용을 사실 기반으로 온라인에 기록하는 것으로 나와 연관된 서브 키워드를 키워온 셈이다. 앞으로도 퍼스널 브랜드와 관련된 서브 키워드는 얼마든지 많이 만들 수 있다. 그리고 그 서브 검색어를 검색했을 때 상위 노출된다면 당신이 해당 분야에서 활발하게 활동하고 있다는 것을 얼마든지 보여줄 수 있다.

검색어에 고객들이 느낄 불안, 공포, 희망, 열망, 궁금증 등이 담기면 좋다는 것도 기억하라. '입장 바꿔 생각해보기'는 여기서도 통한다. 당신을 검색할 사람들이 주로 누구이고 그들의 입장에서 궁금해서 검색해 볼 키워드가 무엇일지 상상해보는 것도 서브 키워드를 뽑는 데 유용하다. 더 확실한 방법은 그들의 질문에 직접 답해주는 내용을 담아 서브 키워드로 노출하면 좋다. 나의 경우에는 네이버 오디오 클립 〈조연심의 당신브랜드연구소〉를 통해 매주 2회 퍼스널 브랜드에 관한 다양한 소재와 방법들을 소개하고 있다. 방송을 듣다가 질문을 한 청취자를 위해 그 사람만을 위한 방송을 하기도 한다. 다음은 내가 방송에서 직접 사용한 서브 키워드 제목의 목록이다.

당신에게 퍼스널 브랜드가 필요한 이유

퍼스널 브랜드를 완성하는 7단계 프로세스

브랜드 가치를 높이는 블로그 운영 방법

개인 브랜드 방정식 5T

퍼스널 브랜드로 인생 2막을 준비하라

퍼스널 브랜드의 정체성을 확립하는 방법 A to Z

퍼스널 브랜딩- 내가 원하는 것을 찾아가는 법

취업준비생이 꼭 알아야 할 퍼스널 브랜드전략

당신의 브랜드는 스코어로 완성된다

기억에 남는 브랜드 네이밍 만드는 방법

이처럼 매번 방송마다 '퍼스널 브랜드'와 관련된 메인 키워드를 포함한 서브 키워드를 제목으로 만드는 것도 효과적이다. 특히 네이버 오디오 클립은 네이버 검색 결과에 쉽게 반영되기 때문에 좋은 마케팅 채널 중 하나다. 당신이 고객의 입장에 서서 찾게 될 키워드라면 무엇이든 좋다. 당신과 연관되어 있다면 어떤 키워드든 옳다. 어차피 검색 시장에서 높은 승률을 올리는 방법은 하나의 주력 분야에서 일관된 메시지를 성실하게 꾸준히 오래 하는 것만큼 확실한 게 없으니까.

나라면 어떤 키워드로 검색할 것인가?
고객의 '질문'을 어떤 키워드에 담아 답하면 될까?

이제 당신 차례다.

메인 키워드	서브 키워드

메인 키워드는 당신의 주력 분야를 드러내는 대표 검색어 5개~10개 이하로 설정하고 서브 키워드는 당신과 연결될 수 있는 검색어를 포함해서 최소 10개에서 최대 100개 이상 많으면 많을수록 좋다. 당신이 하는 뻘짓 프로젝트의 제목들은 주로 서브 키워드에 해당할 것이다. 고객이 하게 될 질문 리스트를 뽑아 보자. 고객 입장에서 하는 질문에 답할 수 있다면 당신은 해당 분야의 전문가 맞다. 그리고 그런 당신과 손쉽게 만날 방법이 언제든 열려있다면 그보다 더 확실한 마케팅이 어디 있을까?

그리고 메인 키워드를 정할 때 고려해야 할 3가지가 있다.

첫째, 검색 조회수다. 사람들이 많이 검색해보는 키워드가 노출에 유리하다. 아무도 검색하지 않는 키워드라면 애써 노력할 이유가 없다.

둘째, 키워드의 적합성이다. 나와 연관되거나 내가 파는 상품이나 서비스와 관련이 높아야 나에게 도움이 되는 키워드가 된다.

셋째, 노출 가능성이다. 검색 결과에 나오지도 않을 작업에 시간과 돈을 들일 필요는 없다.

언젠가 경력 환승을 위한 엄마 변신 프로젝트 시즌2를 마무리하고 참여했던 사람들의 블로그 후기를 본 적이 있다. 그런데 그중 한 명이 성실하지만, 마케팅 효과는 없는 포스팅을 쓴 것을 발견했다.

블로그 포스팅 제목은 '감사일기 355일째', '10분 경영- 독서로 현실적 성장을 만드는 법', '개구리를 먹어라' 식이었다. 이런 제목을 보면 당신은 어떤 생각이 드는가? 이런 제목의 글은 노출 가능성이 적다. 심지어 텍스트 위주의 글이라 네이버 블로그 입장에서도 좋은 콘텐츠라 보기 어렵다. 네이버는 글과 사진, 이미지, 영상을 함께 포스팅하면 좋은 글이라고 인식하는 알고리즘을 가지고 있다. 그리고 사람들이 거의 검색조회를 하지 않는 키워드로 제목이 되어 있으니 당연히 포스팅을 한 사람이 노출될 기회가 줄어든다. 거기다 키워드의 적합성 또한 없다. 어떤 이유로 이런 포스팅을 하는지 도대체 모르겠고, 어떤 분야의 전문가로 보이고 싶어서 이런 제목으로 포스팅을 하는지 궁금하지도 않다. 만약 자신이 긍정심리 전문가로 검색되기를 원한다면 제목을 이런 식으로 바꾸어 보자.

'긍정 마인드를 위한 감사일기 쓰기 355일째 by 긍정심리 전문가 OOO', '긍정 습관을 위한 독서법-〈OOO의 10분 경영〉, 책 제목+저자' 등이다. 특히 책 리뷰를 쓸 때 노출 가능성을 위해 책 제목과 저자명은 반드시 표기하는 게 좋다. 최소한 해당 책의 저자가 자신의 책이나 저자명을 검색했다가 궁금해서 당신의 블로그를 방문할지도 모르니까.

콘텐츠가 분명하면 미디어는 다양해진다. 엠유가 브랜딩하는 방법도 OSMC(한 가지 소스를 여러 채널에서 One Source Multi Channel)를 활용하는 방식이다.

예를 하나 들어보자.

(주)원하는대로의 이경희 대표는 엄마들을 위한 놀이터를 만들어주고 싶다는 비전을 가지고 있었다. 그래서 엄마의 놀이터의 원샷 메시지, 파브FAB를 찾은 후 그와 관련된 콘텐츠가 쌓일 수 있도록 프로젝트를 만들고 다양한 채널에 발행하는 방식으로 1년을 보냈다.

'나다움 공작소' 엄마의 놀이터는 엄마의, 엄마에 의한, 엄마를 위한 장소(S;pace)를 통해 다시(Re;) 시작할 여유를 선물합니다.

이렇게 한 문장 파브FAB로 정의된 엄마의 놀이터는 온·오프라인 지식 성장 플랫폼이라는 정체성에 맞게 경력 환승을 위한 다양한 프로그램을 선보였다.

그리고 성공적으로 경력을 환승한 멘토들의 특강 〈경력환승 플랫폼〉, 분야별 전문가가 진행하는 〈엄마의 놀이터 아카데미〉, 엄마들의 IBMImage+brand+mind Change를 위해 준비한 〈엄마 변신 프로젝트〉, 멘토 후원 프로젝트로 출간기념회나 각종 이벤트에 참여해 왔다.

그러면서 그 과정을 블로그, 포스트, 유튜브, 페이스북, 이미지, 뉴스, 동영상 등의 카테고리에서 검색될 수 있게 디지털 데이터로 남기는 작업을 병행해왔다. 그 결과 네이버 검색창에 해당 키워드를 검색하면 구구절절 설명하지 않아도 엄마의 놀이터가 무엇을 하는 곳이고, 지금까지 무엇을 해 왔는지를 단번에 확인할 수 있다.

이처럼 엠유는 엄마의 놀이터라는 브랜드의 정체성에 맞게 단순한 광고가 아니라 경험으로 확장될 수 있는 정보를 바탕으로 일관된 컨셉의 콘텐츠를 생산하면서 검색 가능한 디지털 평판을 만들어왔다. 이제 엄마의 놀이터는 경력 환승을 위한 온·오프라인 지식 성장 플랫폼이라는 정체성에 맞게 생산된 콘텐츠가 소비될 수 있는 오프라인과 온라인상의 접점과 확산통로를 만들어가고 있다.

파브FAB로 정의된 당신의 브랜드가 명료해지면, 관련 브랜디드 콘텐츠가 소비될 미디어는 다양하게 확장 가능해진다.

이제 무작정 열심히 하는 것은 그만두자. 삽질 정신이 필요하다지만 그것도 시간과 경제적 여유가 있을 때 이야기다. 먹고 사는 것도 간신히 하고 있다면 잠시의 짬을 내서 하는 블로그 포스팅은 뻘짓에 해당한다. 그렇지만 뻘짓이 언젠가는 당신을 증명해줄 포트폴리오가 되고, 당신을 찾게 할 검색어가 되게 하려면 제대로 된 전략이 필요하다.

해야 할 바를 정확히 알고 확실하게 해야 원하는 때와 만날 수 있다.
당신이 오늘 올리고 있는 포스팅은 어떤 검색어를 포함하고 있는가?

내가 속할 카테고리 찾기

어떤 플랫폼이든 분야를 나타내는 카테고리가 있다. 카테고리는 범주라는 의미이고 동일한 성질을 가진 부류나 범위를 말한다. 그렇기에 당신은 내가 무엇을 하는 사람인지를 누구나 대번에 알아볼 수 있는 큰 카테고리와 그 아래 작은 카테고리를 정해 포지셔닝해야 한다.

먼저 온라인서점 예스24에는 [빠른 분야 찾기]라는 카테고리가 있는데 이 카테고리를 확인해 보면 국내도서, 외국도서, eBook, 웹 소설/코믹, CD/LP, 영화, 공연, 문구/GIFT, 중고샵이라는 분야가 있다.
그리고 여기서 다시 [국내도서]라는 카테고리를 클릭하면 하부 카테고리로 소설/시,에세이 분야가 나오고 그 하부로 인문, 경제경영, 어린이, 요리 등이 나오고 인문 분야의 하위로 역사, 예술, 종교, 사회, 과학 등이 있다. 경제경영의 하위로는 자기계발, 경제, 경영, 마케팅/세일즈, 투자/재테크, CEO/비즈니스맨, 인터넷비즈니스, 총람/연감, 정부 간행물 순의 작은 분야가 보인다. 자기계발만 하더라도 하위 카테고리에 더 세부적인 분야가 속한다.

지금까지 내가 활동해왔던 나의 주력 분야인 '퍼스널 브랜드'는 온라인서점 카테고리 중 국내도서- 경제경영- 자기계발-성공학/경력관리 분아에 속한다.

자기계발　　　　　　　　　　　　　　　주간베스트 ｜ 새로 나온 책 ｜ 회원리뷰

| 처세술/삶의 자세 | 성공학/경력관리 | 기획/정보/시간관리 | 화술/협상/회의진행 | 창조적사고/두뇌계발 |
| 여성을 위한 자기계발 | 인간관계 | 취업/유망직업 | 유학/이민 | 성공스토리 |

▶ **온라인서점 '자기계발' 카테고리**

이번에는 네이버 오디오 클립을 예로 들어보자. 네이버 오디오 클립 카테고리는 채널이라는 항목으로 세세하게 분류된다. 당신이 제작하는 오디오 클립은 어학, 동화, 예능, 종교, 강연, ASMR 사운드, 오디오 드라마, 외국어 동화, 육아, 인문 교양, 비즈니스, 문화-예술, 라이프, 여행-지역, 스포츠, IT-과학, 뉴스-시사, 방송사, 배경음악 중 최소한 하나 또는 중복해서 두 개 정도의 채널에 등록되어야 한다.

내가 연재하고 있는 〈조연심의 당신브랜드연구소〉는 '강연' 카테고리에 속해 있고, 김아진의 〈파블로를 읽어요〉는 인문, 교양 채널에

서 들을 수 있고, 하은의 〈피카소 마음 교육〉은 육아 채널에서, 그림 읽어주는 라디오 〈피카디리 미술관〉과 〈이경희의 아이디어 정면 승부〉는 문화-예술 채널에서 구독할 수 있다. 모두 MU가 퍼스널 브랜딩을 컨설팅한 이들의 방송이다.

오디오 클립 중 비즈니스 카테고리 전체는 128개의 채널이 있고, 강연 카테고리에는 142개의 채널이 존재한다. 그중 전날 24시간 재생수 기준으로 매일매일의 랭킹이 딱 100위까지만 공개된다. 2020년 3월 10일 기준 〈조연심의 당신브랜드연구소(구독자수 1,680)〉는 강연 카테고리에서 6위에 오른 게 최고 순위다. 강연 카테고리에서 최근 가장 많이 듣는 클립은 〈책 속의 스피치 (구독자수 16,464)〉다. 이 랭킹은 매일 달라지기 때문에 내가 제작한 방송을 사람들이 잘 듣고 있는지 아닌지를 확인하는 데 효과적이다.

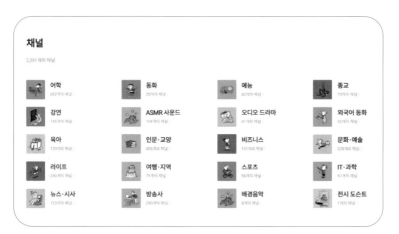

▶ 2019년 12월 기준 네이버 오디오 클립 채널 수

이 외에도 여타 온라인 플랫폼은 사람들이 쉽게 검색하고 선택할 수 있도록 카테고리를 만들어 운영하고 있다.

당신이 활약하고 있는 주력 분야는 어떤 카테고리에 속해 있는가?

어떤 사람인지 찾는 1분 주제 쓰기

그렇다면 이제 자신의 주력 분야와 관련된 명사를 찾기 위해 1분 주제 쓰기를 써 보자. 1분 주제 쓰기는 하나의 주제를 정하고 그와 관련된 것만 쓰는 것이다. 자신이 '어떤' 사람인지 알고 싶다면 1분 주제 쓰기를 해보면 된다. 여기서 주의할 점은 느낌이 아니라 구체적인 활동이 드러나는 내용이 포함되어야 한다는 것이다. 여러 사람이 모여 있다면 그 사람들과 함께해도 좋다. 룰은 간단하다. 자신의 이름을 써 놓고, 그 이름 하면 떠오르는 것을 1분 동안 쏟아내면 된다.

나는＿＿＿＿＿＿＿＿(하)는 사람이다.

나는＿＿＿＿＿＿＿＿(하)는 사람이다.

나는＿＿＿＿＿＿＿＿것을＿＿＿＿＿＿＿＿하는 사람이다.

이런 형식을 활용하여 1분 동안 자신을 설명할 수 있는 말을 나열하는 것이다.

다음은 조연심이 어떤 사람인지를 1분 동안 적어 내려간 것이다.

나는 퍼스널 브랜드 전문가다.

나는 퍼스널 브랜딩을 하는 사람이다.

나는 글을 쓰는 사람이다.

나는 브랜드마케팅을 하는 사람이다.

나는 인터뷰를 하는 사람이다.

나는 강의를 하는 사람이다.

나는 오디오 콘텐츠를 발행하는 사람이다.

나는 사람들의 직업 정체성을 찾아주는 사람이다.

나는 여행을 좋아하는 사람이다.

나는 책 읽기를 좋아하는 사람이다.

나는 커피 마시며 이야기하는 것을 좋아하는 사람이다.

나는 개인의 브랜드 가치를 올려주는 일을 하는 사람이다.

나는 디지털 데이터를 만드는 일을 하는 사람이다.

나는 콘텐츠 마케팅을 하는 사람이다.

이런 식으로 자신에 대해 1분 주제 쓰기를 하다 보면 자신이 주로 어떤 생각을 하고, 어떤 분야에서 어떤 일을 하는 사람인지 객관적으로 알게 된다. 그렇게 적힌 것들을 자세히 들여다보면 어떤 특정한 분야를 예측할 수 있는 명사와 움직임을 알 수 있는 동사로 구분할 수 있다.

명사: 퍼스널 브랜드 전문가, 퍼스널 브랜딩, 브랜드마케팅, 인터뷰, 강의, 콘텐츠, 직업 정체성, 여행, 디지털 데이터, 콘텐츠 마케팅

동사: 글쓰기, 발행하기, 찾아주기, 책 읽기, 커피 마시기, 이야기하기, 올려주기, 만들기

이제 명사에 해당하는 단어들을 찬찬히 살펴보자. 그 단어 중에서 가장 큰 범주에 해당하는 단어를 찾아 원을 그려보자. 나의 경우에는 저 모든 단어를 하나로 묶을 수 있는 단어가 '퍼스널 브랜딩'이다. 퍼

스널 브랜드에 관련한 브랜드 마케팅을 하고, 인터뷰하고, 강의하고, 콘텐츠를 만들고, 직업 정체성을 찾아주고, 디지털 데이터를 만들고, 콘텐츠 마케팅을 하는 사람이 바로 나다. 고로 나의 주력 분야는 '퍼스널 브랜딩'다.

이 작업을 하면서 여행과 같은 관련성이 없는 단어들은 배제하면 된다. 개인을 브랜드로 만들기 위해 필요한 것들을 하는 게 내가 하는 일이고 이를 퍼스널 브랜딩이라 부른다. 브랜드는 더하기가 아니라 빼기로 예리해진다.

72초 자기 PR하기

브랜드를 만들어가는 사람들에게 꼭 필요한 게 무엇일지 생각해보니 결국 사람들에게 자기를 홍보하는 일이다. 그것도 모바일 콘텐츠로 최적화된 길이, 72초 안에 자신의 직업 정체성이 담긴 자기소개를 할 수 있어야 필요한 사람들에게 연결될 수 있다. 한 마디로 "누구냐 넌, 그래서 뭐?"를 72초 안에 맥락에 맞게 답할 수 있어야 한다.

조연심의 파브FAB 원샷 메시지는 다음과 같다.
지식소통가 조연심은 당신의 브랜드가 세상과 소통할 수 있도록 코칭하여 세상을 움직이는 영향력, 그 중심에 가도록 돕는다.

그럼 이제 직접 72초 자기 PR을 해보자. 그리고 다음 질문에 직접 답을 하는 모습을 영상을 찍어 확인해 보자.

"안녕하세요, 지식소통가 조연심입니다. 저는 사람 한 명 한 명을 살아있는 지식이라 생각합니다. 그 지식을 필요로 하는 곳에 연결하는 일, 그게 제가 하고 싶은 일입니다. 저는 퍼스널 브랜드 분야에서 활동하는 작가, 강사, CEO, 토크쇼진행자 그리고 개인 브랜드 매니저입니다. 제 고객은 온라인 검색 결과 오프라인의 영향력만큼 검색되지 않는 사람들입니다. 저는 그들의 개인 '퍼스널 브랜드'를 구축해주고, '디지털 평판 관리'를 해주고 있습니다. 그리고 검색 가능하고, 거래 가능하고, 지속 가능한 비즈니스 평판을 만들어주기 위해 오프라인 프로젝트를 온라인에 연결해 데이터를 만들어주는 일을 하고 있습니다. 세상을 움직이는 영향력, 그 중심에 가고자 하는 분들이라면 '퍼스널 브랜드' 전문가 '조연심'을 기억해 주세요.

이 정도 분량을 보통의 속도로 이야기했을 때 72초를 넘기지 않는다. 물론 이렇게 팩트 기반으로 명확하게 자기소개를 할 수 있다. 하지만 이렇게 소개하면 어지간해서 공유를 끌어내기 어렵다.

왜냐고? 재미가 없으니까.
거기다 미래의 거대한 꿈과 다수의 대중, 큰 소리로 심각하게 떠들었기 때문이다. 사람들에게 어필하기 위해서는 진지함 속의 유머가 필요하다.

이제 다시 72초 자기 PR을 해보자.

"안녕하세요, 지식소통가 조연심입니다.
21세기 지식창조시대, 설명이 필요 없는 퍼스널 브랜드를 만들어 세상과 연결시키는 일, 그게 제가 하는 일입니다.

고객이 온라인에 있어빌러티하게 존재하도록 필요한 일을 하는 사람입니다.

제 고객은 바빠서, 몰라서, 게을러서 디지털 기록을 소홀히 하여 결국 인터넷 사망진단을 받은 사람들입니다.

네이버 검색창에 이름만 검색해도 당신과 관련된 콘텐츠가 끝도 없이 나오게 해서 저절로 사업이 잘되게 해 드립니다. 저와 만나면 유명해지고, 돈도 많이 벌고, 세상을 움직이는 영향력의 중심에 갈 수 있습니다.

이제 더 이상 구구절절한 자기소개는 버리세요. [퍼스널 브랜드] 하면 망설이지 말고 검색창에 '조연심'을 검색하세요."

자기소개 내용을 달리하니 말하는 사람이나 듣는 사람이나 반응이 달라졌다. 디지털에 올려보니 좋아요, 댓글, 공유가 쉽게 일어났고, 직접적인 소개도 더 많이 받을 수 있었다. 결국, 모바일 세상에서의 정답은 사람들의 반응을 얻을 때까지 반복적으로 콘텐츠를 생산하면 되는 거였다. 이처럼 오늘의 소소한 하루를 이야기하고, 한 명에게 말하고, 유머를 담아서 말하면 반응을 얻을 수 있다. 개인 브랜드를 만들어가는 우리에게 필요한 것은 한 방의 카운터 펀치보다 롱테일Long tail처럼 전체의 총량을 늘려가는 전략이 유효하다.

20장 단어카드 활용법

지역 생활정보지『교차로』는 생활 분야에 대한 세분화된 정보를 제공하는 신문으로, '지역 정보 공유'라는 슬로건을 내걸고 대전에서 처음 창간했다. 그 이후 다종다양한 형태로 급속히 늘어나 지금은 파악된 것만 해도 230여 종에 이른다. 1998년 기준으로 생활정보지의 시장규모는 5000억 원대 규모로 추산되고 있다. 생활정보지는 독자가 많고 일반 유가지에 비해 광고비가 싸기 때문에 소규모 안내광고에 적합한 매체로 교차로는 업계 1위 브랜드였다.

우리 동네 생활 정보 NO. 1이라는 모토로 사람과 사람을 정보로 이어주는 평택교차로 김향순 회장은 20여 년을 이어오던 명성을 지키고자 다양한 노력을 해 왔다. 직원 대부분은 평택이라는 지역 특성상 근처 대기업 공장에 필요한 구인 구직을 연결하는 것과 소상공인들의 광고판 역할을 충실히 하는 것에 집중하고 있었다.

하지만 최근 정보 습득의 대부분이 인터넷 검색을 통해 이루어지고 있는 만큼 무언가 획기적인 대안이 필요하다고 느꼈다. 평균 근속연수 10년 이상인 직원들의 고민도 마찬가지였다. 그들은 예전처럼 열심히 해도 성과는 그에 미치지 못하고, 그들 스스로가 디지털화에 제대로 대응하지 못하고 있다는 생각으로 괴로워하고 있었다. 그래서 자체 온라인 콘텐츠를 제작, 발행하는 서비스를 시작했지만, 비용 투자 대비 효과가 불투명한 상태였다.

이에 평택교차로 김향순 회장님의 요청으로 평택교차로를 소개하는 강력한 브랜드 메시지를 만들기 위한 **FAB 워크숍**이 열렸다. 마감으로 바쁜 스무 명의 직원들은 문장 하나 만든다고 뭐가 달라지겠나 하는 마음 한편으로 이번 워크숍으로 뭔가 획기적인 대안을 찾을 수 있기를 희망했다. 워크숍이 열리고 우선 각자가 생각하는 평택교차로에 대해 이야기하는 시간을 가졌다. 구직난 속 구인난을 해결할 방법, 이 회사에 가장 적합한 인재를 연결할 방법, 경력이 단절된 엄마들의 역량을 살려 일거리와 연결해줄 방법, 평택교차로의 협업 파트너들의 브랜드 아이덴티티를 제대로 보여줄 방법을 찾고 싶다는 바람들이 줄을 이어 나왔다. 직원들의 바람을 이루기 위해서는『교차로』만이 가진 원샷 메시지를 찾는 것이 시급해 보였다. 그래서 제일 먼저 FAB로 정의될 키워드를 뽑는 시간을 가졌다.

3단계 문장구성 중 '정의하다feature'에 해당하는 대표 키워드를 찾기 위해 20장 단어카드를 활용했다. 20장 단어카드를 쓰는 이유는 대표 키워드를 찾기 위해 충분한 관련 키워드를 뽑아내기 위함이다. 그보다 많아도 상관없고, 조금 적어도 무관하다. 관련 키워드가 많으면 많을수록 대표 키워드를 찾아내는데 용이하다는 것만 기억하면 된다.

첫째, 참가한 모든 사람에게 3장의 카드를 나눠주고 '교차로' 하면 떠오르는 단어를 생각나는 대로 마구 써보라고 했다. 참가자들은 평소 자신이 생각하던 단어를 각각 적어냈다.

▶ 평택교차로 원샷 메시지를 위한 20장 단어카드 활용 중

비즈니스, 홍보, 로컬, 사람, 광고, 플랫폼, 정보지, 가치, 글로벌, 구인구직, 인재, 경력단절, 성장, 교육, 시너지, 콘텐츠, 디지털, 연결, 평판, 상품, 서비스, 평택

다음으로 20장 넘는 단어카드를 비슷한 단어끼리 분류하도록 했다. 그러면 대부분 관련 분야를 나타내는 명사, 반복되는 행동을 표현하는 동(명)사, 보이는 이미지와 같은 형용사와 같은 3가지 종류의 단어로 나눠진다. 그중 명사와 관련된 단어들을 늘어놓고 다시 해당 단어와 관련된 단어, 더 큰 개념의 단어만을 적어내도록 하는 주제 쓰기를 했다. 그리고 자신이 써낸 단어의 의미와 이유를 이야기하고, 피드백하는 과정을 통해 점점 더 본질에 가까워지게 된다. 이때 형용사는 각자의 주관적인 개념이 담긴 단어라 과감하게 배제한다. 다음은 그런 방식으로 평택교차로의 정체성을 찾아 나간 내용이다.

우선 교차로의 본질은 정보를 연결함으로 비즈니스에 도움을 주는 것이다. 지금까지는 필요한 정보가 담긴 정보지를 통해 거래가 이루어졌다면 이제 사람들 상당수가 검색을 통해 정보를 찾는다. 특히 인터넷으로 모든 것이 연결된 세상에서는 제대로 된 정보인지 아닌지를 증명하기 위해 필요한 것이 평판이다. 그리고 교차로의 역할은 정보와 정보, 정보와 사람, 사람과 사람이 오가는 플랫폼이 되기를 원했다. 믿을 만한 정보와 사람이 중개되는 플랫폼이 되기 위해서는 평판 관리가 되는 플랫폼이어야 했다. 그래서 우리가 찾은 평택교차로의 정의 Feature는 **비즈니스평판플랫폼**이었다.

둘째, 누구를 대상으로 무엇을 해줄 것인지 강점Advantage을 어필하는 단계다. 이때 필요한 게 바로 고객 정의다. 고객 정의에 대해서는

다음 장에서 구체적으로 다루겠지만, 간단히 설명하면 당신의 서비스가 필요한 특별한 대상을 의미한다. 평택교차로의 강점은 인재가 필요한 특별한 사람(기업)에게 적합한 인재를 연결하고, 광고가 필요한 사람이나 기업에게 효과적인 광고를 제공하는 것이다. 교차로는 기업 또는 개인의 상품, 서비스를 좋아 보이는 콘텐츠로 만든다. 때문에 교차로와 함께하면 좋은 디지털 평판을 얻게 된다는 것을 고객에게 어필할 수 있다.

셋째, 고객들에게 어떤 혜택Benefit을 주겠다고 약속하면 된다. 평택교차로는 사람과 정보가 필요한 누구나 안전하고 빠르게 좋은 정보를 얻을 수 있고 그로 인해 지속 가능한 비즈니스 기회를 얻게 될 거라는 기대를 하게 한다. 고객에게 더 많은 정보가 연결되도록, 고객에게 더 좋은 인재가 연결되도록 노력하겠다는 약속을 담는 것이다. 공개적인 약속에는 책임이 따른다. 평택교차로는 이제 고객이 원하는 진짜 정보를 만들기 위해 필요한 일을 하는 회사가 될 것이다.

그리하여 3시간 넘는 워크숍을 통해 정리된 평택교차로의 원샷 메시지는 다음과 같다.

비즈니스평판플랫폼 평택교차로는(정의하고)
기업과 개인의 상품과 서비스를
브랜디드 콘텐츠로 큐레이션하여 (어필하고)
지속 가능한 비즈니스 기회를 서비스합니다. (약속한다)

앞으로 평택교차로는 좋은 비즈니스 평판을 위해 기업과 개인의 상품과 서비스를 한 단계 높은 브랜디드 콘텐츠로 큐레이션하는 과정을 반복하면 된다. 어떤 콘텐츠가 좋은 콘텐츠인지를 지속해서 고민해야 하고, 거래를 원하는 사람이나 기업에 대한 콘텐츠도 전보다 신경 써서 제작해야 한다. 자신들이 보고 듣고 만들어내는 콘텐츠의 수준으로 비즈니스 평판이 만들어지고 그 결과에 따라 제대로 된 기회와 연결될 수 있다는 것이 평택교차로의 본질이었다. 이런 일련의 과정들에 시간이 더해진다면 지역 생활정보지 1위라는 과거의 명성을 찾는데 그리 오래 걸리지 않을 것이다.

[20장 단어카드를 활용해 브랜드 네이밍 만들기]

1. 당신과 관련된 단어를 메모지 20장에 마구쓰기 한다. 이때 포스트 잇을 활용해도 좋다.

2. 20개의 단어를 명사+동(명)사+형용사의 3개의 그룹으로 분류한다.

3. 3개의 그룹 중 명사 그룹에 속하는 단어를 펼쳐놓고 주제 쓰기를 한다. 주제 쓰기는 연관된 키워드나 보이는 단어를 포괄할 수 있는 더 큰 개념의 단어만 써야 한다. 이런 식으로 나머지 그룹의 단어들도 주제 쓰기를 한다. 이때 주관적인 개념의 단어인 형용사는 과감하게 버려도 좋다.

4. 주제 쓰기를 하면서 왜 그 단어를 쓰게 되었는지를 공유하고 피드백하는 시간을 갖는다.

5. 과정마다 모든 단어를 아우를 수 있는 큰 개념의 키워드를 찾는다.

6. 대표 키워드는 자기 분야+자기기술+사람(장소)을 결합한 형태로 만든다. 그 키워드를 흔히 네이밍, 직업이라 부른다. (예: 지식+소통+가/생각+표현+전문가/비즈니스+평판+플랫폼/생각+변화 교육+플랫폼 등)

'누구를 대상'으로 '무엇을 할 것인지' 어필하는 Advantage 동사 찾기

고객&문제 정의가 먼저

고객이 말한 대로 서비스를 해주었는데 맘에 들어 하지 않거나 서비스가 중단된 경험이 있을 것이다. 그 경우 상당수는 고객의 진짜 문제를 정의하지 않아서 생긴다. 고객도 모르는 진짜 문제를 도대체 어떻게 찾을 것인가?

강력한 한 줄 마케팅을 위해 파브FAB 문장 공식을 완성하면서 반드시 기억해야 하는 것은 당신의 고객이다. [누구를 대상]으로 '무엇을 할 것인지' 어필하는 동사를 찾을 때 자칫 고객이나 고객의 문제를 정의하지 않고 자신이 잘하는 것으로 어필하다 보면 반드시 엇박자가 난다. 고객이 하는 말을 곧이곧대로 듣고 그에 맞는 처방전을 내리는 것은 하수다. 의식주와 관련된 비즈니스가 아니라면 대부분의 지식 비즈니스는 고객의 진심을 읽지 못하면 좋은 결과를 만들어내기 어렵다.

그렇다면 나의 고객은 어떻게 정의 내려야 할까?

언젠가 경영 컨설팅의 대가 한근태 소장을 인터뷰한 적이 있었다. 그때 그는 내가 고객을 어떻게 만나는지에 대해 물었다.

나는 이렇게 대답했다. "주로 소개를 받습니다. 제가 먼저 어필한 적이 없어요."

그러자 한근태 소장이 고개를 저었다. "그러다 보면 원하는 수준으로 컨설팅하기 어렵죠. 마치 낚싯줄을 드리우고 언제 잡힐지 모르는 고기를 기다리는 것과 마찬가지니까요. 영업은 작살로 고기를 잡는 것처럼 해야 합니다. 그래야 내가 원하는 수준의 고객을 만날 수 있죠."

그 당시는 이 말의 의미를 제대로 이해하지 못했다. 내가 원하는 고객이 누구인지 몰랐다는 게 더 맞을지도 모르겠다. 그러다 시간이 지나 이제는 내가 원하는 수준의 고객이 누구인지 스스로 정의 내릴 수 있게 되었다.

실제로 요즘 만나는 고객 중 50%는 5년 전 내가 한 회사를 브랜딩 해주는 모습을 인상 깊게 지켜보던 투자자, 개발자, 임원들이었다. 그들은 그 회사 대표의 브랜드 정체성을 만들어주고 그에 준하는 프로젝트를 통해 온·오프라인 영향력을 발휘할 수 있게 해주는 것을 보면서 언젠가 자신들도 나에게 일을 의뢰하면 좋겠다는 생각을 했다고 했다. 하지만 실제로 나를 지켜보던 사람들이 나의 고객이 된 것은 5년이 한참 지난 후였다. 대신 내가 어떻게 일을 하는지 아는 상태에서 만난 거라 신뢰도 만큼은 최상이었다. 뭐든 믿고 맡겨주는 고객들을 보며 나는 작살 영업의 정의를 다시 내리게 되었다.

"작살로 고기를 잡는 영업은 고객을 한 사람 한 사람 찔러보라는 게 아니라 한 번 인연이 되면 더 이상 빠져나가지 못하게 완벽한 실력과 매력으로 옭아매는 것이다. 그리고 때가 되었을 때 자연스럽게 고객으로 딸려오게 하는 것이다."

결국, 고객 곁에 잠재고객이 있고, 지금 고객 뒤에 미래 고객이 연결되어 있다. 그러니 눈앞에 있는 고객이 까다롭고 힘들게 해도 절대 먼저 고객을 버리거나 등 돌리면 안 된다. 돈의 액수에 따라 서비스의 질이 달라지지 않으면 결국은 내가 받아야 하는 최고가를 받으며 얼마든지 일을 할 수 있게 된다. 그렇게 고객은 과거에서 현재로, 뒤에서 앞으로, 옆에서 옆으로 이어진다. 그렇다고 비굴해지면서까지 일을 하라는 건 아니다. 그래서 고객도 작살로 고르듯이 골라야 한다. '모든 사람이 다 내 고객은 아니다. 그들이 원한다고 해서 아무나 고객으로 받아들이지 않는다. 최소한 내가 생각하는 고객의 격을 갖춘 사람이라야 한다.' 이런 고객만 만난다는 생각만 해도 짜릿해지지 않는가!

〈조연심의 고객 정의〉

나의 고객은 CEO 스스로가 자신의 정체성에 맞는 브랜드를 만들겠다고 결정한 사람이다. 그는 현재의 수준에 머무르지 않고 미래에 원하는 모습으로 가기 위해 기꺼이 시간과 비용을 할애하는 사람이다. 먹고 사는 문제나 경제적 난관이 닥치더라도 하기로 한 것은 반드시 지켜낼 줄 아는 사람이다.

이렇게 고객 정의를 하면 만나는 사람 모두를 대상으로 영업하는 일은 하지 않게 된다. 대신 지금 눈앞에 있는 고객에게 내가 할 수 있는 최고의 수준으로 대접하면 된다.

파브FAB 문장 속에 있는 [누구를 대상]으로 당신이 서비스할 것인지를 구체적으로 적어보라. 아마도 당신이 하고자 하는 일이 좀 더 명확해짐을 알게 될 것이다.

나의 고객은＿＿＿＿＿＿＿＿＿＿＿＿＿＿＿＿하는 사람이다.

직접 당신의 고객이 어떠하다고 목록을 정리해 보자. 이렇게 고객 정의를 하고 나면 그런 수준 있는 고객이 어디에 있는지 찾게 된다. 그리고 그 고객을 만나기 위해 그에 맞는 실력과 준비를 갖추게 된다.

이제 고객의 문제에 대해 정의해 볼 차례다. 앞에서 고객은 변해야 한다고 생각하지만 실제로는 변화를 두려워하고 있다는 것을 기억해 보자. 고객의 진짜 문제를 찾으려면 고객의 니즈needs, 원츠wants, 페인pain 찾기를 통해 그들이 회피하고자 하는 문제가 무엇인지를 찾아내야 한다. 고객의 질문에 답하려면 먼저 그들의 마음을 읽을 수 있어야 한다.

당신의 고객은 누구인가?
고객의 니즈는 무엇인가?
고객의 원함은 무엇인가?
고객의 고통은 무엇인가?
당신의 솔루션은 무엇인가?

정확한 고객과 문제 정의가 선행되어야 필요한 처방을 내릴 수 있다. 이런 질문에 구체적이고 세부적인 답을 줄 수 있어야 해당 분야의 전문가로서 인정을 받고 보상도 받을 수 있다.

나의 고객의 문제는 두 가지 중 하나다.

첫째, 자신의 이름으로 살고 싶지만 오프라인 세상에서만 그렇게 살아왔다. 디지털에 존재를 알리기 위해 투입해야 할 시간과 비용에 여유가 없다.

이런 고객들의 경우에는 실제 하는 일과 관련된 서비스를 먼저 제공해준다. 예를 들어 명함, 홈페이지, 브로셔, 포트폴리오가 정리된 블로그, 웹페이지, 회사소개 영상 등이다. 있어빌러티한 이미지와 아웃풋은 고객들의 비즈니스가 빠르게 성과를 내는 데 도움을 줄 수 있다.

둘째, 명성을 높이고 싶지만 아무 관련 자료가 없다.

이 경우라면 브랜드 정체성에 어울리는 프로젝트를 만들어 온라인에 콘텐츠로 만들어 다양한 채널에 홍보하는 방식을 취한다. 유튜브 방송이나 네이버 오디오 클럽이나 팟빵, 컨셉있는 아카데미 등은 고객의 영향력을 극대화하기 위해 이미 퍼스널 브랜드가 상당한 수준에 있는 사람들을 게스트나 강사로 초빙해 유명세를 빌리거나 고객의 전문성이 고스란히 드러날 수 있도록 연재의 기술을 발휘하게 한다. 그러면서 OO 분야의 전문가라는 것을 널리 알린다.

이때 현재 자신의 수준에 만족하거나 모든 것을 비판적으로 받아들이는 사람들을 가급적 멀리할 수 있어야 한다. 어차피 나의 고객은 아닐 테니까.

내가 생존할 수 있는 최소유효고객 만들기

어떤 고객을 대상으로 할 것인지를 결정하고 나면 이런 고민이 들 것이다.

"도대체 얼마나 많은 사람을 고객으로 만들어야 하는 걸까?"

물론 다다익선이라는 말처럼 많으면 많을수록 좋다. 하지만 나의 그릇에 맞는 수준이어야 고객의 만족도를 평균 이상으로 유지할 수 있다. 갑작스럽게 많아진 고객은 불만족을 야기하고 그 결과 나쁜 평판으로 이어지기도 한다.

인간의 행동은 정규 분포를 잘 따른다. 언론정보학자 에버렛 로저스는 스타일이나 기술 또는 혁신과 관련하여 사람 대다수는 이미 자신이 가진 것을 좋아한다는 사실을 증명했다. 그들은 다른 사람들이 하는 대로 하고 싶어 하며, 적극적으로 새로운 것을 찾지 않는다.

100명으로 구성된 집단에 하나의 척도(키, 몸무게, 지능지수, 페이스북 친구 수 등)를 적용하면 상당수는 평균으로 몰린다. 100명 중 약 68명은 평균에 가까울 것이다. 27명은 평균에서 멀어질 것이다. 4명은 극단에 있을 것이다. 이를 정규 분포라 하고 이는 대단히 보편적이다. 이 중 일부 사람들 15~16명은 새것 애호가들 즉 얼리어답터다. 얼리어답터들에게 스스로 배우고 싶도록 만드는 것, 참여를 이끄는 것이 가장 좋은 마케팅이다. 그렇게 되면 갈수록 많은 사람이 주의를 기울이거나 판단을 내릴 필요가 없다는 약속에 유혹당한다.

모두가 슈퍼 유저는 아니다. 버려야 할 고객은 이미 가진 것에 만족하는 사람들이다. 그들에게 아무리 많은 돈과 시간을 들여봤자 그들은 좀처럼 생각을 바꾸려 하지 않으며, 관심과 개방적인 태도를 보이지 않는다. 적어도 지금의 그들은 나의 고객이 아니다.

나도 처음에는 모든 사람을 대상으로 '개인 브랜드'의 필요성을 어필하고, 서비스를 제공하고, 인정받으려 애썼다. 하지만 그들 모두가 나의 고객이 아니었고, 설사 고객이 된다 해도 이익에 도움이 되지 못하는 경우가 많았다. 그런데도 어쩔 수 없이 끌려다닐 수밖에 없었던 이유는 모든 고객이 다 나의 유효고객이라고 믿었기 때문이다. 한 마디로 욕심이 화를 부른 경우다.

당신이 생존할 수 있는 최소한의 시장은 어느 정도일까?
100만 명, 10만 명, 일만 명 그도 아니면 몇 명이면 될까?

당신이 연봉 1억을 꿈꾼다면 당신의 진정한 팬 1,000명이면 된다. 진정한 팬은 당신이 만든 제품이나 서비스를 무조건 구매해줄 사람들이다. 그들은 월평균 1만 원을 소비하는 사람들로 일 년이면 평균 10만 원의 소비를 보장해주는 팬이다. 그런 팬이 1,000명이면 연봉 1억에 해당한다.

월평균 오 백만 원을 지불하는 고객이 5명이라면 사장 포함 직원 3~4명에게 급여를 주고 프로젝트로 연결된 파트너에게도 비용을 지급하고 공간이용료, 운영비, 카드 대금, 세금 등을 충당하기에 적당한 고객 수다. 이렇게 최소유효시장을 생각하면 그 시장을 유지하기 위해 필요한 전략을 세울 수 있게 된다.

그렇다면 그런 사람들은 어떻게 선택해야 할까?
그들의 겉모습이 아니라 그들이 꿈꾸는 것, 믿는 것, 원하는 것을 토대로 선택하면 된다. 즉 인구집단이 아니라 심리집단을 기준으로 삼으면 쉽다. 마케팅을 했을 때 실제로 이익에 기여하는 고객은 100명 중 8명뿐이다. 이것은 도서 구매자, 레스토랑 손님, 정치자금 기부자, 자선사업가에게도 적용할 수 있다. 또한, 일부 고객이 다른 고객들보다 더 많은 돈을 쓰는 모든 산업에도 해당한다. 이런 사실을 알고 나면 무작정 많은 고객이 아니라 생존할 수 있는 최소한의 고객 수에 집중하면 된다. 고객 수 증가보다는 객단가를 올리라는 말과 일맥상통한다. 세상을 떠들썩하게 하는 히트곡은 없어도 진정한 팬만 있으면 된다. 소비를 해주고, 입소문을 내주고, 함께 교류할 사람들 말이다.

당신이 시장에서 살아남을 수 있기 위해 반드시 가져야 할 요소는 무엇일까?

[조연심을 시장에서 살아남게 하는 요소]
1. 탁월한 재능: 실력 없이 연간 100회 이상의 강연과 컨설팅을 소화하는 것은 불가능하다.
2. 엄청난 끈기: 전성기 없이 '10년'이 넘는 시간을 견디는 것은 절대 아무나 할 수 있는 일이 아니다. '벼락' 성공은 없다.
3. 강한 뚝심: 경쟁자들의 성공을 지켜볼 용기, 내공이 필요하다.

시간이 흐른다고 미래가 되지는 않는다. 미래란 아직 오지 않은 순간들의 총합이다. 결국, 순간순간을 바라는 미래에 필요한 일들로 채워나가는 것, 그것이 바로 내가 바라는 미래를 만드는 가장 완벽한 방법이다.

당신에게 유효한 고객은 의외로 명확하다.

'누구를 위한 것인가?'라는 질문에 대한 답은 '사업을 계속할 수 있도록 도와줄 고객'이다.

더 많은 사람을 섬긴다 하더라도 이익은 소수에게서만 얻을 것이다. 다만 최고의 작업을 하려면 소수를 찾아내서 그들을 기쁘게 해야 한다. 작살로 고기를 잡으라는 말이다. 그러면 그 대가로 모든 것을 사줄 충성스러운 고객들을 얻을 수 있다.

브랜드 솔루션은 동사

[누구를 대상]으로 서비스를 할 것인지가 명확해지면 이제는 그들의 문제 해결을 위해 [무엇을 할 것인지]에 해당하는 동사를 찾아야 한다. 특히 당신이 가장 잘하는 강점Advantage을 드러낼 수 있는 동사를 찾으면 된다.

사단법인 출산 육아 교육 협회 임원들과 함께 브랜드 정체성을 찾는 파브FAB 워크숍을 진행했다. 20장 단어카드를 활용해 '생각 변화 교육 플랫폼'이라는 브랜드 네이밍을 찾았다. 그리고 협회가 누구를 대상으로 무엇을 할 것인지에 대해 각자 생각하는 바를 발표하도록 했다.

임신 축하선물, 산부인과 추천, 부모교육, 육아 교육, 행복한 가정, 인구정책, 준비된 부모되기, 코칭, 창의 육아, 관점변화 교육, Children's dream

참여한 임원들은 자신의 주력 분야와 관련된 키워드를 서비스하겠다고 생각했다. 대부분의 단어는 명사였다.

나는 누구를 대상으로 어떤 문제를 해결해 줄 것인지를 생각해보라고 했다. 그들은 결혼 전 부부, 출산 전 부부, 임신 전 부부 등에게 출산의 중요성을 교육하고 아이가 태어난 이유가 있다는 것을 인지시키고 싶다고 했다. 그리고 과연 그들이 우리의 고객이 될 것인지에 대해 자문해 보았다. 더 큰 범주로 확장될 가능성도 검토했다.

출산 육아 교육 협회를 만든 양진 이사장은 협회에서 자격증 과정을 운영해서 육아 큐레이터를 양성할 것이라고 했다. 육아 큐레이터는 육아에 대한 정확한 정보제공 및 실행을 할 수 있도록 돕는 전문가였다.

그다음은 움직임이 있는 동사로 좁혀서 협회가 무엇을 하면 좋겠는지를 발표해 달라고 요청했다. 그들은 평소 자신들이 좋아하고, 반복하는 동사 중에서 협회와 관련된 동사로 좁혀 보았다.

생각하다, 소통하다, 가르치다, 변화하다, 세우다, 성장시키다, 꿈꾸다, 교육하다

언어의 한계가 느껴진다는 공통적인 의견이 나왔다. 그래서 내가 준비한 동사 카드를 제시해서 언어의 한계를 넘어설 수 있도록 했다.

〈가슴 뛰는 동사 찾기〉
페이지마다 우리를 흥분시키는 동사 3개씩 선택하라. 그렇게 선택된 9개의 동사 중에서 자신을 대표할 수 있는 가슴 뛰는 동사 3개로 압축하라. 그 동사는 우리의 미래 행동을 구체화할 행동 언어가 될 것이다.

가르치다	감독하다	감동을 주다	감상하다	감소시키다	강제하다
강화하다	갖다	개선하다	개정하다	갱신하다	거래하다
견디다	결정하다	결합하다	경감하다	경쟁하다	계몽하다
고려하다	고안하다	고양하다	고취하다	공명하다	공유하다

관계하다	구축하다	기안하다	기억하다	깨닫다	꿈꾸다
놀다	대접하다	동기화하다	만들다	만족하다	만지다
명령하다	명시하다	모으다	모험하다	묵상하다	믿다
반영하다	받다	발견하다	발전시키다	방어하다	번역하다
보여주다	보유하다	보호하다	봉사하다	부여하다	부흥하다

▶ 가슴 뛰는 동사 찾기 1

생각하다	생산하다	생성하다	선발하다	선택하다	설득하다
성취하다	세우다	소유하다	소환하다	수여하다	수집하다
수행하다	숙달하다	숭배하다	승인하다	식별하다	쓰다
알다	약속하다	여행하다	연결하다	연락하다	연습하다
연합하게 하다	열다	열중하다	영양을 공급하다	영향을 미치다	완수하다
요구하다	용서하다	원인이 되다	유지하다	육성하다	의사소통 하다
의존하다	이끌다	이해하다	이행하다	인도하다	일하다
지원하다	장려하다	저축하다	전진하다	점화하다	정제하다
제공하다	제시하다	조달하다	조장하다	조작하다	존경하다

▶ 가슴 뛰는 동사 찾기 2

지지하다	착수하다	참여하다	창조하다	촉진하다	추구하다
추진하다	치유하다	칭찬하다	타진하다	탐사하다	토론하다
통과하다	통합하다	특권을 주다	판매하다	평가하다	포용하다
표현하다	해방하다	향상시키다	협력하다	협상하다	협상하다
형성하다	확인하다	확장시키다	확정하다	활발하게 하다	활용하다
회복하다	회득하다	휴식하다	흥분시키다	희생하다	힘쓰다
분배하다	불러내다	빛내다	사랑하다	사용하다	산출하다
살다	상담하다	상승하다	존중하다	종사하다	주다
주시하다	주장하다	주최하다	준비하다	즐기다	지속하다

▶ **가슴 뛰는 동사 찾기 3**

임원들이 각각의 페이지마다 찾은 동사는 다음과 같다.

꿈꾸다, 공유하다, 갱신하다/존중하다, 빛내다, 확장시키다/생각하다,
육성하다, 성취하다

이 중 그들이 선택한 동사 3개는 '갱신하다, 빛내다, 생각하다'이다.
생각 변화 교육 플랫폼이라는 브랜드 정체성에 맞는 동사가 무엇일지
더 많은 고민이 필요했다. 이렇게 묻고 답하는 과정을 거치면서 브랜드
언어를 다듬는 게 파브FAB 브랜드 워크숍에서 내가 주로 하는 일이다.
  5시간을 몰입한 결과 생각 변화 교육 플랫폼 출산 육아 교육 협회는
유아와 학부모를 대상으로 '성장단계에 맞게 큐레이션된 정보와 교육

을 연결함으로써'라는 혜택 동사를 찾아낼 수 있었다. 이제 협회는 브랜드 정체성에 맞게 큐레이션된 정보와 교육을 영유아와 학부모들에게 연결하는 일을 하면 된다. 성장단계에 맞게 어떤 정보가 필요한지, 필요한 정보를 어떤 방법으로 소개하면 되는지, 어떤 교육이 필요하고, 누가 어떻게 교육하면 되는지를 고민하면 된다. 이 모든 정보와 교육은 임신 전후, 출산 전후, 영유아, 유치원생, 초등 1~2학년, 부모를 대상으로 생각의 변화를 일으키는 교육을 통해 제대로 된 변화를 실행할 수 있도록 하는 출산 육아 교육 협회의 목적과 연결된다.

본질 동사 찾기

찰스 핸디의 『코끼리와 벼룩』을 보면 우리가 기업에 있을 때와 홀로서기를 했을 때를 코끼리와 벼룩에 빗대어 표현한다. 기업에 있을 때의 나는 코끼리에 해당한다. 위용 넘치고, 멋진 일을 하는 사람으로 비친다. 하지만 그 기업을 나와 내 이름으로만 사는 건 벼룩으로 비칠 수 있다. 원하든 원하지 않든 우리는 벼룩의 삶을 살게 될 것이다. 그렇다면 어떻게 해야 무소속 프리랜서로 살면서도 코끼리처럼 보이며 살아갈 수 있을까? 자신의 재능을 담은 본질 동사를 찾고 그 동사로 결과를 만들며 살다 보면 당신도 언젠가는 코끼리처럼 보이는 삶을 살 수 있다.

현대자동차 광고 중 '본질로부터'를 보면 자동차의 본질을 드러낸 동사를 확인할 수 있다.

RUN, STOP, TURN, PROTECT

▶ 현대자동차 본질로부터 RUN, STOP, TURN, PROTECT

이 중 자동차를 자동차답게 만드는 대표적인 본질 동사는 '달리다'이다. 달리지 않고 멈춰있다면 자동차라고 할 수 없다. 자동차가 자동차일 수 있는 단 하나의 동사는 '달리다'이다.

개인 브랜드도 반복적으로 행해지는 본질 동사를 통해서 완성된다. 조직에서 벗어나 회사와 직책이 아닌 자신의 이름으로 살아야 하는 당신에게 필요한 것은 일하고, 돈을 벌고, 인정을 받을 수 있는 자신의 대표 본질 동사를 찾는 것이다. 이때 본질 동사는 일의 결과를 만들 수 있는 아웃풋 동사여야 한다.

동사에는 인풋 동사와 아웃풋 동사가 있다. 수행 여부를 확인할 수 없는 동사는 인풋 동사다. 생각하다, 고민하다, 자다, 쉬다, 느끼다, 공감하다, 읽다, 동기 부여하다 등과 같은 동사가 해당된다. 한편 아웃풋 동사는 행동의 유무를 알 수 있는 동사로 쓰다, 춤추다, 노래하다, 달리다, 작곡하다, 지휘하다 등과 같은 동사들이다. 하는지 안 하는지를 알수 있어야 잘하는지 못하는지를 논할 수 있다. 대표 본질 동사는 내가 결과를 만들어내기 위해 반복적으로 하는 아웃풋 동사로 결정된다.

이제 직접 각자의 대표 본질 동사를 찾아보자.

첫째, 나를 표현하는 본질 동사 4개를 써 보자.

내가 좋아하고 반복하고 있는 동사 4개를 적으면 된다. 어릴 적부터 잘한다고 칭찬받은 기억을 떠올려보라. 실력과 내공을 축적하는 과정을 만드는 동사를 인풋 동사라 하고 행동의 유무를 알 수 있고 결과를 만들 수 있는 동사를 아웃풋 동사라 한다. 본질 동사에는 아웃풋 동사가 반드시 포함되어야 한다.

둘째, 위 4개의 단어 중 지금의 나를 있게 해준 대표 본질 동사 하나를 찾아라.

만일 자신의 대표 본질 동사가 인풋 동사라면 사람들에게 보이는 게 별로 없기에 인정받기가 쉽지 않다. 자타가 확인할 수 있는 행동으로 표현되어 실천 유무를 확인할 수 있는 아웃풋 동사를 고르도록 해야 한다.

셋째, 대표본질 동사와 관련되어 지금 하는 일은 무엇이고, 결과물은 무엇인가? 그 동사와 관련된 매일매일의 활동을 기록하라. 그 일을 할 수 있는 직업은 무엇인가? 그중 지금 어떤 직업으로 일하고 있는가?

넷째, 당신은 1년 뒤, 5년 뒤, 10년 뒤에도 지금의 대표 본질 동사와 연결된 그 일을 할 것인가?

[조연심의 대표 본질 동사]

본질 동사: Speak, Plan, Write, Summarize

대표 본질 동사: Write

매일매일의 활동: 1day 1 column

하는 일: 칼럼 쓰기, 책 집필, 방송 원고 집필, 강의원고 집필 등 끊임없이 쓰고 또 쓰고 있다.

글 쓰는 직업: 작가, 칼럼니스트, 전문 블로거, 인터뷰어, 마케터, 기
　　　　자, 홍보 전문가

현재 직업: 작가, 강사, 인터뷰어, 칼럼니스트, 브랜드 전문가

　조연심의 대표 본질 동사는 쓴다Write고, 1데이 1칼럼을 쓰고, 1년에
1권의 책을 집필했고, 10년이 넘은 지금 10번째 책을 집필 중이다. 퍼
스널 브랜드와 관련된 책을 쓰고 나니 작가가 되었고, 그 내용으로 강
의와 컨설팅을 하게 되었다. 나의 꿈은 '놀고먹고 글 쓰며 사는 삶'이
다. 내가 생각하는 바를 글로 쓰고, 내가 쓴 대로 말하고, 강연하고, 행
동하면서 살기에 나를 아는 사람들로부터 인정을 받는 것이다. 나는
1년 뒤, 5년 뒤, 10년 뒤에도 여전히 글을 쓰며 살 것이다.

　여기서 중요한 것은 본질 동사는 하나의 초점-퍼스널 브랜딩-에 맞
춰져 있어야 한다는 것!

　당신이라는 브랜드가 담길 브랜드 바스켓Brand Basket을 정해 본질 동
사에 맞는 결과물들을 달걀이라 여기고 하나하나 채워 넣으면 된다.

다섯 번째 워크숍

'무엇을 줄 것인지' 약속하는 Benefit 형용사 찾기

보다 나은 그 무엇

당신이 어떤 사람인지 특정했고, 고객의 문제에 대해 어떻게 해결을 해주겠다고 어필했으면 이제 남은 단계는 하나다.

바로 고객이 누리게 될 혜택을 약속하는 것이다. 당신이 제공하는 상품과 서비스를 통해 고객이 얻게 될 상태, 기분, 정도와 같은 혜택 형용사를 찾는 것은 명료한 목적성을 갖는다.

대부분이 원하는 혜택 형용사는 이런 것들이다.

안전한, 아름다운, 강력한, 가치 있는, 책임감 있는, 유대감 있는, 멋있는, 좋은, 똑똑한, 존경받는, 사랑받는, 가치 있는, 영향력 있는, 존경받는 당신을 선택하면 이런 감정들을 느낄 수 있는 곳으로 데려다준다고 약속하는 것이다. 그리고 당신은 세상을 좀 더 낫게 만들 수 있다는 능력을 증명하면 된다.

기분 좋음, 신뢰감, 즐거움, 신선함, 설렘, 놀라움, 편안함 등 당신을 만나고 난 고객이 느끼게 될 감정은 무엇일까? 당신을 만나고 난 고객이 당신의 서비스에 만족하여 자발적으로 다른 사람들에게 알리고 공유하게 하려면 어떻게 해야 할까? 물론 약속은 보증이 아니다. 그래서일까? 모든 기업은 'OO하게 되면 OOO하게 될 것'이라고 조건부 약속을 한다. 물론 사람마다 편차가 있다는 것도 고려해야 한다. 대부분의 마케팅은 조건을 걸어 고객이 누리게 될 혜택의 온도 차를 통제한다.

'보다 많은More than'은 가진 것이나 욕망, 돈의 수치를 논할 때 쓰인다.
쉽게 말해, ~보다 많은 돈, 명예, 부를 약속하는 것이다. 비교 대상은 주로 상대방일 때가 많다. '보다 나은Better than'은 주로 과거의 나 또는 현재의 나를 비교 대상으로 한다. 이전보다 나은 가치 수준, 상태를 비교할 때 쓰인다. 당신의 약속은 어제보다 나은 나, 오늘보다 나은 미래, 성장, 행복을 약속하는 것이어야 한다.
파브FAB의 마지막 문장은 혜택Benefit을 약속하는 것이라고 말했다. 즉 나의 고객이 된다면 당신은 전보다 더 나은 사람이 될 거라고 자신 있게 약속하는 것이다.

기업이 약속하는 더 나은 것은 내가 아닌 고객에게 더 나은 것이어야 한다.
우리는 자동화, 네트워크화, 아웃소싱 등으로 더 많은 일을 더 쉽고 더 저렴하게 '실행'하는 시대를 살고 있다. 일상의 단순한 일, 쉽게 실행할 수 있는 일, 외주로 돌릴 수 있는 일들 말고 보다 생산적이고 가치 있는 일에 전력을 기울이라고 제안해야 한다. 당신은 그럴만한 자격이 충분하다고 말해 보라.

고객이 언제 지갑을 여는지 아는가?

첫째, 탐욕의 욕구가 충족되면 된다. 탐욕은 좀 더 편해지고 싶다는 편의성, 좀 더 '최신의 것'을 즐기고 싶다는 신제품의 갈구, ~를 하고 싶다는 욕망이 채워지면 된다. 더 큰 집, 더 큰 차, 더 비싼 가구, 더 유명한 브랜드 등 다른 사람보다 '좀 더More than' 소유할 수 있는 가치에 어필하면 된다.

둘째, 공포를 자극하면 된다. 지금 이것을 하지 않으면 당신의 건강에 이상이 생긴다. 승진에 차질이 생긴다, 좋은 직업을 얻을 수 없다 등과 같이 고객의 지위나 위상에 문제가 생길 수 있음을 알려주면 된다. 손해 보고 싶지 않다는 공포는 보다 싸고 저렴한 브랜드를 찾게 하고, 뒤처지고 싶지 않다는 이유로 기능성 상품에 지갑을 연다. 나 자신의 '안전, 안녕'과 같은 생존의 가치는 주로 공포를 자극한다. 공포는 지식 비즈니스를 하는 나나 이 책을 읽는 대부분의 사람이 어필해야 하는 고객의 감정이다. 공포는 '보다 나은Better than'의 가치에 어필하면 된다. 당신의 상품이나 서비스를 통해 공포를 극복하고 더 나은 사람이 될 수 있다고 약속해 보라.

셋째, 호기심이 생기면 된다. 주로 얼리어답터나 가격이 높지 않은 생필품이나 미용 관련 제품들, 다이어트와 같이 한번 해 볼까 하는 마음에 어필하면 된다. 설사 즉각적인 효능이 없다 해도 고객의 위상이나 지위에 큰 위협이 되지 않는 제품군일 때가 대부분이다. 제품과 서비스가 궁금하고, 그 내용을 다른 소비자들에게 퍼뜨리는 사람들은 주로 '함께의 가치'를 중요하게 여기며 사회적 인정에 호소하는 사람들이다.

사피엔스의 저자 유발 하라리는 "점점 빨리 변하고 혼돈스러운 세상에서 가장 중요한 것은 자신도 변화하고 학습하는 법을 배우는 것"이라고 말했다. AI와 함께 살아가기 위해서는 '더 많이, 더 빨리'가 아니라 나만의 것, 나만의 생각, 나만의 취향에 적합한 방식으로 배워야 한다. 그리고 "당신의 문제가 무엇인지 안다. 더 나은 대안을 알고 있으니 나를 가지라"고 과감하게 말할 수 있어야 한다.

더 나은 것은 당신이 아니라 시장이 판단한다.

약속을 공개하는 방식 1. 좋아 보이는 것도 능력

우리는 가격과 기업에 따라 물건을 선택하던 시대를 지나, 개별화되고 자기화된 제품을 소비하는 시대를 살고 있다. 이제 제품이 아니라 브랜드가 팔리는 시대다.

그렇다면 브랜드란 무엇일까?

브랜드란 현실에서 물건으로 존재하는 것이 아니라 이미지로 소비자들의 머릿속에 각인되어 있는 것이다. 그 이미지는 광고 등의 커뮤니케이션이나 상품디자인, 포장, 매장 레이아웃, 팸플릿뿐만 아니라 온라인에 보이는 콘텐츠에 이르기까지 상품이나 기업에 관련한 모든 산출물의 축적으로 만들어진다. 마찬가지로 퍼스널 브랜드도 온·오프라인을 통해 보이는 이미지의 축적으로 완성된다. 특히 온라인으로 보이는 다양한 콘텐츠들-글, 사진, 이미지, 영상 등- 에서 보이는 브랜드 이미지들이 소비자들의 머릿속에 고스란히 쌓이는 것이다. 결국 힘 있는 브랜드를 만들고자 한다면 모든 산출물을 컨트롤 할 필요가 있다.

이처럼 보이는 방식이 중요해진 세상에 자신만의 라이프 스타일에 맞는 것을 찾아다니는 것은 이제 더 이상 특별하지 않다. 그런데도 변하지 않는 사실은 사람들은 본능적으로 '좋아 보이는 것', '있어빌러티한 것'에 솔깃한 법이다.

있어빌러티는 있어 보이다+ability가 합쳐진 신조어다. 당신이라는 브랜드가 다른 사람들에게 주목받고, 선택받기 위해서 '있어빌러티'히게 자신을 표현하는 능력이 필요하다.

그렇다면 대체 어떻게 해야 있어 보일 수 있을까?

커리어매칭 전문가 오형숙 워크브릿지 대표를 안 지 20년이 넘었지만 나는 그녀를 만날 때마다 설렌다. 오늘은 또 어떤 스타일의 옷을 입고 나올지가 궁금하기 때문이다. 연예인들이나 소화할 법한 과감한 디자인이나 독특한 스타일의 옷을 잘 차려입은 그녀를 보면 저절로 기분이 좋아진다.

한 번은 그녀와 함께 뉴욕 여행을 간 적이 있었다. 저녁 산책길에 ZARA 매장에 들렀다. 한국과 달리 규모와 종류가 어마어마했다. 엄청난 스케일에 밀린 나는 도대체 무엇을 사야 할지 엄두도 나지 않았다. 그런 나와는 달리 그녀는 자신에게 어울리는 옷들을 잘도 찾아냈다. 그저 신기하기만 했다. 자기 옷을 다 고른 그녀는 이번엔 나에게 어울릴 법한 옷들을 골라 나에게 건넸다. 입어보라는 거였다. 평소 내가 한 번도 선택하지 않았던 옷들이었다. 심플하지만 어떤 옷에도 어울릴만한 디자인의 옷들이었고 가격도 좋았다. 그녀가 골라준 대로 옷을 산

후 뉴욕 나머지 일정들을 그 옷들을 입고 마무리했다.

"넌 어쩜 그리 옷 입는 센스가 좋냐?"

그 많던 옷가지 중에서 척척 옷을 골라내는 그녀에게 물었다. 심지어 옷을 사겠다고 맘 잡고 간 게 아니라 그저 산책하다가 들른 매장에서 말이다.

"많이 사 입어봤으니까 그렇지. 내가 산 옷값만 해도 집 세 채는 사고도 남았을 거야. 지금도 우리 집은 내 옷으로 차고 넘친다." 웃으며 답하던 그녀의 말에서 나는 답을 찾을 수 있었다.

그녀는 패션 분야에서 일하지 않는다. 그녀가 대표로 있는 워크브릿지는 해외 취업을 알선하는 기업이다. 주 업무는 전화통화와 이메일, 카카오톡 메시지와 영상통화를 통해 이루어진다. 간혹 유학박람회나 해외 취업을 요하는 곳에 강연을 가거나 방송을 통해 모습을 드러내는 게 다다.

그러니 고객과 늘상 얼굴을 보며 일하는 것도 아닌 그녀가 이렇게 '있어빌러티'한 패션 감각을 가지게 된 것은 필요NEEDS가 아닌 원함 Wants 때문이었다. 다른 사람들보다 옷을 좋아하고, 옷 사 입는 것을 즐기는 그녀는 그 분야에 있어서 특별한 지식이 쌓여 척하면 아는 수준에 이른 것이다. 어떤 색, 어떤 소재, 어떤 스타일, 어떤 브랜드의 옷이 자신에게 맞는지를 알 수 있을 만큼 반복해서 경험했다. 그 과정을 통해 축적된 지식은 그녀의 옷 입는 센스로 드러날 수 있었고 최적화된 감각으로 '있어빌러티'하게 보일 수 있었던 거였다. 덕분에 그녀는 언제 어디서 누구를 만나더라도 늘 완벽하고 철저하게 보인다.

이처럼 있어 보이기 위해서는 축적된 지식의 최적화인 센스Sence가

▶ 커리어매칭 전문가
오형숙의 SNS 페이지

필요하다. 이런 센스는 타고나는 것이 아니라 후천적 학습으로 완성된
다. 디자인이라는 영역에서 센스를 발휘한다는 것은 소위 '축적된 디
자인에 관한 지식을 기반으로 최적화하는 것'이고 뷰티 분야에서 센스
를 발휘한다는 것도 마찬가지다. 어떤 분야건 해당 영역에서 '센스있
다'라는 말을 듣기 위해서는 관련 지식과 경험이 축적될 시간이 필요
하다. 옷도 많이 사 본 사람이 잘 입고, 화장도 마찬가지, 일도 마찬가
지다.

　나 역시 내가 기획하는 프로젝트에 '센스있다'라는 말을 듣기까지
10년이라는 시간이 걸렸다. 퍼스널 브랜드 관련 지식과 수많은 실전
경험들이 쌓여 습득된 감각이다. 세상에 그냥 되는 일은 하나도 없다.
언제 어디서든 놀라운 센스를 발휘할 수 있는 '있어빌러티'는 축적된
지식의 최적화로 만들어진다. 따라서 지금 속해 있는 분야에 대한 지
식과 관련 경험이 쌓여 최적화될 수 있는 시간이 필요하다. 그러면 당
신의 약속은 좋아 보이고, 있어 보이고, 그럴듯해 보일 것이다.

약속을 공개하는 방식 2. 디자인 말고 편집

"디자인은 그렇게 하는 게 아니에요."

디자인 수정을 요구하는 나에게 신경질적으로 답하는 디자이너의 말이다.

나는 어떤 프로젝트를 하던 무조건 포스터로 예고를 한다. 그런데 만들어진 포스터가 뭔가 맘에 들지 않아서 피드백을 해주면 대부분의 디자이너들은 정색을 하거나, 디자인의 정석은 그런 게 아니라며 무식한 나를 가르치려 든다. 그럴 때마다 내가 하는 말이 있다.

"예술 말고 편집!"

내가 디자이너에게 요구하는 것은 아무도 몰라보는 자기만을 위한 예술이 아니라 원하는 바를 명료하게 그러나 엣지 있게 편집한 디자인 결과물이다. 때로는 마치 아바타를 조정하듯 컴퓨터 화면을 보며 일일이 수정사항을 말해준다.

'글자 크기는 더 크게 강조해 주고, 색은 선명하게 그리고 이미지는 중앙으로 옮기고….'

이렇게 구체적인 편집을 통해 탄생한 포스터는 '있어빌러티'하고 '역시 엠유답다'라는 반응을 얻는다. 다음의 포스터도 그런 편집을 거쳐 완성된 것들이다.

사람들은 내가 '디자인이 있어빌러티'해야 한다고 말하면 피식 웃는다. 그러면서도 엠유가 발행하는 포스터나 콘텐츠는 '있어빌러티'하다고 칭찬한다.

일본 굿디자인컴퍼니 대표 미즈노 마나부는 게이오 대학 특별 강연에서 '오래도록 팔리는 디자인'에 대해 이야기하면서 다이슨의 사례를

▶ 2019 ThanksUN2300 포스터

▶ 경력 환승 플랫폼 포스터

▶ 경험학교 강사소개 포스터

▶ 위브랜드포럼2020 포스터

든 적이 있다. 다이슨은 전 세계 최초로 사이클론식 청소기를 개발한 곳으로 유명하지만, 초창기에는 어떤 곳에서도 제품을 만들어주지 않아 직접 제조하여 판매하게 되었다. 국제산업디자인 견본시장에서 상을 받았음에도 말이다. 그러나 결국 오늘날의 다이슨은 청소기 업체에서 신뢰 있는 이미지를 얻는 데 성공했다. 그 이유가 무엇일까? 다이슨의 기술력도 물론 중요하지만, 더 높게 평가할 부분은 청소기의 사이클론 부분의 겉면을 투명하게 만들어 내부가 보이도록 디자인한 것이다. 사실 이런 처리는 제품의 기능적인 측면과는 관계가 없고, 오로지 제품이 지닌 높은 기술 수준을 소비자에게 눈으로 직접 보여주기 위함이다.

다이슨 사례를 들어 미즈노 마나부는 디자인에는 '기능 디자인'과 '장식 디자인' 두 종류가 있다고 말한다. 청소기의 사이클론과 내부 구조는 '기능 디자인'이지만, 그 겉을 투명하게 한 것은 '장식 디자인'이다. 의도적으로 '안을 보이게' 하는 '장식'을 디자인한 것이다. 소비자들은 청소 후 투명한 통 안에 가득 찬 먼지를 보며 집안이 깨끗해졌다는 기분을 눈으로 확인하게 되는 것이다.

결국, 다이슨이 브랜드로 성공하고 전 세계적으로 사랑받는 이유는 기능 디자인과 장식 디자인 모두를 제대로 사용했기 때문이다.

광고 전단이나 퍼스널 브랜딩을 할 때도 보이는 방식을 효과적으로 통제하기 위해서는 전달하고자 하는 메시지를 명확하게 보이도록 하는 '기능 디자인'과 돋보이게 하는 '장식 디자인'의 두 가지 측면을 고려해야 한다. 그렇지 않으면 보기에는 예쁘지만 메시지 전달에는 실패하게 되거나 전달하고자 하는 바는 알겠으나 매력적이지 않은 디자인이 되어 버린다. 그 둘 다 디자인으로서는 기능 상실이다.

그렇다면 어떻게 해야 디자인이 제대로 된 기능을 할 수 있을까? 디자인이 전달해야 할 것은 무엇인가? 생각보다 간단하다.

메시지 → 기능 디자인 → 장식 디자인 순서로 하면 된다.

이렇게 순서를 정했으면, 우선 전달되어야 할 정보를 우선순위로 정리한다. 누가, 왜, 무엇을, 언제, 어떻게, 누구를 대상으로 하겠다는 것인지를 정리해 보면 메시지는 명료해진다. 그다음은 의도한 대로 전달할 수 있는 기능적인 디자인 요소를 고민한다.

예를 들어 퍼스널 브랜드 관련 특강이 있다는 것을 알리기 위해서는 관련 내용이 팩트 기반으로 질 담겨 있어야 한다. 그런 다음에야 비로소 매력적으로 보이게 할 장식적인 요소를 생각하면 된다. 무슨 이미지를 사용할 것인지, 어떤 색으로 할 것인지, 어떤 글씨체를 쓰면 좋은지를 고려하면 된다. 이제 브랜드에서 필요한 디자인이 왜 예술이 아니라 편집인지 이해했을 것이다.

대중교통을 이용하다 보면 요즘 사람들이 얼마나 바쁜지 알게 된다. 손가락 하나로 인스타그램, 쇼핑몰, 검색, 채팅창, 게임 등 보이는 내용 대부분을 빠르게 넘기면서 대충 훑어본다. 그러다 맘에 드는 내용이나 아는 사람들이 보이면 좋아요 하나 눌러 주고, 다시 넘기다가, 자신에게 꼭 필요한 내용이 나와야 비로소 클릭해서 내용을 살펴본다. 핵심은 자세히 보는 게 아니라 훑어본다는 것이다. 그렇게 바쁜 그들에게 당신이 얼마나 열심히 준비했고, 밤새 일 했는지는 중요하지 않다. 그것이 자신을 위한 것인지, 리뷰를 할 가치를 지녔는지를 알고 싶을 뿐이다.

바쁜 사람들의 눈길을 사로잡기 위해서는 당신의 결과물이 아마추어의 그것이나 스팸을 연상시키면 안 된다. 딱 봤을 때 프로페셔널하고 있어빌러티하고 그럴듯해 보여야 한다.

인터넷에는 아마추어들이 만든 동영상, 포스터, 웹 사이트, 이미지들이 가득하다. 이런 아마추어들의 공통점은 자신이 좋아하는 것을 만든다는 것이다. 하지만 전문가들은 당신을 위해 다른 사람들이 좋아할 만한 것을 디자인한다. 어떤 때에는 당신이 생각한 것보다 더 그럴듯하게 당신의 결과물을 포장해준다. 전문가는 당신을 다른 사람들의 눈에 띄게 해주고, 관심갖게 해주고, 참여하게 독려한다.

그렇다고 전문가가 만든 디자인에 어떤 정답이 있는 것은 아니다. 모두에게 통하는 정답은 없다. 하지만 비즈니스 목적을 가지고 움직이는 당신에게 필요한 사람은 깊이 고민해도 도저히 이해하지 못할 난해한 작품세계를 추구하는 고매한 예술가가 아니라 당신의 메시지를 정확하게 전달하도록 돕는 콘셉트 디자이너다. 디자인을 소비하는 사람은 만든 사람이 아니라 보는 사람이다. 그래서 '이거다'하는 단 하나의 정답은 없다. 보는 입장에 따라 달라지기 때문이다. 그런데도 전문가가 만든 결과물은 분명 다르다. '무엇을, 어떻게, 왜'가 보이기 때문이다.

당신이 주목하는 고객이 누구인가?

그들은 당신이 만든 결과물이 아마추어의 그것이라도 흔쾌히 당신을 인정하고 당신의 제품을 구매해줄 거라 확신하는가? 그것이 아니라면 분명 당신이 하고자 하는 것, 당신이 팔고자 하는 것을 그럴듯하게 보여줄 수 있는 전문가, 콘셉트 디자이너를 찾아야 한다. 무엇을, 왜, 어떻게 할 것인지 메시지가 명료해지면 이를 기능적이고 장식적으로 좋아 보이게 만들 수 있는 디자이너의 손을 빌리면 된다.

크몽, 숨고, 라우드소싱 등의 사이트를 통하면 얼마든지 저렴한 가격에 당신의 아이디어를 있어빌러티하게 만들어줄 전문가를 만날 수 있다. 이제 당신의 약속도 좋아 보여야 하는 시대다. 한 문장으로 정리된 원샷 메시지를 그럴듯하게 만들어주는 것은 '있어빌러티'한 디자인이다. 척 보면 대번에 아하! 하고 알아볼 수 있는 바로 그런 거!

원샷 마케팅은 메시지와 이미지의 결합으로 완전해진다.

특별한 나를 가지세요

오늘날 고객들은 클릭만 하면 모든 물건의 가격을 알 수 있다. 당신의 상품에 대해 먼저 구매한 사람들의 후기도 공개되어 있다. 나의 경쟁자가 누구인지, 그들의 상품과 서비스가 어떤지도 당신보다 더 잘 안다. 따라서 당신이 아무리 큰 노력을 기울였다 해도 그것이 평범한 수준의 일용품이거나 낮은 수준의 일이라면, 그들의 관심을 끌기가 어렵다.

하지만 나의 약속을 선택하는 고객은 결코 평범하지 않다는 것을 일깨워야 한다. "현명한 고객이라면 [아무나]가 아니고 [특별한] 나를 선택해야 한다"라고 당당하게 말할 수 있어야 한다. 물론 내가 제공하는 상품이나 서비스가 특별하다는 것을 증명해야 할 의무는 나에게 있다. 내가 특별하다는 것은 필요가 아닌 욕구의 법칙에 따라야 한다. 일에 마음을 담고 나 자신을 담는 것이 우선 과제다.

특별한 나를 가지라고 설득하기 위해 당신이 알아야 할 스토리텔링 기법은 의외로 간단하다. 앞에서도 언급된 바와 같이

우리의 이야기
나의 이야기
지금의 이야기

이 순서로 이야기하면 된다. 이런 스토리텔링은 '내가 왜 이 일을 하

는가'에 대해 설명하는 데 효과적이다. 우리의 이야기에는 상대가 궁금해하는 것이나 그들이 겪는 문제와 걱정거리를 디테일하게 되짚어 주면 된다. '인간이라면 누구나 생각했을 법한 주제나 고통받고 있을 법한 문제'를 통해 공감을 끌어내고 마음을 움직이게 한다.

그런 다음 나의 이야기에는 그 부분을 해결해 주기 위해 내가 왜 이일을 하는지, 지금까지 어떤 해법을 사용해 왔는지를 이야기해준다. 내가 경험했던 사실, 나의 실수담, 성공담 등 솔직한 이야기가 먹힌다.

지금의 이야기에는 그래서 지금 나는 무엇을 어떻게 해주고 싶다는 약속을 담으면 된다. 이때 일정 부분 객관적인 수치나 데이터를 사용해 보면 조금 더 신뢰감 있게 보일 수 있다. 현재 몇 명이 이 서비스를 선택했고, 권위 있는 어떤 상을 수상했고, 기존에 나를 거쳐 간 고객들이 누구라는 것을 보여주는 포트폴리오는 고객의 선택에 힘을 보탠다.

홈페이지도 마찬가지다. '내 자랑' 일색의 광고문구 말고, '고객의 필요에 대해 내가 준비한 답은 이거다'라는 것을 좋아 보이는 이미지나 영상에 담아 보여주면 된다. 블로그나 유튜브에도 같은 방법으로 포스팅을 해보자.

특수 신발 판매자의 "발의 아치가 무너져 고통받는 사람들이 이거 하나면 고통으로부터 탈출했다는 사연들이 담긴 영상", 세제 판매자의 "세제를 뿌리기만 해도 찌든 때가 녹아내리는 영상", 개껌 판매자의 "사랑하는 강아지와 오래 살고 싶다면 치아 관리를 해 줘야 하는데 그게 어렵다면 하루 껌 하나면 된다는 이야기를 유명한 전문가가 하는 영상" 등을 보면 고객의 1) 고민이 나오고 2) 그 고민을 해결하는 방법이 나오고 3) 고민을 해결한 사람들의 행복한 표정이 나온다.

나의 고객을 명확하게 하고, 그들이 궁금해하거나 고민하는 것들에 답을 주는 방식으로 기록하자. 이 모든 것들이 당신이 해당 분야에서 활발하게 활동하고 있다는 증거가 될 것이고, 검색하면 노출될 수 있는 서브 키워드가 된다. 그런 수많은 서브 키워드가 쌓이면 당신의 메인 키워드를 증명해줄 빅 데이터가 되는 것이다.

사람들은 기본적으로 나에게 '잘해줄 것 같은' 사람에게 끌린다. 내 고민을 잘 이해하고 있는 사람, 나와 같은 경험을 해본 사람이 나의 답답한 문제를 잘 해결해 줄 거라 믿는다. 그래서 세상에는 누구나 먼저 경험한 사람이 스승이라는 말이 있다. 고난도 먼저 겪고, 이혼도 먼저 겪고, 성공도 먼저 해본 사람의 이야기에 끌리는 것이다. 자신들과 같은 문제를 극복했던 그들이 제시하는 솔루션은 믿을 수 있을 거라고 기대를 하는 것이다.

사람들은 조언을 구할 때 전문가보다 자신이 신뢰하는 이에게 조언을 구하는 경향이 있다.   - 브렌드 버처스

내가 해당 분야 전문가가 되는 것도 중요하지만 신뢰할 수 있는 사람이라는 평판을 얻는 게 더 중요할 수도 있다. 세상에 자칭 전문가는 너무나도 많기 때문이다. 그러니 내가 잘한다는 것을 내세우는 것보다 당신의 고민을 충분히 이해하고 있다는 사실을 보여주는 게 효과적이다. 사람들은 사람들이 몰리는 곳에 몰리고, 변화하는 것에 시선이 끌린다. 내가 좋아하고 믿는 사람이 추천하는 거라면 묻지도 따지지도 않고 선택을 한다. 그리고 신뢰받는 사람이 되는 길은 의외로 쉽다. 당

신이 약속한 대로 지키면 된다. 시간약속을 하면 반드시 지키고, 하기로 한 것은 무조건하고, 해내기로 한 것도 기대한 수준 이상으로 해내면 믿음이 생긴다. 한마디로 말한 대로 살면 되는 것이다. 그다음 고객을 신뢰하면 된다. 그들을 진짜 좋아하고, 지금보다 나은 사람이 될 수 있다는 사실을 믿어주면 된다.

그리고 마지막은 '대의적인 접근'이다.

나에게 좋은 것이 아니라 고객에게 좋은 것이고, 우리 모두에게 좋은 것이고, 우리가 더 잘 살기 위한 것이고, 함께 잘살아 보자고 제안하는 것이면 좋다. 그래서 신발을 하나 사면 못 사는 나라에 하나를 더 주겠다는 탐스 슈즈가 사랑받는 것이고, 당신이 구매한 것과 똑같은 백팩을 전기가 없어서 불을 켜지 못하는 나라의 아이들에게 선물해주어 밤에도 환하게 책을 볼 수 있게 될 거라는 약속에 지갑을 여는 것이다. '옳은 일을 하는 것doing the right thing'을 브랜드 철학으로 삼고 매일 아침 만든 신선한 음식을 고객에게 제공하는 동시에 그날 남은 음식을 모두 기부함으로써 자원 낭비나 환경오염 등의 사회적 문제를 해결하면서 착한 일까지 하는 영국의 글로벌 프랜차이즈 브랜드 프레타망제 Pret-A-Manger가 사랑받는 것이다.

이제 구매로 인해 얻을 수 있는 단순 효과만으로는 지속 가능한 성장을 만들어내기 어렵다.

당신의 고객들이 호소하는 고통은 무엇인가?
고객들이 말조차 꺼내지 못하고 있는 진짜 고민은 무엇인가?
그 소리 없는 아우성에 답해줄 신뢰할 수 있는 사람을 알고 있는가?
당신은 고객의 문제와 문제 해결을 위해 무엇을, 어떻게 연결하고 있는가?

당신을 선택하면 고객들의 위상이 얼마나 높아질 수 있는가?

고객들이 실제로 듣고 공유하고 전하고자 하는 메시지가 무엇인지를 고민하고, 그에 대해 답을 찾아주는 과정이 지속적으로 연결되어야 당신의 비즈니스가 빛을 발할 수 있다. 브랜드 철학이 뚜렷하고, 그 철학대로 약속하고 그 약속을 오랜 시간 묵묵히 지켜낸 착한 비즈니스가 오래가게 되고, 누군가 신뢰하는 사람들이 하는 이야기에 끌리는 법이다.

좋은 마케팅은 이처럼 상대방의 가려운 부분을 콕콕 집어주고, 차마 입 밖으로 하지 못하고 마음속에만 숨겨 놓았던 바로 그 고민거리들을 속 시원하게 이야기해주고 그에 대한 해결책을 제시해준다. 결국, 우리가 집중해야 할 것은 당신이 제공하는 기술이나 서비스 그 자체가 아니라 기술을 경험하게 될 고객의 삶 그 자체다. 고객이 뼛속 깊이 고민하는 것을 찾아 그것을 해결하고 난 후의 고객이 느끼게 될 감정까지 설계해야 성공하는 브랜드가 될 수 있다. 사람들이 수용하는 것은 기술이 아니라 그 기술이 제안하고 약속하는 관점이다. 어쩌면 고객에게 이 제품을 이 가격에 사야 하는지를 납득시키는 일은 성능이나 기술이 아닌 이미지나 감성의 영역일 수도 있다. 그래서 디지털에 보이는 이미지가 '있어빌러티'하고 잘 되는 것처럼 보이는 게 중요할지 모른다. 어쨌거나 우리가 얻고자 하는 것은 고객의 결정이니까. 이제 더 이상 나의 특별한 기술을 설명하느라 읽히지도 않는 사용설명서를 만드느라 시간을 허비하지 말자. 그 기술을 경험한 고객들이 느끼게 될 감정과 감동에 집중해보자. 그러다 보면 콘텐츠의 방향이 나올 것이다. 콘텐츠가 명확하면 미디어는 얼마든지 많은 세상이지 않은가.

우리의 이야기	오늘 내가 만난 고객은 이런 문제를 가지고 있었다.
나의 이야기	그래서 나는 그를 위해 OOOO를 해주었다.
지금의 이야기	당신에게도 그렇게 해줄 수 있다. 나를 선택하면 당신도 특별해질 수 있다.
대의적인 접근	당신의 선택은 더 나은 미래를 만들고 다른 누군가를 도울 기회가 된다.

이런 프로세스로 말하는 것이 당신이라는 특별한 브랜드를 가지라고 은근하게 제안하는 최고의 마케팅 아닐까?

나의 상품이나 서비스가 '위로'가 되고, 거기에 심리적 가격 저항선을 무너뜨릴 합리성이 더해진다면, 고객은 분명 나를 찾을 것이다.

오래가는 브랜드의 숨겨진 진실

링컨은 "소수의 사람을 오래 속일 수도 있고, 많은 사람을 잠깐 속일 수도 있지만, 많은 사람을 오랫동안 속일 수는 없다."라고 말한 바 있다. 그의 말에 따르면 오래간다는 것은 진짜가 아니면 불가능한 일이다. 그렇다면 당신 브랜드도 오롯이 당신 자신의 일로 완성되어갈 때 오래가는 브랜드가 될 수 있지 않을까?

당신이라는 브랜드는 무엇인가?

브랜드 네이밍이 당신 자체는 아닐 것이다. 브랜드는 고객의 기대에 대한 약속으로 완성된다. 당신의 제품이나 서비스를 사거나, 당신을 만나거나 당신을 고용할 때 그들이 기대하는 바가 무엇인가? 그 약속이 바로 당신 브랜드다. 당신의 약속은 당신을 만나는 온·오프라인 모든 접점에서 확인 가능하다. 사람들이 기억하는 것은 그들이 경험하는 모든 접점에서 당신이 약속한 경험이 고스란히 느껴질 수 있는지 아닌지만 관심이 있다. 착한 기업이 되겠다는 공약이 아니라 진짜 착한 행동을 하는 당신을 만나고 싶어 한다.

일용품에는 브랜드가 없다.

커피를 그램 단위로, 데이터 대역폭을 기가바이트 단위로 구매하는 사람은 사양 외에 어떤 것도 기대하지 않는다. 저번에 샀던 것을 더 빠르고, 저렴하게 제공하면 기꺼이 돈을 지불하고, 회사를 바꾼다. 다른 회사로 바꿔도 사람들이 신경 쓰지 않는다면 당신에게는 아직 브랜드가 없는 것이다. ○○분야 하면 당신이 떠올라야 하고, 당신의 까칠한 성격마저도 긍정적이라 평가할 수 있는 고객이 있어야 한다. 마케팅 자산을 구축하고 싶다면 사람들이 신경을 쓰게 만들고, 옮겨갈 수 없는 차별화된 속성에 투자해야 한다.

90년대 생으로 지칭되는 20대 밀레니얼 세대는 바로 이 '가치 소비'의 대변자이다. 이들은 물건을 소유하는 대신 경험을 소유한다. 그들은 자신들의 소비를 필요한 물품을 구매하는 행위가 아니라 자신의 존재를 증명하는 일로 받아들인다. 자신이 선택한 브랜드로 자신의 정체성을 표현하는 데 익숙한 세대다. 자신이 어디에 있는지가 중요하고, 그곳에서 누구와 무엇을 먹는지가 자신의 정체성이라고 여긴다. 인스타그램을 통해 자신이 선택한 브랜드를 자랑스럽게 알리고 드러내는 게 일상이다. 그들은 단순히 싸다고 해서 사지 않고, 아무리 고가라 해도 그럴만한 가치가 있다고 여기면 무리를 해서라도 구매를 한다. 구매 결정의 핵심은 자신에게 '가치가 있는가'로 결정된다. 게다가 요즘 잘 나가는 곳들은 '우리는 물건을 파는 게 아닙니다. 스토리와 재미, 경험을 판다'고 이구동성 말한다. 즉 나를 가지면 당신도 가치가 있는 사람처럼 보인다고 약속하는 것이다.

당신이 파는 것은 무엇인가?

물건이 아니라면 당신이 약속할 수 있는 경험은 무엇인가?

브랜드가 당신이 하는 약속의 정신적 약칭이라면 로고는 그 약속을 상기해주는 포스트잇이다. 브랜드가 없으면 로고는 무의미하다. 이제 대다수 고객은 로고에 크게 신경 쓰지 않는다. 그러므로 로고를 고르기 위해 너무 많은 시간과 돈을 쓰지 말라는 것이다. 대신 자신의 이름처럼 오랫동안 유지되는 것에 투자하는 게 더 중요하다.

엠유는 퍼스널 브랜드 분야에서 고객의 정체성을 찾고, 그에 맞는 상품과 서비스를 개발해주고, 인지도와 영향력을 높이기 위해 다양한 프로젝트와 퍼포먼스를 만들어내며, 디지털 데이터를 쌓아 검색 가능하고, 거래 가능한 브랜드를 만들어주는 일을 해 왔다. 그 일을 하면서 고객이 느끼게 될 감정은 고객이 괜찮은 사람이라는 것을 온라인을 통해 보이게 하고, 약속한 대로 살아갈 수 있도록 온·오프라인의 경험을 일관되게 만들어주는 일이다. 그래서 퍼스널 브랜딩은 실력이 뒷받침되어야 하고, 성실은 기본이고, 자본이 따라주지 않으면 오래가기 어렵다. 길고 고단한 시간을 버텨야 만들어지기 때문이다.

그래서일까?

자신이 말한 대로 오래도록 지키며 사는 사람을 많이 보지는 못했다. 1년만 해도 꽤 오래 했다고 생각한다. 하지만 신뢰할 수 있는지 아닌지의 판단은 시장이 한다.

인류의 디스토피아적 미래를 그린 조지 오웰의 소설 『1984』를 보면 등장인물 줄리아가 윈스턴에게 이런 말을 하는데, 나는 이 대목을 읽을 때마다 오래가는 브랜드가 갖추어야 할 것이란 무엇인지 새삼 알게 된다.

"그들이 할 수 없는 일이 한 가지 있어요.
그들이 무엇이든 말하게끔 할 수는 있지만, 믿게는 할 수 없어요.
당신의 속마음까지 지배할 수는 없으니까요. "

물건, 서비스, 취향, 스타일 등과 같은 것은 시간이 지나면 변할 수 있다. 하지만 당신의 성격, 인성, 철학, 습관과 같은 것들은 쉽게 변하지 않는다. 브랜드는 실제적인 경험의 산물이다. 이제 사람들은 오래가는 것, 변하지 않는 가치를 사고판다. 고객의 삶의 가치에 기여하기 위해 그 무엇을 하겠다고 공개적으로 약속하고 오랜 시간 묵묵히 고단함을 견뎌내야 당신답다 할 그 무엇을 얻을 수 있다. 거기에 당신의 약속이 때와 만나면 대박 브랜드가 탄생하는 것이다

당신은 자랑할 수 있는 소비를 약속할 수 있는가?
당신이라는 브랜드를 선택하기만 해도 고객이 자부심을 느끼고 주위 사람들에게 스스로 알리고 자랑할 수 있는가? 좋은 브랜드 이미지는 약속한 것을 오랜 시간 동안 묵묵히 지켜나가는 성실의 무게를 졌을 때 얻어지는 상장이다. 오래가는 브랜드는 내가 만들고 남이 완성하는 것이다.

PART.4

원샷 마케팅
성공을 위한
일곱 가지

지금까지 당신에 대해 단 한 문장으로 만드는 파브FAB가 어떻게 만들어지는지 살펴보았다. 파브FAB는 무엇을 하는 사람인지 정의하고 무엇을 할 것인지 어필하고 무엇을 줄 것인지 약속하는 문장이다.

그렇다면 이렇게 문장 하나만 완성하면 모든 게 끝일까? 사실 파브 한 문장만 제대로 완성해도 당신이 브랜드로 만들어지기 위한 조건 중 50%는 준비되었다고 보면 된다. 핵심은 제대로다. 여행지와 여행을 위해 필요한 것들도 챙겼다. 이제 출발만 하면 된다.

하지만 이렇게 한 문장으로 자기소개 문장을 완성했다 해도 모든 게 끝난 것은 아니다. 아무리 좋은 슬로건이나 브랜드명을 가졌다 해도 당신이 팔리지 않는다면 분명 이유가 있을 것이다. 다음의 일곱 가지가 없으면 당신은 검색되거나 거래되거나 지속 가능한 비즈니스에서 멀어져 있을 것이다.

Product

Platform

Price

Project

Social Performance

Portfolio

Prestige

시장에서 거래 가능Marketable하려면 우선 3p가 있어야 한다.

첫째, 제품Product이 있어야 한다. 구체적인 유, 무형의 상품, 서비스가 있어야 팔릴 수 있다.

둘째, 유통채널Paltform이 필요하다. 당신과 만나려면 어디로 가야 하는지, 당신의 제품을 구매하려면 어디를 클릭하면 되는지가 보여야 한다. 고객과 만나는 유통채널이 있어야 한다.

셋째, 가격Price이 필요하다. 가격 저항선을 허물 만한 명확한 교환가치가 있어야 한다.

그다음에 필요한 것은 오프라인 영향력을 온라인으로 연결하는 과정, 3P다.

넷째, 프로젝트Project가 있어야 한다. 광고 대신 프로젝트! 오프라인이 진행되는 과정 자체를 당신이라는 브랜드가 돋보이게 할 특별한 프로젝트로 인식하는 게 중요하다.

다섯째, 소셜 퍼포먼스Social Performance가 중요하다. 퍼포먼스를 하고 그 과정을 온라인을 통해 공식적으로 기록하는 것은 그대로 PR이자 디지털 데이터를 만드는 가장 기본이 된다. 한 발 한 발 내딛는 디지털 발자국은 당신이 어디를 향하는지를 보여주는 증거가 된다.

여섯째, 포트폴리오Portfolio가 쌓여야 한다. 당신의 전문성, 상품성을 인정받을 수 있는 포트폴리오가 쌓일 때까지 지속하는 게 관건이다. 진짜처럼 해야 진짜가 된다.

이렇게 여섯 가지 요소가 갖춰지고 나면 마지막 하나가 남는다.

바로 일곱째, 권위Prestige를 갖춰야 한다. 브랜드다운, 당신다운 그 무엇에 대한 인정과 존경이 따라야 지속 가능한 거래가 이루어진다. 잠시 반짝 일하는 모습을 보였다가 만다거나 눈가림 수준의 실력으로는 결코 오래가는 브랜드를 만들 수 없다. 마치 양손에 공을 들고 저글링하는 서커스단원처럼 우리는 한 손에는 실력을 다른 한 손에는 성실을 쉬지 않고 주고받으며 앞으로 가야 한다.

원샷 마케팅을 완성하기 위해 7P 체크리스트를 만들어 수시로 점검해보자. 그러면 내가 가는 길에 경로가 보일 것이다.

그렇다면 이토록 중요한 7P를 갖추기 위해 무엇을 어떻게 해야 할까?

1 / Product

당신은 팔리는 상품Product을 가졌는가?

"무엇을 파시나요?"

무슨 일을 하냐는 질문에 답을 하는 것도 쉽지 않지만 무엇을 파는 가에 대한 답도 쉽지 않을 때가 많다. 왜냐고? 그야 내가 팔아야 할 나만의 상품 또는 서비스가 없기 때문이다. 아니다. 어쩌면 고객이 구매하고 싶은 끌리는 상품이 없다는 게 맞을지 모른다. 대부분은 기존 회사에 가서 해야 할 일을 하며 시간을 팔거나 다른 사람들이 만들어 놓은 상품이나 서비스를 세일즈 하거나 프랜차이즈를 하거나 다단계 네트워크에 가입되어 물건을 파는 데 익숙하다. 그때는 구체적인 상품이나 서비스가 눈에 보인다. 그래서 명확하다고 말할 수 있다. 그렇다면 아무 곳에도 소속되지 않는 무소속 프리랜서가 된 당신 자신을 팔아야 하는 시대에 당신은 무엇을 팔 수 있을까? 거의 모든 산업이 신기술과의 결합을 꾀하는 4차 산업혁명 시대에는 기능으로서의 상품이나 서비스로 승부하는 건 의미가 없다. 속성, 기능은 거기서 거기이기 때문이다.

상품력은 브랜드에 있어 가장 중요한 시작이자 본질이다. 좋은 브랜드는 경쟁 브랜드와 싸우지 않는다. 나이키는 경쟁사인 리복이나 아디다스보다 기능이 좋다는 것으로 어필하지 않는다. 대신 사람들에게 운동에 대한 열정을 불러일으키고, 그 열정을 지원하기 위해 고민하고 도와주겠다는 메시지를 던진다. 'Just do it!'이라는 슬로건이 다다. 애플도 마찬가지다. 삼성이나 MS의 제품보다 더 빠르고, 성능이 더 좋다는 것이 아니라 탁월한 제품과 서비스를 통해 우리의 삶이 얼마나 풍요로워질 수 있는지를 이야기한다.

사람들이 기억하는 것은 제품의 사양이나 로고가 아니라 그 안에 담긴 정신이나 철학이고, 그것을 담아내는 방식이다. 당신다운 그 무엇이 담긴 상품이나 서비스가 없다면 더 이상 브랜드를 논할 이유가 없다. 시키는 대로, 남들만큼, 좋은 척하는 수준으로는 사람들의 마음에 남는 충성심 높은 브랜드는 어림도 없다. 탁월한 제품력에 자신이 있다면 그다음은 그것을 어떤 문장에 담아, 어떤 디자인으로 지속적으로 고객에게 보일 것인가를 고민해야 한다. 브랜드의 최종 목적지는 고객의 기억에 자리하는 것이다. OO하면 당신이 떠올라야지 거래 가능한 상품이 된다.

당신이 파는 물건에는 당신이라는 인격이 담겨 있다. 그 사람의 노력과 열정, 땀과 영혼이 담겨야 남과 다른 상품과 서비스가 나온다. 즉 축적의 시간이 담긴 상품이 아니라면 오래가기 어렵다. 물론 트랜디하거나 실용성이 높아 반짝 대히트할 수는 있다. 그러나 그런 제품이 오래도록 사랑받는 브랜드가 되는 건 별개의 문제다. 사람이나 제품이나 마찬가지다.

경쟁사 제품과 싸우지 않고 당신만의 가치가 담긴 상품을 만들고 그 상품이나 서비스를 통해 얻을 수 있는 고객의 경험이 무엇인지, 당신이라는 브랜드를 경험하고 난 후 고객의 삶이 어떻게 달라질 수 있는지에 집중해보자. 그 삶의 가치에 어필할 수 있다면 당신이 파는 상품의 경쟁력은 이미 충분하다.

당신의 주력 분야가 명확히고 당신이 어떤 분야에서 최고가 될 것인지를 결정하고 나면 상품과 서비스는 얼마든지 만들어낼 수 있다. 마치 마르지 않는 화수분처럼 말이다. 그 전에 고민해야 하는 것은 당신이 누구인지 정의하고, 당신의 고객이 누구이고, 그들의 문제가 무엇인지 알고, 어떻게 문제를 해결해 줄 것인지에 대해 어필하고, 당신을 선택하고 나면 고객의 삶이 어떻게 변화할 수 있는지, 고객이 원하는 삶의 가치를 누릴 수 있게 해주겠다고 약속하는 한 문장 파브FAB가 먼저다. 고객과 군건한 관계를 통해서 변하지 않을 충성심을 얻을 수 있는 것, 상품력을 갖추기 위해 고려해야 할 우선 과제다.

〈자신의 주제를 찾을 수 있는 질문〉
1. 지금 무슨 생각을 하는가?
2. 최근에 어떤 생각을 했는가?
3. 계속 마음을 사로잡은 생각은 무엇인가?
4. 고민거리가 있는가?
5. 무엇에 관심이 있는가?
6. 무엇을 아는가?
7. 확고한 의견을 지닌 주제가 있는가? 그렇다면 그 의견은 무엇인가?

8. 마음속에 담아둔 장소가 있는가? 그 장소는 어디고 왜 그런가?

9. 세상을 바꿀 수 있다면 무엇을 하고 싶은가?

10. 만나고 싶은 사람이 있는가? 그 사람은 누구고 왜인가?

시장에서 거래 가능하다Marketable는 것은 고객의 문제를 풀 아이디어나 기술, 인맥 등 당신이 가진 '무형의 자산'이 상품화되어 사고 싶어 하는 사람이 많다는 의미다.

무형자산 → 상품화 → 거래 가능한 가치증명

"인간 심리의 취약성을 착취하는 것이 경제의 수입원이다."

페이스북 창립자 숀 파커가 말했듯이 기업은 인간의 욕망, 공포, 호기심의 욕구에 어필하며 비즈니스를 만들어간다. 따라서 무언가를 팔아야 하는 당신이 집중해야 하는 것은 인간 심리의 취약성이다. 즉, 고객의 욕망을 자극하고, 공포를 해소하며, 호기심을 충족시켰을 때 당신의 가치가 올라간다.

그렇다면 내가 팔 수 있는 것이 무엇인지 알아보자.

무엇을 팔 것인가?

자신이 팔 수 있는 것을 모두 목록으로 작성해 보라

Tip : 유·무형의 상품, 서비스를 모두 적는다. 이때 한 번이라도 유료로 판매했던 것을 적는다.

What is your Product?

다음은 조연심이 지난 10년 동안 돈을 받고 팔았던 것들이다.

1. 시간

2. 책 8권

3. e-book 2권

4. 강연 (개인 브랜드, 자존감, 리더십, 마케팅, 동기부여, 옴니 마케팅, 디지털 평판, 콘텐츠마케팅 등)

5. 프로그램 (바이럴 마케팅 스쿨, 블록체인 브랜딩 스쿨 외 각종 콘텐츠 마케팅 스쿨)

6. 개인 브랜드 사관학교(5주, 8주, 10주)

7. 드림 워크숍(청소년, 대학생, 성인을 위한 원데이, 1박 2일, 2박 3일)

8. 프로젝트 기획&운영 다수 (플래시몹, 300 프로젝트, 작가세상, 북 TV365 등)

9. 브랜드 컨설팅 & 디지털 평판 매니지먼트

10. 토크쇼 기획 및 운영(출간기념회, 상품출시, 전시회 등)

11. 칼럼(개인 브랜드, 여행 등)

12. 팟캐스트 (당신 브랜드 연구소, 파블로를 읽어요, 피카디리 미술관, 피카소 마음 교육 등)

13. 인터뷰

14. 큐레이션 (디지털매거진, 뉴스레터)

15. 각종 디자인 및 인쇄물 (브로셔, 포스터, 현수막, 배너 등)

16. SNS 채널 구축 및 운영 (홈페이지, 쇼핑몰, 블로그, 페이스북 페이지, 포스트, 유튜브, 팟빵, 오디오 클립 등)

이렇게 팔았던 것들을 적어보기만 해도 내가 어떤 일을 해 왔는지 알게 된다. 그리고 팔리는 내가 되기 위해 무엇을 해야 하는지 알게 된다. 주력 분야가 명료한 당신이라면 관련 상품은 얼마든지 다채로울 수 있다. 프로페셔널은 이미 어느 한 분야에서 자신의 기량을 완벽하게 연마한 사람이다. 진정한 비즈니스 프로페셔널에게는 정년이라는 개념이 없다.

그렇다면 프로페셔널과 아마추어의 가장 큰 차이는 무엇일까?
프로페셔널은 '해야 할 것'에 집중해서 성과를 내는 데 시간을 쓰고, 아마추어는 '불필요한 것'까지 하느라 항상 시간이 부족하다. 그래서 제대로 된 결과를 만들지 못하는 것도 아마추어들이다. 사람들은 누구나 같은 시간을 살지만, 자신에게 꼭 필요한 것을 하며 사는 사람들의 결과는 늘 주목받고 앞서간다.

자신이 무엇을 하고 무엇을 하지 않아야 한다고 하는 것을 아는 것은 자신의 주력 분야에 집중할 힘을 가졌다는 의미다. 어떤 사람이 되겠다고 결정하면 그에 필요한 것이 무엇인지 알게 되고, 그것만 집중해서 하게 되면 자신이 의도했던 '어떤' 사람이 되어 간다.

나는 10년 전 조연심이라는 기업에 입사하고 해마다 책을 내는 것을 목표로 삼았다. 기업은 신제품이 있어야 성장할 수 있기 때문이다. 그리고 아무리 바쁜 일이 있더라도 해마다 써야 할 책의 주제와 소재를 정하고 필요한 만큼 원고를 쓰기 위해 시간을 배정했다. 그리고 나 자신과 약속한 대로 1년에 한 권의 책을 발행했다. 그리고 이 책이 10번째 책이다. 해마다 책을 쓰면서 도대체 왜 그렇게 자신을 괴롭히느냐는 말을 가장 많이 들었다. 내가 생각해도 나는 나에게 가장 혹독했다. 어차피 나와의 약속이었기에 하지 않아도 아무도 뭐라 할 사람도 없었고, 설사 약속을 지켰다 한들 누구에게 칭찬을 듣거나 보상을 받는 것도 아니었다. 그러나 강박증 환자처럼 지켜온 나와의 약속은 내가 '어

'떤' 사람인지를 고스란히 보여줄 수 있는 보증수표가 되어 주었다. 내가 '어떤' 분야에서 일하고 '어떤' 사람과 '어떤' 수준으로 '어떤' 일을 하는지를 명확하게 증명해 준 것이다.

"대표님, 요즘 너무 바쁘시죠."

온라인에 공유된 나의 일상을 보고 사람들은 내가 너무 바빠서 만날 수 없다고 말한다. 그리고 만날 엄두조차 내지 못한다. 하지만 의외로 나는 시간 여유가 많은 편이다. 매일 만보를 걷고, 읽어야 할 책을 읽고, 일주일에 두 번 오디오 클립 당신 브랜드 연구소 클립을 발행하고, 클라이언트 미팅을 하고, 프로젝트를 수행하고, 밀린 TV 드라마를 보고, 일주일에 한 번 사우나에 간다. 그 와중에 틈틈이 원고를 작업한다. 이 많은 일을 하면서도 시간 여유가 있는 이유는 하지 않아야 할 것들에 거의 시간을 쓰지 않기 때문이다.

나는 사람들이 모이는 곳에 거의 가지 않는다. 유명하다고 무작정 따라 하거나 혹시 필요할지도 모른다는 이유로 다들 따는 자격증을 따거나, 시험공부를 하지도 않는다. 사람들과 만나면 험담이나 가십 이야기로 시간을 소진하는 일도 거의 하지 않는다. 회사를 경영하면서 꼭 필요하다고 조언해주는 수많은 것들에도 관심 두지 않는다. 딱 지금 나에게 필요하다고 생각하는 것들만 하고, 만나고 싶거나 만나야 하는 사람들만 만나고, 채워야 할 지식과 역량에만 집중하며 산다.

물론 처음부터 이렇게 내가 해야 할 것들에만 집중하며 시간을 쓸 수 있었던 것은 아니다. 맨 처음 시작했을 때는 무엇을 해야 하는지조차 몰랐기 때문이다. 모든 게 다 중요해 보였고, 모든 사람이 다 의미 있어 보였고, 모든 일을 다 해낼 수 있다고 여겼다. 그 무렵의 나는 정말 바빠 보였고, 실제로도 바빴다. 하지만 한 해 한 해 시간이 가면서 아무리 노력해도 내 것이 아닌 것은 끝까지 아니었고, 나에게 소중한 사람은 그리 많지 않다는 것을 깨닫게 되었다. 그리고 아무리 일을 잘 해도 욕을 먹는다는 것도 알게 되었다. 그렇게 한 분야에서 10년 차가 되니 내가 집중해야 할 것이 무엇인지, 그 일을 해내기 위해 어떻게 시간을 써야 하는지를 아주 조금 터득하게 된 것이다.

지금 너무 바빠서 아무 일도 할 수 없다고 한탄하는 사람들이 많다. 그들이 그렇게 바쁜 이유는 하지 않아도 될 일에 시간을 쓰기 때문이다. 자신의 분야를 명확하게 하고, 좁힌 범위에 집중하면 시간을 더 의미 있게 쓸 수 있게 된다. 불필요한 일이 무엇인지 알게 되고 하지 않을 용기도 생긴다. 그리고 해야 할 바를 하면서 시간을 쓰면 자신이 '어떤' 사람인지 보여주는 데 훨씬 수월해진다.

똑같이 10년을 지나오면서 누군가는 그 이상의 내공과 아우라를 쌓고, 누군가는 여전히 1년차 초보에서 벗어나지 못한다. 시장은 아마추어 말고 프로페셔널에게 그에 합당한 가격을 지불하고 싶어 한다.

당신이라는 브랜드가 어떻게 하면 잘 팔릴까를 논하기 전에 당신 스스로가 프로페셔널인가에 답해야 하고, 고객이 묻는 말에 답을 줄 수 있는가를 고려해야 한다. 당신이라는 상품을 경험한 사람들의 삶이 좋아졌을 때 당신 또한 좋은 브랜드였다고 말할 수 있다.

'나다움'의 근원은 경험에서 나오고 그 경험을 거래 가능한 상품이나 서비스로 만드는 과정이 바로 경쟁력 있는 퍼스널 브랜딩Personal Branding이다. 취미는 절대 브랜드가 될 수 없다. 내가 하는 일의 전문성으로 인정받아야 한다. 내 일은 '나를 파는 것'이다. 나는 이성적으로 이것을 이해했지만, 정서적으로는 이해하지 못해 힘든 시간을 보냈다.

실제로 그동안 나는 무언가를 함께 하자는 제안을 많이 받아왔다. 그리고 내가 할 수 있는 한 최고의 노력과 시간을 투여해 그 무언가가 성공하도록 도왔다. '이거 성공하면 돈 많이 줄게'라던가 '이거 완성하면 본부장 자리 줄게' 등과 같은 책임 없는 약속들을 액면 그대로 믿었다.

하지만 딱 거기까지였다. 그 일이 완성되면 그 자리는 내 것이 아니었고, 돈도 액수가 커지면 나 대신 다른 사람이 그 자리를 채웠다. 그럼에도 그 이유를 몰랐다. 그렇게 끊임없이 도마 위에 올려졌다가 퇴짜를 맞는 경험을 하기 전에는. 이제는 왜 내가 버려지고 무시당하고 투명인간 같은 삶을 실있는지 안다. 나 아니면 안 될 그 무엇, 나다운 경쟁력을 갖추지 못해서였고 고객이 아닌 나 스스로를 영웅화했기 때문이었다. 세상에는 나와 비슷비슷한 서비스를 하는 사람이 수도 없이 많고, 고객들은 언제고 자신을 영웅으로 만들어줄 가이드로 갈아치울 수 있다는 것을 깨닫게 된 것이다.

결국, 나는 스스로를 진행 중인 작업으로 간주하고, 핵심 자산을 정의하고 그것을 시장에 파는 것이라고 이해했다. 한 마디로 퍼스널 브랜드는 나의 재능이 나 아니면 안될 정도가 되고 세상이 알아봐 줄 때까지 지속해야 완성될 수 있다.

문제는 '자신이 원하는 기회를 잡기 위해 필요한 일을 할 것인가?'이다.

2 / Platform

당신으로 가는 길_{Platform}을 연결하라

고객은 어떻게 나를 찾아올까?

    소개, 광고, 검색 등을 통해 내 상품이나 서비스가 대단하다는 것을 알렸다. 하지만 딱 거기까지다. 어떻게 해야 당신의 상품에 다다를 수 있는지가 보이지 않는다. 구매 가능한 루트가 없다는 뜻이다.

고객은 어떻게 나를 찾아올까?

▶ 당신으로 가는 길(Platform)을 연결하라

하버드 비즈니스 리뷰 자료에 따르면 소비자 72%가 검색을 통해 상품정보를 습득한다고 한다. 결국, 디지털상에 당신이나 당신이 판매하고자 하는 상품이나 서비스에 대한 정보가 충분하지 않으면 비즈니스에서 제외될 확률이 높다.

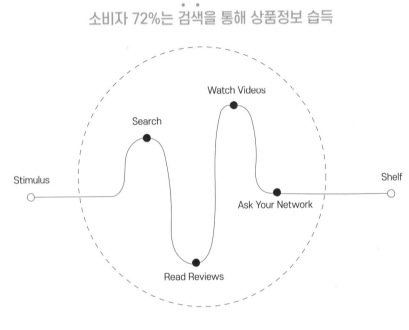

소비자 72%는 검색을 통해 상품정보 습득

▶ 출처 - 하버드 비즈니스 리뷰 자료

인터넷 매체의 어떤 페이지에서도 고객이 원하는 정보로 연결될 수 있어야 하고 연결된 다양한 채널을 통해 당신의 웹페이지로 들어올 수 있어야 한다. 홈페이지가 되었든, 쇼핑몰이 되었든, 블로그가 되었든 당신이 궁금해지면 바로 연결될 수 있는 플랫폼이 존재해야 하는 이유다.

▶ 모바일 퍼스트 전략(Mobile First Strategy)

한번은 온라인 광고를 하는 전문업체를 소개받은 적이 있었다. 고객은 자기네 회사 사장님이 아는 업체인데 여기에 일을 맡겨도 좋은지를 판단해 달라고 요청했다. 우선 모바일 검색을 통해 해당 기업을 찾아보았지만, 링크만 있고, 웹 화면이 보이지 않았다. PC에만 최적화된 홈페이지였고, 그나마도 최종 업데이트 날짜가 3년 전이었다. 나는 아무리 아는 사람이 사장이라 한들 어떻게 이런 기업에게 우리 기업의 운명을 맡길 수 있을 것인지 고민하라고 조언했다.

이제 '모바일'을 빼놓고는 웹을 논할 수 없는 시대다. 따라서 우리는 '모바일 퍼스트 전략Mobile First Strategy'으로 대응해야 한다. 가장 손쉽게 그렇지만 명료하게 당신의 비즈니스가 검색되어야 거래될 수 있다. 플랫폼 세상에서 당신이 팔리기 위해서는 우선 온라인에 집을 지어야

한다. 이메일, 연락처, 문의하기, 구매하기 등을 포함한 플랫폼을 가동
하라.

어디에서 팔 것인가?
자신이 거래되는 방법을 모두 목록으로 작성해 보라
Tip: 일을 어디서 의뢰받는지를 적으면 된다.
　　　당신과 연락을 하려면 어떻게 하면 되는지 적으면 된다.

How to Contact YOU?
당신을 만나려면 어떻게 하면 되는가?

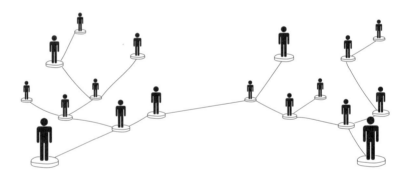

▶ 저자인 지식소통전문가 조연심이 거래되는 루트

다음은 지식소통 전문가인 내가 거래되는 루트다.
예) 지인 추천, 블로그, e-메일, 파인드 강사, 강연, 네이버 카페 300
　　프로젝트, 페이스북, 카카오스토리, 페이스북 페이지(The Per-

sonal Brand / 300 프로젝트/ 여자의 자존감 등), 유튜브 채널MU 외 각종 프로젝트, 네트워크

이렇게 다양한 플랫폼에서 내가 검색되고 있어서 '이거 하나만 하면 된다'라고 확정해서 말하기는 어렵다. 그러나 한 가지 명확한 것은 다양한 채널에서 검색되고 있기 때문에 꾸준하게 일을 의뢰받고 있다는 사실이다. 내 경우에는 6년 전 고객에게 제공했던 서비스의 상당수가 여전히 검색되고 있어서 현재에도 소개로 이어지고 있다.

이 많은 채널 중 도대체 어떤 것을 해야 하는지 모르겠다는 분들에게 추천해주는 것은 딱 2가지다. 먼저 블로그와 페이스북부터 시작해라.

블로그는 정보전시의 기능을 하고, 페이스북은 정보전달의 기능을 소화한다. 그러니 여력이 되어 더 많은 채널을 운영할 수 있다면 모르겠지만 시간과 비용의 한계로 가장 필요한 것만 해야 한다면 10년 전에도 그렇고 지금도 그렇고 나는 블로그를 운영하라고 말한다. 자신이 누구인지, 어떤 분야에서 활약하는지, 얼마나 성실한지, 얼마나 수준 높은지를 보여줄 수 있는 정보창고로 블로그만 한 게 없기 때문이다. 그리고 그것을 비즈니스와 연결할 수 있도록 전달할 수 있는 채널로 페이스북 하나라도 제대로 운영하면 된다. 물론 유튜브나 인스타그램을 통해 재능을 돋보이게 하여 거래 가능한 사람도 많다. 그게 무엇이든 꾸준히 할 수 있는 소통 채널을 하나라도 제대로 관리하라는 말이다.

IBM소프트웨어 그룹의 지사 로터스 메시징 세일즈 책임자 브릴은 재택근무를 하고 블로그www.edbrill.com를 운영한다. 블로그 전문 검색 엔진 테크노라티에 따르면 그의 블로그는 인기순위 0.1% 안에 드는 영향력 있는 블로그다. 그는 회사 로터스와 관련된 내용, 기술, 여행 담, 네트워킹에 대한 콘텐츠를 올리며 그의 이름값을 유지하고 있다.

로터스 고객들 사이에 그를 모르면 간첩이라는 얘기가 나올 정도로 그는 파워블로거다.

"블로그는 자기가 주도하는 세상이다. 내가 흥미로운 콘텐츠를 올리지 않으면 아무도 댓글을 달지도, 포스팅하지도 않을 것이다." 어느 분야에서든 정보기술을 활용해 브랜드 메지시를 전달할 수 있으며 브릴처럼 그것을 적절히 활용함으로써 인지도를 크게 높일 수 있다는 것을 잊지 말자.

퍼스널 브랜드를 위한 최고전략은 바로 적.자.생.존.

모든 사람이 연결된 디지털에 스스로 기록을 남겨야 살아남을 수 있는 시대다. 단, 당신의 기록에는 당신이 검색되어야 할 검색어가 포함되어야 한다. 빅 데이터는 당신이 누구인지 알려주는 바로미터다. 당신이 가장 자주 쓰는 단어가 당신의 전문분야와 연결되는 게 중요하다.

당신을 찾아올 수 있는 단 하나의 유통플랫폼으로 블로그를 운영하고 페이스북으로 소통을 하는 것만으로는 어딘가 아쉽다고 한다면 다

▶ 당신이 가장 자주 쓰는 6문자 단어는 무엇인가요?

양한 루트를 통해 당신을 찾아올 수 있는 OSMCOne Source Multi Channel
전략을 활용하면 된다. OSMC 전략은 하나의 소스를 다양한 콘텐츠로
만들어 여러 채널에 업로드하면 된다.

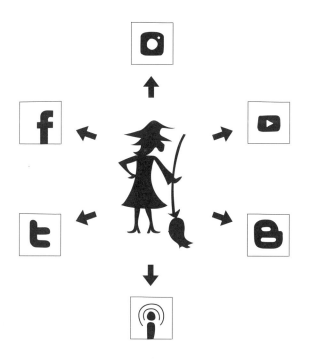

▶ OSMC(One Source Multi Channel) 전략

어디를 통해 당신을 만나야 하는지를 결정하면 그에 필요한 콘텐츠
의 형식을 결정하기는 쉽다. 유통력을 증대하는 핵심은 무조건 열심히
가 아닌 자신의 상품성을 증명할 키워드로 제대로 노출하고 있는가다.
사람들의 뇌에 엣지있게 기억되기 위해서는 최초가 되거나 최고가 되
어야 한다.

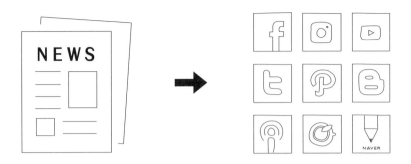

▶ 네이버 각 카테고리에 노출되기 위한 OSMC 전략

"In order to gain an edge, Either be First, or be Better. * "

시장의 가장 중요한 부분을 가장 먼저 점령하는 사람이 전체 시장의 라스트 무버가 된다.

유통의 거듭제곱법칙이 있다. 유통채널 하나만 효과적으로 운영하더라도 사업성은 밝다. 가장 흔한 실패의 원인은 제품이나 서비스가 나빠서가 아니라 세일즈를 못해서다.

태그호이어TAG Heuer** 의 명예회장 잭 호이어는 이렇게 말했다.
"양산Mass에서 기품Class으로"

21세기는 사이버 경제 체제는 규모의 경제가 아니라 심도의 경제이고 격의 세계다. 좁고 깊고 신속하게 당신과 연결되어야 한다. 앞으로의 비즈니스 정글에는 길도 없고 경계선도 없다. 그러니 답을 찾을 때까지 지속할 수 있는 사람이 이긴다.

제품 이외에 팔아야 하는 것들은 무엇일까? 우리는 회사를 직원과

---

* The BUSINESS Book 34p, Gaining an Edge
** 프로페셔널의 4가지 조건 / 오마에 겐이치 / 246p

투자자에게 팔아야 한다. 회사를 미디어(언론)에 파는 것은 다른 모든 이들에게 회사를 팔기 위해 꼭 필요한 부분이다. 제품의 장점을 넘어서는 유통전략과 홍보전략 없이 사람들이 우리 회사를(나를) 칭찬해줄 거라고 기대하지 말라. 유망한 직원과 투자자가 회사 혹은 당신을 검색했을 때 무엇을 발견했는지는 회사와 당신이 성공하는 데 결정적으로 중요한 요소다. 직원이든, 창업자든, 투자자든 누구나 플랫폼을 통해 무언가는 팔아야 한다.

3 / Price

시간당 몸값Price을 올려라

우리는 한 번도 만나본 적 없는 유명한(혹은 유명하다고 믿는) 사람에게 비싼 가격을 매긴다. 그래서일까? 우리 대부분은 다양한 방법으로 유명해지기 위해 애쓴다. 과거에는 TV나 신문, 잡지를 통하면 유명해질 수 있었다. 각종 스포츠에서 놀랄만한 성과를 이루거나, 베스트셀러 작가가 되거나, 천만 관객을 끌어들인 영화 속 주인공이나 시청률 높은 TV 드라마 배우들이나 어마어마한 매출을 올리는 기업의 CEO나 유명 공기업이나 단체장이 되면 유명해진다. 네이버 인물검색을 비롯해 뉴스, 책 정보 등 모든 카테고리에 검색이 되는 사람도 유명하다고 여긴다. 이제는 유튜브, 블로그, 팟빵 등 자신이 운영하는 SNS 채널의 구독자 수가 유명세를 결정짓는 절대적 잣대가 되었다. 퍼스널 브랜드를 구축하는 이유도 어쨌거나 비싸게 팔리기 위해서다. 핵심은 나 아니면 안 될 그 무언가를 이룬 사람에게 세간의 관심사가 모이고, 그 결과가 유명세로 이어지며 비싼 몸값을 형성하게 된다.

전 세계에서 가장 유명한 사람들 역시 창업자이다. 유명인사들은 회사가 아니라 개인 브랜드를 설립하고 키운다. 예를 들어 레이디 가가는 자기 자신을 "살아있는 사람 중 가장 영향력 있는 사람 중 한 명"이라고 어필하기 위해 앨범의 제목을 '그런 식으로 태어났다born this way'라고 지었다.

"레이디 가가는 음악 산업의 새로운 마돈나가 아니다. 새로운 비즈니스 모델이다." 레이디 가가는 소셜미디어 마케팅의 지존이라며 "핵심상품 판매를 위해 소셜미디어를 활용하는데 레이디 가가를 따라갈 수 있는 마케팅 전문가는 없다."고 미국 광고전문지 애드버타이징에이지(애드에이지 2010. 2. 22. 일자)에서 소개했다.

데뷔한 지 2년도 채 되지 않아 '제2의 마돈나'로 불리며 세계적인 스타로 자리 잡는 데는 페이스북, 트위터, 유튜브 등 각종 소셜미디어를 적극적으로 활용한 마케팅 덕분이었다. 레이디 가가가 뉴욕 맨해튼의 한 클럽에서 공연한다고 페이스북에 글을 남기면 즉시 유명 블로거들이 이 소식을 퍼뜨리는 식이다. 레이디 가가는 자신의 유튜브 채널을 통해 매주 공연이나 촬영 관련 동영상을 올린다. 자신의 브랜드 가치를 높이기 위해 유명 연예인이나 건축가, 현대 미술가, 패션 디자이너, 볼쇼이 발레단 등과 함께 작업하고, 라이벌 비욘세 놀즈와 함께 듀엣곡도 부르고 마돈나와 가죽 란제리에 부츠를 신고 머리채를 잡고 싸우는 모습도 기꺼이 연출한다. 이런 그녀의 아방가르드한 패션과 팝아트 같은 이미지들이 SNS 채널을 통해 일상적으로 마케팅되는 셈이다. "나의 삶 자체가 하나의 퍼포먼스"라고 한 인터뷰에서 말한 레이디 가가는 소셜미디어를 관객을 끌어들이는 거대한 무형의 무대로 만드는 힘으로 자신의 몸값을 올린 최고의 퍼스널 브랜드다.

버진그룹* CEO 리처드 브랜슨은 버진의 '왕', 틀림없는 홍보의 왕, 사막과 우주의 왕, 얼음 왕이라고 보이도록 자신을 연출하는 데 천재다. 리처드 브랜슨은 자신의 개인 브랜드를 통해 기업이 가고자 하는 방향에 힘을 보탠다. 만일 회사를 시작하려 한다면 반드시 자신의 이미지는 물론 그것을 어떻게 브랜드화할 것인가를 철저히 고민해야 한다.

리처드 브랜슨은 그의 책 『내가 상상하면 현실이 된다』에서 섹시하게 광고하되 진실을 담으라고 조언한다. 기업의 회장이나 최고경영자가 직접 밖으로 나가 자신의 사업을 광고해야 한다. 그는 마케팅 전문가들이 만든 불문율을 배반하여 버진을 알려왔고, 남들이 하지 않는 방식으로 브랜드를 확장했으며, 언제나 성공했다. 회사의 외양과 이미지는 그 뒤에 숨겨진 열정뿐만 아니라 재미도 반영해 이를 표현할 줄 알아야 한다. 단순히 유명인을 모델로 하는 광고대신 제품에 대한 어떤 이미지를 반영하기 위한 '뭔가 다른 것'을 전달해야 한다.

"밖으로 나가서 직접 움직여라."라고 말한 프레디 레이커** 의 말처럼 당신이 자신의 제품에 열정적이라면 다른 사람들 또한 그 사실을 믿게 할 필요가 있다.

이처럼 유명해지기 위해서는 일반적이고 평범한 수준이 아닌 조금은 특별하고 확실한 방법이 필요해 보인다. 그렇다고 자신의 본질과 상관없이 보이는 것만 신경 쓰다 보면 결국 오래가지 못하고 멈추게 된다. 자신의 몸값을 높이기 위해 있는 그대로의 내가 아닌 직업적 본

---

* 리처드 브랜슨 『내가 상상하면 현실이 된다』 10장 섹시하게 광고하되 진실을 담아라 중에서
** 영국 출신으로 스카이트레인(Skytrain), 레이커항공(Laker Airways) 등을 설립한 인물로 저비용항공 개념을 도입한 선구자 중 한 명

질에 맞는 적당한 연출이 필요하다. 브랜드는 시간이 지나면서 의미를 획득한다. 궁극적으로 브랜드의 의미를 통제할 수 있는 것은 오직 고객에게 제공하는 것들뿐이다. 그렇게 브랜드는 다른 사람들에 의해 의미를 얻는다.

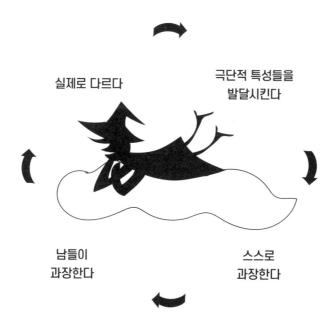

▶ 브랜드 연상은 어떻게 만들어지는가?

이처럼 가격력*을 높이려면 몸값을 현저하게 올릴 수 있는 개인 브랜드를 만들거나, 제품을 많이 팔아야 한다.

그런데 단지 근사하게 물건을 만들었다고 해서 고객들이 찾아올까?

---

* 가격력은 가격경쟁력을 뜻한다.

우리가 사는 세상은 세일즈에 의해 견인되고 있다. 자신의 커리어가 무엇이든 세일즈 능력이 슈퍼스타와 낙오자를 가른다. 월스트리트에서도 기술적 전문성을 발휘하는 애널리스트로 시작한 신입사원의 최종목표는 거래를 성사시키는 딜 메이커Deal maker가 되는 것이다. 세일즈는 밑바닥에 놓인 실체는 건드리지 않은 채 겉모습만 바꾸는 각종 캠페인을 용의주도하게 전개한다. 어느 곳이든 대놓고 파는 것보다 팔릴 수 있는 다양한 방법들을 활용할 수 있는 세일즈맨이 두각을 나타낸다. 세일즈맨들은 모두 배우다. 진정성보다는 설득력이 우선이다. 연기와 마찬가지로 세일즈는 비즈니스 의도가 숨겨져 있을 때 가장 큰 효과를 나타낸다.

여기서 잠깐 생각해보자. 내가 아는 사람들 다수가 자신이 말을 하는 것에 두려움을 느낀다. 고객이 자신의 말에 귀를 기울여주지 않는다고 하소연한다. 그렇다면 고객은 왜 내 말을 무시하는 걸까?

▶ 그들은 당신의 이야기에 관심 없다

이유는 간단하다. 천편일률 내 이야기만 늘어놓았기 때문이다. 고객은 자신의 문제를 해결해 줄 사람을 애타게 찾는 중이다. 고객은 영웅이다. 난관에 빠진 영웅은 계획이 있는 가이드를 원한다. 내가 가진 계획이 어떤지 알려주어야 나를 선택할지 말지를 결정할 수 있다. 가격력의 핵심은 고객의 문제 해결에 어떤 역할을 할 수 있는가가 결정한다.

일 = 문제를 해결하는 것

일단 실력이 뛰어나야 흥정이라도 해볼 여지가 생긴다. 문제해결력은 국가직무표준NCS에 의하면 업무처리능력, 문제 해결 능력, 사고력, 문제처리능력이 종합적으로 작동할 때 높아진다. 문제의 크기가 사람의 크기를 결정한다. 문제 해결 능력이 크면 수입의 크기도 크다.

문제의 크기가 사람의 크기를 결정한다.
문제 해결 능력이 크면 수입의 크기도 크다

다음은 가격력을 키우기 위해 고려해야 하는 질문들이다.
• 당신은 고객의 어떤 문제를 해결해 줄 수 있는가?
• 고객은 자신의 문제 해결을 위해 얼마의 돈을 지불하고 있는가?
• 그 분야 최고는 얼마의 돈을 받고 있는가?
• 당신의 서비스는 수익 창출이 지속 가능한가?
• 시스템으로 확장 가능한가?

우리는 특정한 상황에서 고객이 개선하고 싶은 부분, 고객이 정말 완수하고 싶은 일에 관심을 쏟아야 한다. 이를 해결과제라 부른다. '제품,

서비스와 같은 해결책Solution'이 만족스럽다면 고용과 계약이 반복될 것이다. 그렇지 않으면 고용 후 해고와 서비스 중지가 이어질 것이다.

〈문제해결력 찾기〉

무엇을 할 줄 아는가?

다른 사람의 문제 해결을 위해 자신이 할 수 있는 것을 모두 목록으로 작성해 보라

Tip: 다른 사람들이 주로 나에게 묻는 것을 구체적으로 써라

예) 나는 브랜드 콘셉트를 만들 수 있다.

　　나는 개인 브랜드 홍보를 해줄 수 있다.

　　나는 디지털 평판을 위해 프로젝트를 기획 및 운영해줄 수 있다.

얼마에 팔 것인가?

자신이 거래된 금액을 목록으로 작성해 보라

Tip: 현재 거래 가능한 몸값을 적는다.

How much is YOU? : ₩_____

예) 1. 개인 브랜드 강연 100만 원(시간당)

　　2. 기업 특강 150~200만 원(회당)

　　3. 개인 브랜드 컨설팅 및 채널구축 서비스(2,000만 원/8주)

　　4. 매월 매니지먼트 서비스 1,000~2,000만 원(월)

　　5. 디지털 평판 큐레이션 서비스 500만 원~ (월)

　　6. 선거 공약 컨설팅 3,000~5,000만 원

　　7. 개인브랜드 사관학교 10주 (120만 원)

　　8. 프로젝트 기획 및 운영(협의)

　　9. SNS 채널 기획 및 운영(협의)

가격을 논하기 전에 진입의 법칙을 기억하라.

당신이 뛰어드는 시장이 누구든 쉽게 시작할 수 있는 일이라면 분명 레드오션 시장일 것이다. 그 시장에서 살아남으려면 남다른 탁월함이 있어야 한다. 너무 흔한 자격증, 평범한 실력, 짧은 업력이 문제지 어려운 시장 탓이 아니다. 경쟁력이 없으면 가격은 절대 오르지 않는다.

가격은 표면상의 거절 이유가 될 뿐 너무 비싸거나 너무 싸다는 것은 고객의 기대치를 기준으로 정해지는 상대적 가치다. 고객의 기대치가 크면 가격도 높아진다. 당신 아니면 안 될 그 무언가를 제공할 수 있다면 가격결정권은 당신에게 있다. 우리가 집중해야 할 것은 고객의 기대치다.

4 / Project

당신이 누구인지 프로젝트Project로 말하라

"어떤 일 하세요?"

"회계 파트에서 숫자 만지는 일 하고 있어요. 일한 지는 7년쯤 되었고요."

"앞으로도 계속 그 일 하실 건가요?"

"배운 게 이거밖에 없어요. 다른 건 뭘 해야 할지 생각해 본 적도 없고요. 전 뭘 할 수 있을까요?"

이런 대화가 낯설지 않다면 당신은 전형적으로 회사형 인간이다. 그러나 머지않은 미래에 오로지 한 우물만 파다가 우물 안 개구리가 된 불편한 현실과 대면하게 될 것이다.

이름 없는 직장인으로 살지 않고, 자신의 진정한 가치를 드러낼 기회를 얻기 위해서는 무엇보다 자세를 바꾸어야 한다.

'경로 의존성'은 외부 환경이 달라졌음에도 관성에 의해 기존에 자리 잡은 습관대로 행동한다는 이론이다. 그 사례로 영문 키보드의 자판 배열을 들 수 있는데 지금 우리가 사용하는 쿼티QWERTY 자판 배열은 수동타자기 시절 손이 엉키지 않게 하려고 자주 쓰는 글자를 멀리 떨어트려 놓은 것이다. 그러나 손이 엉킬 염려가 없어진 요즘에도 모두가 여전히 수동타자기 시절의 영문자판 배열을 사용하고 있다. 기존 경로에 익숙해진 사람들이 쉽게 새로운 방식을 따르지 않기 때문이다. 이처럼 경로의존성은 몸에 밴 습관대로 행동하게 되므로 새로운 선택을 어렵게 만든다. 사회가 변하고 미래의 일자리나 일의 형태가 달라져 지금 변하지 않으면 더 이상 일의 미래가 낙관적이지 않음에도 말이다.

그렇다고 하루아침에 하던 일을 내팽개치고 다른 일을 할 수는 없다. 대학을 졸업하고 한 회사에서 몇 년 내지, 십수 년을 보낸 사람들은 어떻게 해야 몸에 밴 경로의존성에서 탈피할 수 있을까?

미래의 일자리 대다수는 자격증, 학력, 경력이 아닌 자신이 실제 해낸 경험과 역량으로 거래될 것이다. 자신이 누구인지, 어떤 경험을 했는지, 무슨 역량을 가졌는지, 어떤 일을 어떤 수준으로 해냈는지, 어떤 사람들과 그 일을 했는지 등을 검색 가능한 데이터로 증명할 수 있어야 한다. 자신의 능력과 경험 및 관심사를 증명하는 방법은 지금 하는 일을 프로젝트라 여기고 그 과정을 인터넷에 알리는 것이다. 좀 더 쉽게 말하면 지금 하는 일을 그저 회사 업무라 여기지 말고 그 일을 하는 자신이 누구인지를, 어떤 역할을 하는지를 디지털에 콘텐츠(글, 사진, 이미지, 영상)로 기록하라는 말이다. 그러면 이렇게 반문할 사람들이 있을 것이다. 회사 업무는 올릴 거리가 없거나 극비라 올릴 수 없다고.

그럴 때는 앞으로 하고 싶은 일과 관련된 일을 하고 그 과정을 디지털 기록으로 남기면 된다. 관련된 책을 읽고, 해당 분야 사람을 만나 이야기하고, 해당 분야에 관한 글을 쓰게 되면 인터넷은 당신이 누구인지 증명해줄 뿐만 아니라 앞으로 어떤 일을 할 수 있는지를 예측하게 해준다. 이 모든 과정 자체를 프로젝트라 여기면 된다.

프로젝트를 만들 때 고려해야 할 것이 있다. 육하원칙에 의거 프로젝트 기획안을 먼저 작성해 본 후 한눈에 알아볼 수 있도록 편집된 포스터를 작성해 공개해야 한다는 것이다.

1. 나는 누구인가 Who
2. 누구와 함께할 것인가 Whom
3. 무엇을 할 것인가 What
4. 왜 그 일을 하려 하는가 Why
5. 어떻게 할 것인가 How
6. 기대효과는 무엇인가 If

보통 포스터를 보면 주최, 주관, 후원, 제목, 부제목, 일정, 장소, 개요 등이 담긴다. 위의 육하원칙을 잘 정리하고 나면 보이는 방식은 얼마든지 선택 가능하다.

프로젝트에는 당신의 재능과 약속이 담겨야 한다. 프로젝트의 역할은 당신의 상품이나 서비스가 기능적으로 편리하다는 것을 느끼게 하는 것을 넘어 기분 좋은 감정을 느끼게 하는 것까지가 포함된다. 그래서 뻘짓 프로젝트를 기획했더라도 당신답다는 말을 들을 수 있어야 한다.

역시 대단하다, 역시 엠유답다, 역시 조연심답다.

이런 평판을 얻을 만큼 프로젝트 하나를 기획하더라도 당신을 경험할 순간순간에 현재의 고객과 잠재고객이 느낄 감정이 어떠할 것인지까지 설계할 수 있어야 한다. 공식적으로 공개하는 프로젝트의 합이 당신이라는 사람의 수준과 영향력을 자연스럽게 드러내는 통로가 된다.

지금과 다른 더 나은 삶을 꿈꾼다면 일하는 방식을 바꿔야 한다. 단순 육체노동을 하는 블루칼라노동자에서 자격증을 가지고 고도의 정신노동을 하는 화이트칼라노동자를 지나 당신만의 재능과 훈련된 역량에 눈부신 아이디어로 승부하는 골드칼라 노동자의 방식을 취해야 한다. 아이디어 노동자는 언제나 프로젝트 단위로 일하며 더 좋은 것, 더 나은 것, 더 새로운 것을 추구한다.

톰 피터스의 보다 나은 프로젝트를 위한 제안은 성공적인 프로젝트를 위한 체크리스트 역할을 한다. 지금 당장 체크해보라.

당신이 지금 하는 프로젝트는,
- 1년 후에도 자랑할 일인가?
- 관련 업종의 잡지에 소개될 만한 프로젝트인가?
- 최소한 부서의 소식지에 실릴 프로젝트인가?
- 당장 프로젝트에 대한 요약본이나 소식지나 잡지에 보낼 가짜 보도자료를 작성해 보라
- 작성한 글에 '와우'라고 할 만한 요소가 있는가?
- 있다면 왜 '와우'인가?
- 이 프로젝트의 결과가 기억에 남을까? 혹은 자랑할 만할까?

현대경영의 아버지 피터 드러커는 지식근로자에 대해 그의 책『피터 드러커의 자기 경영 노트』에서 이렇게 말했다. "지식근로자는 스스로 방향을 정해야 하고 그 방향은 목표달성에 초점을 맞춰야 한다. 따라서 생각하는 것이 곧 일이다." 앞서도 말했듯 21세기 지식창조시대에 지식근로자로 살아가려면 주력 분야에서 프로페셔널로 살아남아야 한다.

지금까지 살아왔던 방식을 벗어나 자신의 분야에서 아이디어 노동자로 살고 싶다면 피터 드러커가 지식을 얻은 방식대로 자신만의 프로젝트를 만들어야 한다. 나는 검색되는 온라인 포트폴리오를 만드는 방법으로 자신의 블로그에 전문성을 증명할 수 있는 300 프로젝트를 소개한 바 있다. 300 프로젝트는 자신의 분야를 정하고 해당 분야와 관련된 책 100권을 읽고 후기를 쓰고, 관련 분야 사람 100명을 만나 인터뷰하고, 해당 분야 관련 100개의 칼럼이나 콘텐츠를 발행하는 자아 성장 프로젝트다. 100개라는 기준은 각각의 글로벌 멘토가 행했던 방식을 따라 만들게 되었다. 책 분야 멘토는 투자의 귀재 워렌 버핏이다. 그는 고등학교 졸업 전에 경제 관련 책을 100권도 넘게 읽었고, 그의 스승인 벤저민 프랭클린이 쓴『현명한 투자자』를 100번을 넘게 읽었다. "많이 읽고, 또 생각하십시오. 살면서 할 수 있는 가장 확실한 투자입니다." 워렌 버핏이 남긴 말이다.

인터뷰 분야 멘토로는 성공학의 아버지라 불리는 나폴레온 힐이 있다. 그는 성공한 사람 507명을 만나 인터뷰한 내용을 담아『놓치고 싶지 않은 나의 꿈 나의 인생』을 썼는데 20세기 최고의 성공학책으로 불린다. 성공을 위한 그의 조언은 명료하다. '성공하고 싶은가? 그렇다면 성공한 사람을 만나라.'

칼럼 분야 멘토로는 20세기 말 경영 사상을 대표하는 인물이자 현대 경영학의 창시자인 피터 드러커가 있다. "나는 3~4년마다 관심 분야 하나를 정하고 공부를 했다. 그 분야 지식을 얻기 위해 우선 많은 책을 읽었다. 그리고 많은 이들을 찾아가 어떻게 성공할 수 있었는지 물었다. 그리고 스스로 글을 썼다. 그러자 난 지식을 얻게 되었다." 또한, 그에게 누군가가 "박사님의 저서 가운데 어느 것이 대표작입니까?"라고 묻자 "이다음에 나올 책"이라고 답했다고 한다. 드러커는 "현재의 일만이 자신이 가진 전부라면 결국 문제에 직면할 것이고, 좀 더 젊었을 때 경쟁 없는 삶과 커뮤니티, 진지한 취미생활, 제2의 경력 등을 찾아봐야 한다. 많이 읽고 조언을 구하는 것은 물론 자신의 글을 써야 비로소 지식을 얻게 된다."라고 조언했다.

100권의 책
100명의 인터뷰
100개의 칼럼

300 프로젝트는 어쩌면 너무 단순하고 무식한 도전일지 모른다. 하지만 데이터 입장에서 보면 했는지 안 했는지를 보여주는 증거가 되고, 잘했는지, 못했는지를 증명할 자료가 된다. 성실성과 전문성 모두를 보여주는 가장 확실한 경험 프로젝트다. 하지만 300이라는 숫자에 눌려 시작도 못 하고 도망갈 사람들을 위해 자신의 재능이 무엇인지 알아볼 수 있는 재능설계 30프로젝트 기획안 만드는 법을 소개한다.

[재능설계 10-10-10 프로젝트 기획안]
1. 자신의 대표 재능과 관련된 분야 찾기
2. 그 분야와 관련된 책 10권 리스트 업 하기
3. 그 분야 전문가 10명 인터뷰 일정(대상 및 날짜) 잡기
4. 그 분야 관련 칼럼 10개 기획하기

5. 공개적으로 포스터 발행하고 일단 시작하기

6. 어쨌거나 30 프로젝트 끝까지 실행하기

현재 진행하고 있는 프로젝트가 어떤 결과를 낼지 예측해보는 방법이 있다. 뉴스에 당신의 프로젝트에 대한 기사가 나왔다고 생각해보자. 그때 어떤 키워드로 당신의 프로젝트를 설명했으면 좋겠는지가 바로 프로젝트 희망결과 측정법이다. 당신의 프로젝트에는 브랜드 정체성에 맞는 고객 또는 잠재고객의 브랜드 경험이 설계되어 있어야 한다. 고개이 당신을 만난 이후 느껴야 할 감정은 무엇일까? 어떤 형용사가 떠오르는가?

현재 하는 프로젝트가 어떤 결과를 만들었으면 좋겠는지를 희망하는 키워드 5개를 적어보라.

〈프로젝트 희망결과 키워드〉
예) 1. 톰 피터스의 와우 프로젝트 희망결과
　　　와우/ 아름다움/ 혁명적/ 충격/ 열광하는 팬
　　 2. 조연심의 뻘짓 프로젝트 희망결과
　　　대단함/ 흥미진진/ 영향력/ Awesome!/ Amazing!

좋아하는 일을 하며 사는 방법은 바로 '하고 싶은 일'을 '프로젝트'라 생각하고 잘할 때까지 하고, 그 과정을 온라인에 그대로 연결하는 것이다. 이를 프로젝트와 레코드Project+Record의 앞글자를 따서 PR이라 부른다. 결국, 내가 참여하고 있는 프로젝트를 온라인에 기록하는 과정 자체가 나를 증명하는 홍보인 셈이다.

그럼 이제 당신만의 프로젝트를 성공적으로 수행하는 4단계 PSDP

과정을 소개한다.

Plan 기획	가야 할 바를 알게 된다
Schedule 계획	데드라인과 해야 할 바를 정한다
Do 실행	그날 해야 할 바를 행한다
Post 기록	디지털 데이터로 남긴다

누구나 이런 과정을 거치면 당신의 전문성을 드러내고 검색 가능한 온라인 포트폴리오를 만들게 되어 원하는 바를 이룰 수 있다. 무경력이었던 내가 퍼스널 브랜드 분야를 대표하는 작가, 강사, 대표, 토크쇼 진행자, 개인 브랜드 컨설턴트로 살아갈 수 있게 된 이유가 모든 순간을 프로젝트로 여겼기 때문이니까. 대학원에 가서 석·박사 학위를 따라는 말이 아니고, 해외 연수나 유학을 다녀오라는 말이 아니다. 그냥 자신의 분야에서 시작해서 책을 읽고, 사람을 만나고, 글을 쓰면서 스스로 증명해보라는 거다.

모든 순간이 프로젝트다!Connect the project!

스티브 잡스가 스텐포드 대학 졸업식에서 했던 연설에는 점과 점을 연결하라는 'connect the dots'가 나온다. 누구나 미래를 내다볼 수는 없지만, 결국엔 과거의 점들이 연결되어 미래가 된다. 그러니 점이 어떻게든 미래와 연결되리라는 것을 믿고 현재에 최선을 다하라는 말이다. 지금 하는 프로젝트가 비록 인정을 받거나 돈을 받지 못하는 뻘짓 프로젝트라 하더라도 언젠가는 나의 미래와 연결되리라는 것을 믿고 매 순간 진짜 프로젝트처럼 하면 된다. 퍼스널 브랜드 분야에서 지식 소통가로 살고있는 나도 그런 과거의 다양한 프로젝트가 연결되어 만들어지고 있는 브랜드인 셈이다.

그렇다면 무작정 하고 싶은 일을 프로젝트로 만들면 되는 것일까?

지금까지 나는 프로젝트를 기획할 때 가급적 고려하려고 했던 내 나름의 기준이 있다.

무엇을 할 것인가에 있어 나에게 가치 있는 일Value보다는 남에게 가치 있는 일Worth인가를 한 번 더 생각했다. 그 결과 온라인 포트폴리오를 만드는 300 프로젝트는 대통령 직속 청년위원회의 멘토링 프로그램에 선정되어 전국 500여 명의 멘티를 양성하는 프로젝트로 인정을 받았고, 부산 유엔공원에 있는 6.25 참전 유엔 전사자 추모를 위한 온·오프라인 플래시몹 ThanksUN2300은 올해로 7년 차를 맞이하여 많은 곳으로부터 함께 하자는 러브콜을 받았다. 그리고 책을 읽어주는 온라인 방송 북TV365는 책 읽어주는 라디오 [파블로를 읽어요]로 이어졌고, 인터뷰 프로젝트 [조연심이 만난e-사람]은 브랜드 컨설팅의 첫 관문에서 가장 인정받는 프로세스로 자리 잡게 되었다.

Worth
남에게 가치있는 일

Value
나에게 가치있는 일

▶ **더 이상 돈을 벌지 않아도 된다고 할 때 하고 싶은 일은 무엇인가?**

만일 시작했을 때 진짜가 아니라서 대충대충 했다면 어땠을까? 약속한 날짜에 이러저러한 이유로 하기로 한 것을 하지 못했다면 어땠을까? 그랬다면 지금도 허가증에 불가한 자격증을 따기 위해 고시 공부하듯 정보를 암기하느라 바빴을 것이고, 언제 주어질지도 모르는 기회를 기다리느라 이 사람 저 사람 눈치 보며 제대로 무대에 서는 경험을 하지 못했을 것이다.

"꿈꿀 수 있다면, 해낼 수 있다. If you can Dream it, You can do it."

작게 시작해서 키워가라! 피터 드러커는 세상의 모든 성공한 혁신가는 절대 크게 시작하지 않는다고 했다. 지금 당장 해결할 수 있는 것부터 시작해서 점차 문제해결력을 키워보라. 프로젝트는 작지만, 그 효과는 절대 작지 않다. 당신이 누구인지 이제부터는 프로젝트로 말하라.

5 / Social Performance

소셜 퍼포먼스Performance 리뷰 능력이 유망 자격증보다 낫다

"미래에는 단 15분 만에 전 세계적으로 유명해질 수 있다."

팝아트의 선구자 앤디 워홀의 말이다. 인터넷으로 모든 것이 연결된 초 연결시대에는 온라인을 통해 주목받는 것이 어지간한 자격증보다 중요한 능력으로 간주된다. 온라인에 자신이 하는 일을 올려 좋은 반응- 좋아요, 공유, 댓글 등-을 얻어내는 능력을 소셜 퍼포먼스 리뷰 능력이라고 한다.

자신이 좋아하는 요리와 관련된 글을 블로그에 포스팅하다가 신의 직장 구글을 그만두고 요리사가 된 [구글보다 요리였에]의 안주원 씨, 뉴욕에서 패션 스타들의 사진을 찍어 블로그에 올려 수천 명의 주목을 얻어 국내 최초 스트리트 패션 포토그래퍼가 된 남현범 씨, 스티브 잡

스가 좋아 그에 관련된 정보들을 블로그에 기록해 잡스 사후 영화 [잡스가 국내 홍보대행사를 찾을 때 그 일을 맡게 된 사람, 에버노트 열혈 팬으로 에버노트 사용법을 상세하게 포스팅을 해서 국내시장이 열릴 때 기회를 거머쥔 사람, 디자인사이트에 자신의 디자인을 올려 구글에 입사한 사람, 필리핀의 무명 가수가 미국 유명가수의 노래를 불러 유튜브에 올려 좋은 반응을 얻어 결국 슈퍼스타가 된 사람의 이야기까지 자신의 재능이나 관심을 온라인에 올려 좋은 반응을 얻어내고 그 결과 원하는 일을 하게 된 사례는 차고 넘친다.

아무리 좋은 프로젝트를 만든다 해도 고객의 시선을 잡아끌 매력적인 퍼포먼스가 없다면 안 팔리는 건 마찬가지다. 레이디 가가가 삶 자체가 퍼포먼스라고 했던 그 말을 기억하라. 지금은 만들기만 하면 팔리는 시대가 아니다. 어쩌면 만들기도 전에 팔기부터 하는 시대가 맞을지 모른다. 만들어지는 과정을 온라인에 올리는 것으로도 이미 판매와 연결되는 크라우드 펀딩 사이트 와디즈나 텀블벅이 그런 사례다. 당신이 사주기만 한다면 이런 상품을 당신에게 안겨주겠다는 약속을 퍼포먼스하는 곳이 점차 늘고 있다. 엠유가 매월 마지막 날 발행하는 디지털 뉴스레터 또한 '나를 잊지 마세요'라는 바람을 담은 지속적인 퍼포먼스다. 매주 월요일, 수요일에 업데이트하는 네이버 오디오 클립의 [당신 브랜드 연구소]도 내가 퍼스널 브랜드 분야의 사람이라는 것을 기억시키기 위한 일종의 소셜 퍼포먼스다.

SNS 시대의 마케팅은 인스타워시Insta-worthy한 무엇이어야 한다. 이는 인스타그램Instagram + ~할 자격이 있는Worthy의 합성어로 사람들이 찍고 인스타그램에 올리고 싶어 할 만한 콘텐츠를 가리킨다. 당신이 어떤 분야에 속해 있건 이제 잊지 말아야 할 것은 '고객과의 연결'이다.

"패션 산업의 가장 중요한 미션은 바로 고객의 욕망을 실현하는 것"에 있다고 선언한 구찌의 크리에이티브 디렉터 톰 포드처럼 1차원적인 상품 판매를 넘어 고객의 욕망을 지지하고 그 욕망이 이루어졌을 때 느낄 감정에 집중해야 한다. 오늘도 인스타그램에는 수많은 인증사진이 올라왔을 것이다. 자신이 먹고, 만나고, 즐기고, 읽고, 보고, 느꼈던 우리의 모든 일상이 공유되는 이때 다른 사람들로부터 좋은 반응을 얻는 콘텐츠에는 분명 그럴만한 이유가 있기 때문이리라.

그렇다면 어떻게 해야 소셜 퍼포먼스 리뷰 능력을 키울 수 있는 것일까?

첫째, 콘텐츠력이 있어야 한다. 자신이 온라인에 올리는 콘텐츠가 힘이 있어야 좋은 반응을 얻어낼 수 있다. 좋은 콘텐츠는 재미있거나, 유용한 정보가 있거나, 감동을 주는 것이다. 위에 소개했던 사례의 공통점은 모두 누군가 시켜서 한 일이 아니라 자신이 좋아서 한 일이었고, 자신의 재능을 더해 좋은 피드백을 받은 경우다. 요리를 좋아했고, 사진찍기를 좋아했고, 디자인을 좋아했고, 노래 부르는 것을 좋아했으며 심지어 잘하기까지 했다. 누구나 나보다 비범하게 잘하는 사람들에게 환호와 찬사를 보내는 건 지극히 당연한 일이다. 콘텐츠가 힘을 가지려면 자신의 분야와 관련해서 극명하게 잘한다는 것을 보여줄 수 있어야 한다. 역시 그 사람답다고 할 수준을 증명해줄 콘텐츠가 있어야 온라인에서 좋은 반응을 얻을 수 있다. 단순히 좋은 명언을 올리거나 다른 사람들이 올린 콘텐츠를 공유하는 것만으로는 좋은 반응을 얻어낼 수 없다. 오롯이 당신이라는 것을 보여줄 콘텐츠는 당신이 머무는 주력 분야와 관련된 이야기여야 힘을 발휘할 수 있다. 외식사업가 백종원이 요리와 관련된 콘텐츠를 올리고, 반려견 훈련사 강형욱이 애견과 관련된 콘텐츠를 올려서 인정받을 수 있었음을 잊지 말자.

둘째, 관계력이 있어야 한다. 혼자서 모든 것을 해내는 사람은 없다. 온·오프라인으로 연결된 세상에서는 기브앤테이크가 극명하게 반영된다. 다른 사람들의 콘텐츠에도 반응을 보이고 평소 좋은 관계를 유지하려고 노력하는 힘이 필요하다. 누구나 무대에서 주인공이기를 원한다. 하지만 무수한 무대에서 조연의 시간이 쌓여야 내 무대에서 주인공으로 빛날 기회가 생긴다. 나의 경우 직장생활을 했던 10년 동안은 내가 주인공이라는 착각 속에 세상을 다 가진 것처럼 행동했었다. 그러나 퇴사를 하고 나서 알게 된 것은 나는 한 번도 나의 무대를 만들지 못했다는 것과 그 어떤 무대에서도 눈에 띄는 역할을 맡지 못했다는 거였다. 심지어 가장 영업실적이 좋고, 가장 빠르게 승진을 했음에도 불구하고 난 그저 들러리에 불과했다. 돌이켜보면 매달 업데이트해야 하는 성과를 위해 부속품처럼 일했던 조연 1, 조연2에 불과했었다. 하지만 무소속 프리랜서가 된 후 처음 몇 년간은 나의 무대를 만들고 싶어도 방법을 몰랐고, 아무도 나를 위해 조연을 해주지 않았으며, 초라한 무대에서 원맨쇼를 하는 나에게 관심을 주는 사람도 거의 없었다. 그 와중에도 다른 사람의 무대에서 조연으로서의 끔찍했던 시간을 버텨야 했다. 하지만 다른 사람들의 무대에서 크든 작든 조연으로서 역할을 성실히 해왔던 나는 해당 무대에서의 주인공들과 좋은 관계를 맺을 수 있었다. 그렇게 7년이 지나 퍼스널 브랜드 분야에서 내가 만드는 무대에서 기꺼이 조연으로 빛을 발해주는 사람들이 생겼다. 내 것을 얻기 위해서는 기꺼이 내 시간을 내주어야 한다는 것을 시간 속에서 깨달았다. 관계가 좋아지려면 무수한 그저 그런 평범의 시간이 일관되게 축적되어야 한다.

셋째, 지속력이 있어야 한다. 단 한 번으로 원하는 결과를 얻을 수도 있지만, 이는 아주 특별한 경우다. 사람들은 처음에는 관심을 보이다가 무관심의 단계를 거쳐 인정하고 받아들이는 경로를 거친다. 사람들로부터 인정받기 위해서는 지속적인 활동과 온라인을 통해 보여주는 퍼포먼스가 퍼지기까지 시간이 필요하다. 네이버 오디오 클립은 어떤 콘셉트의 방송인지를 소개해서 네이버로부터 허가를 득해야 방송이 가능해진다. 기획서에는 자기의 분야가 무엇인지, 어떤 날짜에 어떤 내용을 연재할 것인지를 약속해야 한다. 그렇게 네이버로부터 허가를 득하게 되면 정해진 대로 방송을 하면 된다. 하지만 연재라는 것이 말처럼 쉬운 게 아니다. 자신의 분야에 대한 깊이가 없는 상태에서 그저 되는 대로 방송을 하게 되면 했던 말 또 하고 비슷한 내용이 반복되다가 결국 좋은 반응을 얻지 못하고 멈추게 된다. 거기다 시간약속을 제대로 지키지 못하면 약속한 날에 업데이트가 되지 못하고 이른바 방송사고가 난다. 지속한다는 것은 실력과 성실 두 개의 공을 끊임없이 던지고 받아야 하는 저글러juggler의 삶을 살아야 가능해진다. 실력이 없어도 멈추게 되고, 성실하지 않아도 지속되지 않는다. 누구에게나 열려있어 공평한 듯하지만 어떤 핑계도 통하지 않는 곳이 디지털 평판 세상이다.

넷째, 규모력을 키워야 한다. 내가 영향력을 미치는 사람이 한 명일 경우와 수십만 명일 경우 그 결과는 확연히 달라질 수 있다. 부자가 되려면 소셜 퍼포먼스에 반응하는 사람의 숫자를 키우면 된다. 천만 명에게 반응을 얻으면 수익을 버는 세상이다. 이는 마치 자격증을 따는 것과 같은 노력이 들어간다. 내가 하는 소셜 퍼포먼스에 얼마나 많은 사람이 반응을 보일 것인지는 숫자로 확인 가능하다. 세상이 인정하는 숫자는 언제나 1등이다. 무조건 많은 사람에게 사랑받아야 기회가 연결되는 세상인 것은 맞다. 하지만 무조건이라는 숫자는 없다. 나에게 유효한 규모를 정해 그 숫자까지 지속하는 게 중요하다. 우선 유튜브, 블로그, 오디오 클립, 팟빵 등 어떤 채널에서 퍼포먼스를 하더라도 최소한 구독자 수 1,000명을 목표로 콘텐츠를 올려야 한다. 그다음 목표는 5,000명, 그다음은 10,000명 등 자신이 얻고 싶은 가치에 따라 유효 구독자 수를 정해 그때까지 하면 된다. 디지털 데이터는 언제나 0 아니면 1이다. 열심히 하겠다거나 꾸준히 하겠다는 다짐이 아니라 실제 업로드한 콘텐츠의 개수가 하나하나 쌓일 때 반응을 얻을 수 있고, 규모를 키울 수 있다. 그러니까 일단 소셜 퍼포먼스를 하는 게 먼저다. 시간 싸움에서 이기는 자가 진정한 위너winner가 된다.

다섯째, 평판 관리를 해야 한다. 아무리 훌륭한 소셜 퍼포먼스를 얻었다 하더라도 한순간에 모든 것을 잃을 수 있는 시대다. 언제 어디서든 비즈니스 신뢰를 증명할 수 있도록 평판 관리에 주의를 기울여야 한다. 디지털 평판 시대에 당신이 하는 말, 글, 댓글, 공유, 좋아요와 같은 반응은 당신이 어떤 생각을 하고, 어떤 취향을 가지고 있으며, 어떤 사람과 함께 하는지를 보여주는 또 다른 데이터다. 익명이라는 생각으로 악성 댓글을 달고, 비방과 비판만 하는 당신에 대해 컴퓨터는 어떤 평가를 내리게 될까? 당신이 자주 사용하는 단어가 당신이 어떤 분야의 사람인지를 보여줄 수 있는가? 점점 더 똑똑해지는 AI는 당신이 무심코 하는 쇼핑의 패턴만 보더라도 당신이 충동적이고 호기심이 많고 무절제한 사람이라고 판단할지 모른다. 더구나 추천보다 검색이 강력해진 요즘, 온라인 검색 결과에 따라 당신의 비즈니스 평판이 좌우된다고 한다면 이대로 좋을지 고민 해봐야 한다.

과거 학벌, 경력, 자격증으로 자신의 '쓸모 있음'을 증명해 온 것처럼 현재와 미래에는 온라인을 통해 보이는 내 모습, 즉 페르소나persona가 더 중요하게 간주될 것이고, 우리 대다수는 소셜 퍼포먼스를 통해 쌓이는 디지털 데이터로 나의 신뢰까지도 증명해야 하는 시대에 살고 있다.

디지털상에서의 성실은 횟수로 증명된다.

한 번 보다는 두 번, 두 번 보다는 세 번, 세 번 보다는 100번이 성실하다고 평가받는다. 거기다 자주 눈에 보이면 친근하게 여겨지고 호감이 생긴다. 그렇게 자주 머리에 떠오르는 것을 브랜드 연상이라 하는데 강한 인상을 남기는 것은 소셜 퍼포먼스 리뷰의 목표와 일맥상통한다.

브랜드 연상의 강도기 강해지려면

1. 최근에 연결되거나
2. 연결이 자주 반복되거나
3. 고객이 자신과 관련이 높다고 인식하거나 하면 좋아 보일 확률이 올라간다.

특히 당신이 하는 일로 사람들의 관심을 끌고 호응을 얻기 위해서는 최소한 세 번 이상 보여줘야 기억하게 된다. EBS 다큐프라임 '인간의 두 얼굴' 편에서 같은 이미지를 세 번 이상 반복했을 때 군중들에게 어떤 효과가 있는지를 보여주는 실험을 했다. 이 실험을 통해 군집의 동조를 얻기 위한 최소의 숫자가 '3'이라는 결론을 얻었다.

거리 한복판에서 갑자기 뭔가 나타난 듯 하늘을 올려다보라. 길을 지나가는 사람들은 여러분에게 아무런 관심을 보이지 않을 것이다. 한 명을 더 구해 두 명이 멀쩡한 하늘을 올려다본다. 하지만 길을 가는 사람들은 힐긋 쳐다보기만 할 뿐 여전히 별 반응을 보이지 않는다. 한 명 두 명에 이어, 이제 세 명이 하늘을 올려다본다. 그때, 마치 자석에 끌리듯 수많은 사람이 발길을 멈추고 다 함께 하늘을 올려다보는 기적이 일어난다. 이것은 강남역 사거리에서 취재진이 직접 실행한 하늘 올려 다보기 실험의 결과다. 하늘을 올려다보는 사람이 1명일 때, 2명일 때 는 군중의 반응에 큰 차이가 없지만 3명이 되면 갑자기 동조하는 비율 이 급증한다. 이것이 바로 숫자 3의 법칙이다.

삼인성호三人成虎라는 말이 있다. 셋이 모이면 없는 호랑이도 만들 어낸다는 뜻이다. 1969년 미국의 사회심리학자 스탠리 밀그램Stanley Milgram과 그 동료들이 심리학적으로 비슷한 실험을 한 바 있다. '아무 것도 없는 하늘을 손가락으로 가리키는 행위'에 대한 실험이다.

한 사람이 가리킬 때와 두 사람이 가리킬 때는 별다른 효과가 없 었다. 하지만 세 사람 이상이 동시에 하늘을 가리키며 쳐다보면 주 변 사람들이 몰려들어 함께 올려다보기 시작한다. 모여든 사람들은 'UFO(실제로 존재하지 않는)가 저기 있다'고 서로 가르쳐 주며, '맞아, 맞아' 혹은 '나도 보여'라는 식으로 외친다. 없는 것을 보이도록 만드 는 심리적 효과는 이런 방식으로 나타난다. 즉 동조 집단의 크기가 커 질수록 주변에서 동조하는 정도도 커진다는 것을 보여준 실험이고 그 최소 동조 인원은 세 명이었다.

기립박수가 시작되려면 3명이면 된다. 3명만 일어나면 나머지 청중 들도 전부 일어난다. 브로드웨이 공연처럼 커다란 극장에서도 관객석 여기저기에 15명만 자리 잡고 있으면 충분하다.

"어떻게 사람이 그럴 수가 있니?" 그러나 인간은 상황에 지배당한 다. 인간은 개인이 가진 됨됨이나 성격보다는, 어떤 상황에 처해 있느 냐에 따라 다르게 행동한다는 것이다.

한 명이 저항하면 왕따가 되고, 두 명이 저항하면 이상한 사람들로 여기지만, 세 명은 누구도 무시할 수 없는 힘이 된다. 상황을 바꾸고 싶다면 뜻을 같이하는 세 사람을 모아라. 소셜 퍼포먼스에도 숫자 3의 법칙을 알면 당신도 상황의 힘을 이용해 상황을 바꿔내는 평범한 영웅이 될 수 있다.

여기서 하나 더!

스피드가 필요한 비즈니스 세계에서 무조건 완벽만 추구하는 꼼꼼한 태도는 현실적이지 못하다. 사람들의 반응을 끌어내는 소셜 퍼포먼스에 있어서 차별화 전략 포인트는 두썸씽의 최고경영자 낸시 루블린의 말을 인용하고자 한다.

"최초의, 유일한, 더 빠른, 더 나은, 또는 더 저렴한"

이제 소셜 퍼포먼스에서 좋은 반응을 얻기 위해 어떻게 하면 될지 이해했을 것이다. 당신이 올리는 콘텐츠에 관심을 가지고 언제나 좋아요와 댓글을 남겨줄 확실한 사람 3명만 있으면 언제든 대중의 관심과 호응을 끌어낼 기회가 연결되어 있다고 봐도 좋다. 만약 별다른 반응이 없는 상태가 이어진다면 거대한 괴물의 긴 꼬리에 해당하는 지점을 지나간다고 여기면 된다. 멈추지만 않으면 언제고 퍼포먼스의 총합으로 당신이라는 브랜드가 어마어마한 위력을 발휘할 수 있게 된다는 롱테일법칙을 믿어 보자. 10년째 퍼스널 브랜드 분야에 머물고, 열 번째 책을 쓰는 나조차도 여전히 긴 꼬리의 어딘가를 지나고 있음을 고백하는 바다.

6 / Portfolio

스펙 말고 디지털 포트폴리오Portfolio로 거래하라

2015년 미국의 근무 공간 실태에 관한 갤럽 조사에 따르면 직원 중 70%
가 업무에 '몰입하지 않는 상태' 혹은 '적극적으로 일을 회피하는 상태'
에 있다고 한다. 미국의 모든 직장이 나태에 물들어 있는 셈이고, 한 마디
로 수천만에 이르는 직장인이 '자체 구조조정'을 하는 셈이다. 나태란 가
랑비에 옷이 젖듯 나도 모르는 사이에 몸에 배어드는 것이고 미국을 비롯
한 전 세계 회사에서 몽유병 환자처럼 직장을 다니는 사람들에게 퍼져있
는 전염병 같은 것이다.

도대체 왜 그 어렵다는 스펙을 갖춰 간신히 취업하고도 이렇게 비상
식적인 상태로 회사에 머물다가 퇴사를 반복하는 것일까? 미국 노동
통계국에 따르면 베이비붐 세대는 22~4세에 평균 3.5년마다 이직했다

고 한다. 밀레니엄 세대의 91%는 직장에서 3년 이상 근무하지 않을 거라 예상한다. 이대로 가면 앞으로 일반 근로자는 평생 스무 번가량 이직할 거라는 예측이 가능해진다. 간단히 말해서 많은 이들의 머릿속에 자리 잡은 승진을 비롯한 성과 중심의 직업관이 더 이상 유효하지 않다는 의미다. 게다가 국내외 호황과 불황, 합병, 생산 시설의 국외 이전, 아웃 소싱, 자동화, 인원 감축, 로봇 등의 요인 때문에 직장인이 한 직장에서 안정된 미래를 계획하기란 불가능해졌다.

그렇다면 이세 우리는 어떻게 해야 하는가?

스펙만 쌓으면 안정된 직장과 직업이 보장되던 시대를 살아왔던 부모님과 그 뒤를 따라 무턱대고 사회가 알려주는 성공적인 로드맵을 따르기 위해 또 다른 스펙을 쌓아가는 자식들 세대가 한꺼번에 혼란에 빠지고 있다. 이럴 때 필요한 것이 바로 포트폴리오 인생이다. 스펙 말고 포트폴리오를 쌓아야 한다. 내 '일'을 포트폴리오화 해서 일과 삶의 균형을 통해 스스로 행복을 추구하는 삶을 선택해야 한다. 나의 역량, 관심사, 인간관계를 담아낸 직업 활동의 포트폴리오가 불확실한 일의 미래에 확실한 대안을 만들어 줄 수 있다. 단순히 자격증이나 학점과 같은 기존의 스펙 만으로는 원하는 일을 얻을 기회가 점점 더 사라지고 있다. 재능과 취미가 있는 분야를 찾아 관련된 경험을 통해 축적된 지식과 역량이 담긴 포트폴리오를 만들게 되면 내가 원하는 일에 필요한 확실한 자격증이자 허가증이 된다.

한 마디로 포트폴리오는 해당 분야의 일을 의뢰해도 좋다는 증거 목록이라 봐도 좋다.

나는 작가가 되는 것이 목표가 아니었다. 단지 글을 쓰며 살고 싶었다. 하지만 블로그에 아무리 성실하게 글을 쓴다 해도 아무도 나를 작가라 부르지 않았다. 직업으로 인정받기 위해서는 사회가 인정하는 기준을 넘어서야 했다. 어쨌거나 글 쓰는 사람이라는 증명을 할 수 있는 가장 훌륭한 기준은 책을 내는 것이었다. 첫 책은 학습지 교사로 시작해 그 분야에서 가장 빠른 승진을 하며 돈과 명예(우물 안 개구리 중 최고)를 거머쥘 수 있었던 노하우를 담아 여성 리더십 관련 책을 집필했다. 우여곡절 끝에 책이 발간되자 내 주변 사람들과 여성 리더십에 관심이 있는 사람들에게 나의 존재가 드러나기 시작했다. 책만 내고 나면 인생이 바뀔 줄 알았는데 딱 거기까지였다. 10년 전 나는 어떤 분야의 전문가가 되겠다거나 어떻게 해야 살아남을 수 있는지에 대해 생각할 겨를도 없이 주변 사람들이 하자는 대로 끌려가며 살았다. 커뮤니티를 만들고 거기서 블로그를 해야 한다고 해서 블로그를 시작했고, 블로그에 사람들을 소개해야 해서 인터뷰라는 것을 하게 되었다. 그 시절 내가 가진 무기는 무작정 열심히 하고 한번 시작하면 끝까지 가는 성실 하나였다. 그나마 그게 열정적으로 보였는지 많은 사람의 러브콜을 받았다. 그러나 나의 주력 분야가 무엇이고, 돈을 받고 거래할 수준의 실력이 무엇인지 증명하지 못했기에 그냥 열심히 하다가 끝나는 일이 태반이었다. 시간이 지나 지난 과거를 되돌아보니 내가 누구인지, 어떤 일을 어떤 수준으로 해낼 수 있는지, 어떤 분야의 전문가인지를 증명하지 못한 내 탓이었다.

난 작가에게 필요한 포트폴리오를 만들겠다는 목표가 아닌 그저 살아남기 위해, 좋아하는 글 쓰는 삶을 이어가기 위해, 내가 누구인지 증명하기 위해 1년에 1권 책을 쓰기로 했고, 그 약속을 지켜 10권의 책을 포트폴리오로 남긴 작가가 되었다. 책이라는 포트폴리오는 내가 작가라는 인식표 같은 거였다. 그 증명서를 얻기 위해 미친 듯이 글을 썼고, 그 좋아하는 글도 책이라는 목표를 정해 쓰기 시작하자 더 이상 좋아하기만 해서는 안 된다는 것을 알게 되었다. 시간이 없다, 피곤하다, 쓸 말이 없다, 돈이 없다 등과 같은 치사한 변명에서 벗어나야 했다. 글을 쓸 이유를 만들고 나자 스스로 사람과의 만남을 자제하며 자발적 왕따의 시간을 이른바 독서라든가, 리서치라든가, 인터뷰와 같은 책을 쓰기 위해 반드시 해야 하는 일을 할 시간으로 채울 수 있었다. 그 과정은 지루하고 외롭고 무척이나 비루했다. 거기다 얼마나 길게 느껴졌는지 모른다. 하지만 작가로 살아갈 수 있는 포트폴리오를 축적하고 나니 아무 때고 글을 쓸 수 있었고, 다른 사람들로부터 작가라 불릴 수 있었다. 작가에게 필요한 것은 작가 수업을 받았다는 수료증이 아니라 직접 한 땀 한 땀 피와 땀을 짜내 쓴 책이라는 포트폴리오였다.

나는 퍼스널 브랜드 분야의 전문가라는 것을 증명하기 위해 다양한 포트폴리오를 만들어왔다. 독서를 할 때도, 책을 쓸 때도, 강의할 때도, 칼럼을 쓸 때도, 방송할 때도, 각종 프로젝트를 만들 때도 퍼스널 브랜드 분야 전문 지식과 경험을 기반으로 활동해왔다. 그렇게 해당 분야에 대한 일관된 포트폴리오가 축적되자 사람들은 나를 그 분야 사람으로 인식하기 시작했다. 사람들이 나를 해당 분야 사람이라고 알아본 것은 거의 7년이 지난 이후부터였다. 특히 온라인 검색으로 퍼스널 브랜드 전문가에 연관되어 검색되는 조연심을 보고 사람들은 조금 더 나를 신뢰할 수 있다고 믿었다. 만약 내가 관련 분야 포트폴리오를 만들지 못한 채 퍼스널 브랜드 분야가 유망하다 해서 뛰어든 거라면 나는 조급증을 내며 그 증거를 만들기 위해 이일 저일 뛰어다녔을 게 분명했다. 그러다 결국 돈도 되지 않는 시간 싸움에서 밀려 서서히 사라졌을 게 분명하다. 결국, 포트폴리오는 시간 전쟁에서 승리해서 얻은 전리품이라 봐도 좋다. 나의 시간을 어디에 쏟았는지의 결과물이 나를 증명하는 포트폴리오로 남는 법이니까.

포트폴리오는 개인적 삶과 직업적 삶 두 가지를 구분해 만드는 것이 중요하다.

우선 개인의 삶에 필요한 포트폴리오는 돈 버는 일/배우는 일/나누는 일/여가 등으로 구분하고 그중 어떤 것을 가장 중점에 두고 집중할 것인지는 스스로 결정해서 균형을 만들어가면 된다. 나의 경우에는 매 순간을 프로젝트라 여겼고, 그 일을 하면서 많은 것을 배울 수 있었다. 그렇게 배우고 경험한 것들이 시간이 지나 포트폴리오로 축적이 되면 다시 돈 버는 일로 전환되곤 했다.

반면 직업적 삶에 필요한 포트폴리오는 돈 버는 일을 보다 다각화해서 준비하면 된다. 나의 경우 퍼스널 브랜드 분야에 머물면서 작가, 강사, CEO, 진행자, 인터뷰어 등 다양한 직업 포트폴리오를 만들어가고 있다. 작가라 하면 글을 쓰고 책을 발행하는 행위가 따라야 하고, CEO라 하면 어떤 상품이나 서비스로 비즈니스를 하는지를 보여줄 수 있어야 한다. 포트폴리오를 만든다는 것은 당신이 해당 분야에서 머문다는 증거이자 당신의 상품이나 서비스가 가치 있다는 것을 증명한다는 의미다.

100세 시대에는 직장이 나를 책임지지 못하고 나 스스로 직업을 만들어야 한다. 그렇다면 미래에 어떻게 포트폴리오를 만들 수 있을까? 직업적 삶을 포트폴리오로 만들기 위해서는 다음의 세 가지가 필요하다.

첫째, 내 전문성이 드러날 수 있는 콘텐츠가 있어야 한다. 그것도 설명이 필요 없을 정도의 수준 높은 결과물Score로 나와야 한다. 내가 무슨 말을 했느냐가 중요한 것이 아니라 상대방이 무슨 말을 들었느냐가 중요하다. 내 입장이 아닌 상대의 입장에서 재미있거나 감동적이거나 유용하거나 해야 킬러 콘텐츠가 된다. 인간은 어차피 각자의 철칙으로 살아간다. 나의 이기 말고 타인의 이기에 부합해야 인정받는 포트폴리오가 된다.

둘째, 자신의 분야와 관련된 콘텐츠를 일관되게 만들어야 한다. 일관성을 갖는다는 건 해야 할 것보다 하지 않아야 할 것들을 쳐내는 작업이 더 중요해진다. 끝도 없이 쏟아지는 정보와 나의 시선과 관심을 끄는 수많은 지식으로부터 벗어나 내가 집중해야 할 그것에만 시간을 쓸 수 있어야 한다. 빨간색을 찾겠다고 결정하면 주위는 온통 빨간색 천지다. 하지만 호기심으로 보면 세상은 총천연 무지개색이다. 현란한 색에 시선을 빼앗겨 두리번거리기만 하면 결국 관광하는 사람처럼 즐기다 끝난다. 전문가라는 타이틀은 일관성을 위해 불필요한 것들과 단호하게 이별한 대가로 주어지는 결과물이다.

셋째, 자신의 때와 만날 때까지 꾸준하게 시간을 견뎌 지속적으로 사람들에게 노출되어야 한다. 꾸준하게 오래 그리고 자주 검색되지 않으면 잊히게 된다. 언제가 나의 절정일지 알고 가는 사람은 없다. 그저 묵묵히 해야 할 바를 하면서 고지식하게 시간을 쌓은 사람들에게 찾아오는 게 행운이다. 자고 일어났더니 갑자기 유명해졌다고 하는 행운은 긴 시간 축적했던 포트폴리오가 있을 때 기대할 수 있는 행운이다. 내가 쓴 책이 대박이 되고, 내가 발행한 유튜브 콘텐츠가 수만 명에게 보여지고, 내가 하는 비즈니스가 대다수의 사람에게 필요한 때가 올 때까지 나는 묵묵히 지금의 이 일을 할 것이다. 나의 관심과 시간을 제어하는 것 외에 내가 통제할 수 있는 건 아무것도 없으니까.

특히 온라인 세상에서 기억해야 할 것 중 하나는 한계효용체감의 법칙이다. 콘텐츠는 수명이 짧고, 판타지Fantasy를 만들지 못하면 기능적으로 전락할 수 있다. 특히 높이 뜰수록 콘텐츠의 한계가 금방 드러나기 때문에 유명세를 유지하기 어렵게 된다. 그렇다고 일관성을 유지하지 못하면 전문성을 잃게 되고 브랜드로 인식되기 어렵다. 콘텐츠의 일관성과 지속성이 어려운 이유다. 그런데도 여전히 놀랍고, 재미있고, 의미 있는 콘텐츠를 지속적으로 만들어내야 한다. 자존심은 하겠다고 내세운 것 중에서 실제로 해낸 것과 비례한다. 즉 '할 수 있다'가 아니라 '실제로 이룬 것'이 브랜드가 된다.

포트폴리오는 다양한 아이템의 묶음이고 그것은 일정한 주제로 묶인 아이템들이라 정의할 수 있다. 주식의 포트폴리오는 투자한 종목을 의미하고, 예술가의 포트폴리오는 그가 얼마나 뛰어난 재능을 지녔는지를 증명하는 결과물이다. 이제 개인도 자신의 재능을 증명 가능한 다양한 아이템 포트폴리오로 만들어야 하는 시대다. 물론 그 아이템들은 자신의 주력 분야와 연관되어 있어야 효용 가치가 높다. 이것저것 닥치는 대로 하는 사람이나 남들이 유망하다고 해서 관심도 없는 분야에 뛰어드는 사람을 전문가라거나 믿을 수 있는 사람으로 평가하지 않는다. 이제 우리는 하나의 직업이 아니라 여러 개의 직업으로 살게 될 것이고. 그에 맞게 스스로 다양한 아이템 포트폴리오를 만들어야 한다. 그게 사업이라도 마찬가지다. 인생도 사업도 원하는 대로 살기 위해 다각화하는 것이 가능한 시대다.

7 / Prestige

어떻게 나를 최고_{Prestige}로 만드는가?

"우리는 모두의 행복을 응원합니다."

"우리는 착한 기업입니다."

"우리는 안전을 최우선으로 합니다."

이런 외침은 이제 들리지도 않고 보이기도 전에 고객들의 모바일 화면에서 지워지거나 스쳐 지나간다. 하지만 직접 보여주거나 경험하게 하면 주목을 받고 각자의 SNS를 통해 빠르고 멀리 확산된다. 카피가 아무리 그럴듯해도, 광고가 아무리 감동적이라 해도 무언가를 설명하거나 구구절절 묘사하려는 시도는 실패하기 쉽다. 대부분의 광고는 효과를 직접 보여주는 방식으로 바뀌었다. 당신의 서비스를 경험한 고객의 결과를 어떻게 보여줄 수 있는가?

브랜드의 목적은 당신의 가치실현이 아니라 고객의 가치실현에 이바지해야 완성될 수 있다. 브랜드는 내가 만들고 남이 완성한다. 고객의 가치실현에 기여한 당신에게 주어지는 인정과 보상으로 당신 자신의 가치실현에도 도움을 받는 것, 그것이 곧 브랜드의 목적이다.

아마존이 '개인화된 쇼핑경험을 서비스하겠다'라는 약속에 맞게 나라는 사람도 잊고 있을 취향, 습관, 인식, 수준을 데이터 분석을 통해 지속적으로 제공함으로 내 삶의 일부처럼 함께 하듯이, 애플이 '더 편리하고 행복한 삶을 누리게 해주겠다'라는 약속에 맞게 제품과 서비스를 비롯한 다양한 온·오프라인 경험 접점을 통해 그 약속을 일관되게 지켜나감으로 우리는 애플이라는 브랜드에 애착과 충성심을 갖는다.

프레스티지prestige는 위신 있는, 선망을 얻는, 존경할 만한, 믿을 만한 '격'을 갖춘 것에 대해 주어지는 찬사다. 프레스티지는 능력이나 업적이 남에게 미치는 영향을 뜻하는데 특히 심리적 위압감과 존경, 칭송 등을 불러일으킴과 동시에 자신에게 자신감과 자기 확인의 원천이 되기도 한다. 이는 남과의 격차를 두게 되는 기준이 된다. 남들이 함부로 넘볼 수 없는 격차를 만들게 되면 해당 분야의 최고가 된다. 즉 프레스티지는 진짜 좋은 상품과 서비스를 가지고 고객의 문제를 해결해줌으로써 고객이 얻게 될 혜택에 대해 약속하고, 그 약속대로 지켜가는 모습을 온·오프라인 모든 경험의 접점에 촘촘하게 설계했을 때 얻을 수 있는 최고의 가치다.

하지만 세상에는 그저 그런 상품이 넘친다.
스스로 '착한' 기업이라 해도 진짜로 착하지 않으면 '착한 척'한 기업이 된다. 더욱이 몇 초 광고 카피나 그럴듯한 영상만으로는 진짜의 가치를 전할 수 없다. 뱉은 말에 책임을 지는 것과 그저 의례적인 말은 분명 차이가 있다. 무소속 프리랜서가 되어 가장 많이 만났던 사람들 또한 ~하는 척하는 사람이었다. 과거에 누렸던 권세를 여전히 누리고 있는 척, 퇴사했음에도 여전히 그 회사에 영향력이 있는 척, 누군가의 밑에서 하수인 노릇을 하지만 마치 자신이 그 일의 주체인 척하는 사람들을 수도 없이 만났다. 하지만 그렇게 일하는 사람들의 끝은 늘 흐지부지했던 거로 기억한다. 진짜 실력을 갖추고 말한 대로 지켜내는 사람들을 주로 만난다는 건 나의 위치가 그 수준으로 올라갔을 때 가능해진다. 진짜 브랜드가 되어간다는 것은 존경할 만한, 믿을만한 격을 갖추었다는 말이다. 이제 진짜가 아니면 진짜가 될 수 없다. 척을 넘어 격을 갖춰야 한다.

'착한, 좋은, 사랑받는'과 같은 형용사는 기업의 캐치프레이즈가 아니라 상품이나 서비스를 경험한 소비자들이 내릴 수 있는 감정적 평가다. 고객의 감정을 좌지우지할 수 있는 것은 기업의 규모가 아니라 약속한 바를 묵묵히 지켜냈느냐의 여부다. 오뚜기가 갓뚜기가 된 것 또한 막대한 상속세를 내고 정당하게 권력을 승계하고, 보이지 않는 곳에서의 지속적인 선행이 온라인을 통해 드러났기 때문이다. 이제 단순히 대기업이라서, 유명한 브랜드라서 존경하는 시대는 끝났다. 온·오프라인이 연결된 시대, 당신이 하는 말과 글, 행동이 일치하는 삶으로서 자신을 증명할 수 있을 때 좋은 평판을 얻을 수 있다. 결과뿐만 아니라 과정까지 존경할 수 있어야 존중받는 시대다. 약속을 지켜나가는 일은 고되다. 그렇기에 일련의 고단함을 넘어 무시하지 못할 그 무언가를 보여주었을 때 우리는 경이롭다 말한다.

브랜드는 모든 경험의 접점에서 갈린다.

당신의 오늘은 진짜인가? 진짜인 척하고 있는가?

대다수의 사람에게 가장 중요한 가치는 '지속 가능한 발전'일 것이다. 아무리 오랫동안 잘해 왔다 해도 '설마' 하는 단 한 번의 실수와 '이 정도면 됐다' 하는 자만은 모든 걸 몰락시킬 위력을 가졌다. 그래서일까? 자신을 최고로 만드는 사람들에게는 공통적인 습관이 있다. 자발적으로 '영구적 베타' 상태에 머문다는 거다.

베타 테스트는 제품이 출시된 이후에도 더 나은 것을 찾아 지속적으로 개선작업을 거치는 것을 말한다. 그 예로 구글 지메일은 2004년 출시해서 이미 수천만 명의 사용자가 있었지만, 2009년이 되어서야 비로소 베타 테스트를 벗어났다고 발표했다. 아마존의 설립자이자 최고 경영자인 제프 베조스는 주주들에게 쓴 편지에서 '인터넷과 아마존은 여전히 오늘이 첫 번째 날'이라고 강조했다. "우리는 아마존의 미래에 대해 긍정적이지만, 한편으로는 계속해서 대비하고 언제나 긴박감을 유지해야 한다." 사업가들에게 '완료했다finished'라는 말은 결코 입에 담아선 안 될 욕설과도 같다고 말했다. 위대한 기업은 지속적으로 변화하는 기업이라고 하면서 영구적 베타 상태에 머무는 것의 중요성에 대해 언급했다. 자발적으로 영구적 베타 상태에 머문다는 것은 자신을 개선할 힘이 있고, 나아가 주변의 세상을 더 낫게 만들 수 있다는 의미를 포함한다.

나 또한 스스로를 자발적 베타 상태라 여기며 산다.

퍼스널 브랜드라는 개념도 희미했던 시절부터 매 순간은 최고의 서비스를 하고 있다고 자부했지만 해마다 기술과 지식과 경험이 더해져 더 나은 서비스를 제공할 수 있었다. 그 말은 그 전 상태는 베타 테스트 중이었다는 의미다. 10년 전에는 블로그에 과거의 경험이나 성과를 기록하는 것만으로도 충분했던 서비스가 이제는 브랜드 아이덴티티에 대한 콘셉팅부터 SNS 채널 오픈 및 관리, 프로젝트 운영과 큐레이션 서비스, 포트폴리오를 쌓아 온·오프라인 비즈니스 평판을 관리하는 수준까지 성장했다. 만약 블로그 관리를 하는 것으로 브랜드 매니지먼트 서비스가 완료했다고 만족했다면 어땠을까?

앞으로 AI를 통해 얼마나 더 나은 서비스를 제공하게 될지 나조차도 모른다. 그러니 여전히 엠유의 서비스는 베타 테스트 중이라 말하고 싶다. 물론 퍼스널 브랜드 분야의 전문가로 사는 나의 경험과 지식도 베타 중이라 생각한다면 앞으로 어떻게 변화하게 될지 나 역시 기대가 된다.

그리고 내가 이 분야의 전문가로 권위를 지킬 수 있었던 이유는 다음의 3가지를 지켜왔기 때문이다.

첫째, 리얼리티 파악, 즉 자기 자신의 현주소를 인식해야 한다. 현재의 자신이 누구이고, 어디에 위치하는지를 알아야 제대로 된 시작점에서 출발할 수 있다. **둘째, 브랜드 아이덴티티를 확립한다.** 이는 내가 어디로 갈 것인지 목적지를 정하는 것이다. 가고자 하는 곳이 뚜렷할수록 무엇을 어떻게 할지가 또렷하게 보인다. **셋째, 브랜드 이미지를 통제해야 한다.** 나와 관련되어 보이는 모든 것은 시각화된다. 내가 어떻게 보이겠다는 전략을 세우면 보이는 이미지들을 컨트롤하는 것이 가능하다. 특히 온라인에서 보이는 이미지를 있어빌러티하게 유지할 수 있었기에 조금 더 눈에 띄고, 보다 명확한 전문가 이미지를 획득할 수 있었다는 것을 알려주고 싶다.

퍼스널 브랜드를 구축하기 위해서는 우선 자신의 분야를 정하고 그 분야와 관련해 끊임없이 프로젝트를 진행하는 것이다. 그리고 그 과정을 디지털에 기록하면서 포트폴리오를 만들면서 최고가 될 때까지 지속하는 것이다. 거기에 하나 더! 약속한 바를 지키며 자신은 언제나 영구적 베타 상태라는 것을 잊지 않는 것이다. 오래가고자 해야 오래갈 수 있고, 최고가 되고자 해야 최고가 된다. 어떤 분야에서 무슨 일을 하든 해당 분야에서 오래도록 머물러야 강력해진다.

세상에서 가장 작은 벤처,
바로 당신입니다

모차르트가 젊은 음악가들을 가르치던 시절, 두 명의 젊은이가 그를 찾아왔다. 모차르트는 먼저 찾아온 청년에게 물었다.

"전에 음악을 배운 적이 있는가?"

"네. 어릴 적부터 피아노를 쳤고, 바이올린을 배운지도 10년째입니다."

"그렇다면 자네는 기존 수업료의 2배를 내야 하네."

얼마 후 찾아온 다른 청년에게 모차르트는 똑같이 물었다.

"자네 전에 음악을 배운 적이 있는가?"

"아니요. 하지만 열심히 배우겠습니다."

"그럼 자네는 수업료의 절반만 내게."

왜 모차르트는 이미 배워서 알고 있는 사람에게는 수업료의 두 배를 받고, 아무것도 모르는 사람에게 절반의 수업료만 받겠다고 한 걸까? 모차르트는 이유를 묻는 사람에게 이렇게 말했다고 한다.

"음악을 배운 사람들을 가르치려면 기존에 알고 있던 지식의 찌꺼기를 거두어내야 합니다. 그 일은 아주 힘이 듭니다. 자신이 가지고 있던 것들을 버리는 것은 새로 가르치는 것보다 훨씬 힘이 들기 때문입니다."

21세기를 지식창조 사회라 하고, 지식과 이를 활용하는 능력만으로도 얼마든지 먹고 살 수 있는 시대다. 혼자만의 지식이나 역량이 아닌 다른 사람의 지식과 역량을 더해야 새로운 가치를 만들어낼 수 있다. 그러기 위해 필요한 역량이 융합이다. 융합은 녹을 융, 합할 합을 더한 말이다. 무언가를 합하기 전에 먼저 가지고 있는 것을 녹일 수 있어야 융합이 된다. 그러나 우리 대부분은 무언가 '창조'하려는 생각은 갖지 않은 채 '배운 게 도둑질'이라며 가진 것만으로 살아가려 한다. 우리가 태생적으로 '사업가'였음을 잊어버린 채 말이다.

노벨평화상 수상자이자 소액금융의 선구자 무함마드 유누스는 말한다. "모든 인간은 사업가다. 우리는 동굴에서 살던 시절부터 스스로를 고용했다. 일용할 양식을 직접 찾아서 스스로에게 공급했으며 인류의 역사도 여기에서 시작되었다. 하지만 문명 시대에 접어들면서 우리는 우리 안의 사업가 기질을 억눌렀다. 통치자들이 '너는 노동자다'라고 낙인을 찍자마자 스스로 '노동자'를 자처했다. 그 결과 우리는 우리가 사업가라는 사실을 망각했다."

삶의 방식을 직접 고안해내야 하는 모든 사람은 사업가이고, 창조야말로 사업가 정신의 핵심이다. 원하든 원치 않든 누구나 자기 자신을 고용해야 하고, 스스로 먹고살 수 있는 방식을 찾아내야 하며, 그렇게 자신의 삶을 직접 창조하며 살아가야 하는 '사업가'의 시기를 겪는다. 당신이 과거에 어떤 곳에 소속되어 어떤 직급으로 일을 했는지, 어떤 자격증을 가지고 활약을 했던 사람이었는지는 중요하지 않다. 앞으로 당신에게 다가올 일의 미래는 스스로 길을 개척하고 창조해야 하는 신생벤처의 대표로 살아야 한다. 그리고 그 신생벤처는 다름 아닌 당신 자신이다.

세상에서 가장 작은 벤처기업, 바로 당신입니다.

나는 10년 전 조연심이라는 벤처기업에 입사했다. 그 기업은 작고 약하고 보잘것없었다. 하지만 해마다 책이라는 신제품을 출시했고, 관련 서비스로 강연과 컨설팅을 하면서 고객들과 만났다. 내가 했던 서비스가 최고라고 말할 수 없었고 모든 고객을 만족시킨 것도 아니었다. 그런데도 멈추지 않고 하겠다고 한 것을 하면서 여기까지 왔더니 이제는 이 분야 최고라 말해주는 고객도 생겼다. 오래도록 나를 지켜보면서 함께 일하고 싶었다고 말해주는 사람도 있었다. 그렇게 일관되게 한 길을 걸을 수 있었던 데는 내가 누구이고, 어디를 향해 가고 있는지를 잊지 않도록 해주는 원샷 메시지, 파브FAB가 있었기 때문이었다.

지식소통가로 당신의 브랜드가 세상과 소통할 수 있도록 코칭하여 세상을 움직이는 영향력 그 중심에 가도록 돕는다.

이 문장 하나를 붙잡고 지난 10년을 달려온 결과 퍼스널 브랜드 분야에서는 자타공인 전문가로서 인정과 영향력을 발휘할 수 있는 격을 갖추게 되었다. 그렇다고 매 순간 모든 것이 수월하다는 말은 아니다. 지금도 여전히 무림의 고수에게 한 방 먹고 나가떨어지기 부지기수다.

무언가 하고 싶지만 격렬하게 아무것도 하고 싶지 않을 때도 많다. 그럼에도 여전히 하겠다고 하는 것은 기필코 한다.

"남들이 욕심을 부릴 때 조심하고, 남들이 조심할 때 욕심을 부려라." 투자의 귀재 워렌 버핏의 조언이다. 내년도 여전히 경제전망은 어둡고 일자리에 대한 기대도 불투명하다. 하지만 모두가 어렵다고 할 때 묵묵히 당신이라는 신생벤처의 CEO가 되어 자신의 삶을 창조하는 삶을 살아보라고 말하고 싶다.

그럴 때 당신의 현재와 미래, 해야 할 바, 기여할 바를 한 문장에 담는 원샷 메시지 파브FAB는 당신을 위한 지도와 나침반이 되어 줄 것이다.

망설임은 지연을 초래하고, 세월은 잃어버린 날들을 탄식한다. 당신은 진지하게 살고 있는가? 바로 이 순간을 잡아라. 당신이 할 수 있는 것, 당신이 꿈꿀 수 있는 것, 지금 시작하라. 대담함! 그 안에 재능과 힘 그리고 마법이 들어있다.
— 요한 볼프강 폰 괴테

퍼스널 브랜딩에도 공식이 있다

1판 1쇄 발행 | 2020년 5월 1일
1판 7쇄 발행 | 2022년 2월 28일

지은이 | 조연심
펴낸이 | 김채민
펴낸곳 | 힘찬북스
기획 | ㈜엔터스코리아 책쓰기 브랜딩스쿨

출판등록 | 제410-2017-000143호
주소 | 서울특별시 마포구 망원로 94, 301호
전화 | 02-2272-2554
팩스 | 02-2272-2555
이메일 | hcbooks17@naver.com

ISBN 979-11-90227-07-0 03190

값 16,000원